武汉大学姚梅镇法学基金会资助出版

国际经济法文库

数据跨境流动的国际法律问题研究

Study on International Legal Issues of Cross-border Data Flow

于华溢　著

法律出版社 LAW PRESS·CHINA
北京

图书在版编目(CIP)数据

数据跨境流动的国际法律问题研究 / 于华溢著. -- 北京 : 法律出版社, 2024

ISBN 978 - 7 - 5197 - 8168 - 2

Ⅰ. ①数… Ⅱ. ①于… Ⅲ. ①数据传输-科学技术管理法规-国际法-研究 Ⅳ. ①D99

中国国家版本馆 CIP 数据核字(2023)第 134495 号

数据跨境流动的国际法律问题研究

SHUJU KUAJING LIUDONG DE GUOJI FALÜ WENTI YANJIU

于华溢 著

策划编辑 沈小英
责任编辑 刘晓萌
装帧设计 李 瞻

出版发行 法律出版社
编辑统筹 法治与经济出版分社
责任校对 王 丰 王语童
责任印制 吕亚莉
经 销 新华书店

开本 710 毫米×1000 毫米 1/16
印张 15.25 **字数** 217 千
版本 2024 年 7 月第 1 版
印次 2024 年 7 月第 1 次印刷
印刷 固安华明印业有限公司

地址:北京市丰台区莲花池西里 7 号(100073)
网址:www. lawpress. com. cn
投稿邮箱:info@ lawpress. com. cn
举报盗版邮箱:jbwq@ lawpress. com. cn

销售电话:010 - 83938349
客服电话:010 - 83938350
咨询电话:010 - 63939796

书号:ISBN 978 - 7 - 5197 - 8168 - 2
定价:88.00 元

凡购买本社图书,如有印装错误,我社负责退换。电话:010 - 83938349

总　序

我国自改革开放以来,顺应经济全球化的时代潮流,始终坚持深化改革和扩大开放,加强与世界各国的经济合作,使中国的经济得到了快速的发展,国际地位有了很大的提升,成为世界第二大经济体。与此同时,中国国际经济法学在我国改革开放的基础上得到了繁荣和发展,初步形成了具有中国特色的学科体系,为中国的改革开放、推动构建和平发展、合作共赢的国际经济秩序,作出了自己的贡献。

当今世界正面临百年未遇大变局。一方面,经济全球化的发展促进了世界经济的发展,和平、发展、合作、共赢的历史潮流不可阻挡;另一方面,经济全球化也造成世界经济发展的不平衡,导致有关国家间利益冲突和矛盾加剧,单边主义、保护主义抬头。在此情况下,中国共产党的二十大报告指出,新时代新征程中国共产党的中心任务,就是团结带领全国各族人民全面建成社会主义现代化强国、实现第二个百年奋斗目标,以中国式现代化全面推进中华民族伟大复兴。实现中国式现代化就需要营造良好的外部环境,加强国际经济合作。为此,党的二十大报告强调,“中国坚持对外开放的基本国策,坚定奉行互利共赢的开放战略……坚持经济全球化正确方向，推动贸易和投资自由化便利化，推进双边、区域和多边合作，促进国际宏观经济政策协调，共同营造有利于发展的国际环境，共同培育全球发展新动能……”

面对变动中的国际环境和新的挑战，中国国际经济法学研究将遵循党的二十大精神，全面学习贯彻中国式现代化的基本理论，全方位服务于中国式现代化建设，为我国统筹推进国内法治和涉外法治，积极参加全球治理体系改革和建设，促进世界和平与发展，推动构建人类命运共同体贡献力量；并在中国式现代化的进程中，坚持守正创新，加快构建具有中国特色的中国国际经济法学学科体系、学术体系、话语体系。

为鼓励和支持国际经济法学者开展原创性科研工作，服务于中国改革开放和现代化建设，武汉大学姚梅镇法学基金会与法律出版社携手合作，资助并出版“国际经济法文库”（以下简称“文库”）系列丛书，以推动我国国际经济法学研究的繁荣与发展。

武汉大学姚梅镇法学基金会是以中国国际经济法学奠基人与开拓者姚梅镇先生命名的，经湖北省民政厅批准设立的非营利法人组织。基金会的宗旨是：弘扬姚梅镇先生的学术思想与科学精神，发展中国的法学教育和法学研究事业，更好地培育高素质的法学人才，多出原创性法学研究成果，以推动中国法学尤其是国际经济法学的发展，服务国家的法治建设。基金会公益活动的业务范围之一，是推进中国国际法学尤其是国际经济法学的发展，包括资助出版高水平学术著作、资助设立国家和社会急需攻关的重要科研项目等。

“文库”主要关注国际经济法基础理论、国际贸易法、国际投资法、国际金融法、国际税法、国际经济贸易争端解决等领域的重大理论与实践问题研究成果，支持国际经济法领域各类具有原创性学术成果的出版。“文库”在选题导向上，坚持解放思想、实事求是、兼容并包、与时俱进，注重以理论研究为基础、前沿问题为导向、理论与实践相结合，鼓励理论创新，不断回答中国之间、世界之间、人民之间、时代之间，作出符合中国实际和时代要求的正确回答。

“文库”优先和重点支持青年学者的优秀学术成果特别是优秀博士学位论文的出版。青年学者科研能力强、思想活跃、善于思考、不落窠臼、敢于创新，是学界的生力军和未来的希望。支持青年学者的科研和创新，就应对其提供相应的支持。“文库”希望通过支持成果出版的方式，为从事国际经济法研究的青年学者的发展助一臂之力，鼓励其做出创新性成果，为法治中国建设作出贡献。为此，“文库”将面向全国各高校和科研机构的国际经济法专业博士研究生的毕业论文开放，通过作者自荐与导师推荐相结合的方式征稿，由“文库”学术委员会根据论著成果的学术性、思想性、前沿性和创新性等标准，通过评审决定是否入选出版。

我们相信，“文库”将对推进我国国际经济法学术研究的繁荣和发展作出贡献。

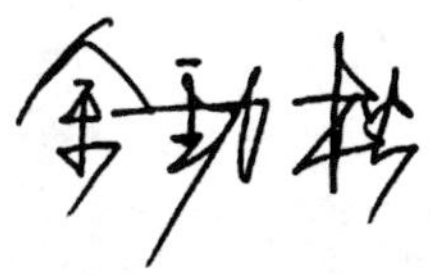

2023 年 9 月于北京

序

于华溢博士是我的学生，现在是北京工商大学教师。他在博士学习阶段就开始关注数据治理问题，经过几年积累完成本书；作为他的博士生指导教师，我很荣幸能为于华溢老师的新书作序。他在全球数据治理领域的探索和研究成果令人钦佩。作为一名国际经济法学者，我深知数据治理的重要性和复杂性。在数字时代，数据已经成为一种重要的资产和资源，而跨境数据流动则给全球各国带来了政策、法律、安全等方面的挑战。

于华溢老师在本书中深入探讨了跨境数据流动的现状和问题，并提出了具有针对性的解决方案。他结合案例和政策分析，对数据治理的本因和价值取舍进行了深入的挖掘和探索，为中国主导并参与数字时代数据治理提供了政策制度建议。

在中国数据治理路径上，于华溢老师提出了“一体两翼”的模式，即国内治理和国际治理相互促进、相辅相成。在国内治理方面，他提出了创新治理理念、构筑数据治理立法体系、分析管理差异型数据、提升涉及数字运营行业的合规水平等建议。在国际治理方面，他主张尊重各国数据主权，建立国际协作模式，开展政府间磋商对话,积极参与国际数据规则制定,加强国际法在治理中的应用,妥善处理国际数据流动管辖权冲突,提升本国数字企业的国际竞争力。

总之,本书对于数字时代的跨境数据流动和数据治理问题进行了全面深入的探讨和分析,为全球数据治理的发展提供了有益的建议和参考。我相信,于华溢老师的研究成果将为中国的数字经济发展和全球的数据治理做出重要贡献。

是为序。

2023 年 5 月 20 日

目　录

导　言

第一节　数字时代下的数据跨境流动

科学水平的全面提升、数字技术的广泛应用，促进了数字经济与传统经济的融合发展。数据跨境流动作为数字时代发展的重要基础和主要支柱，已成为广泛共识，并受到全球各国的深切关注，涉及数据跨境流动的数据治理已经成为全球治理和国际法治的重要内容。数据具有天然的流动便捷性和难控性，由此给全球的经贸往来、安全利益、主权管理等带来巨大的挑战，同时国际社会在规范管理数据的过程中所采取的各种治理措施也引起了国际规则的冲突与对抗。本书以数据跨境流动引发的问题和各种针对措施引起的争端为切入点，分析讨论数据在跨境流动过程中所涉及的数据治理相关问题，在结合案例与政策分析的基础上对中国全面深入进行数据的国内、国际治理提出因应。

一、数据跨境流动发展迅速，作用巨大，涉及法律利益问题日渐突出

在全球化发展日益兴盛的今天，全球数字科技的爆发式发展将人类社会的进步提升到一个新的层次。经济全球化已经构成经济融合发展的常态，社会财富的积累和商品市场的兴盛达到一个前所未有的高度。其中，数字经济作为全球经济的重要组成部分，逐步进入世界经济发展的中央，以数字为客体的产品逐渐增多，以数字作为经贸往来的手段也日趋主流，以数字贸易为新发展的跨国经贸往来进入一个新的时期。此时，数据跨境流动作为数字经济的能源和动力，对国家经济发展、科技进步、经贸繁荣和人民日常消费生活都起到重大作用。而伴随数据跨境流动问题的与日俱增，侵害数据权益的违法违规问题不容小觑。与此同时，全球涉及数据跨境流动的数据治理体系差异化较大：一方面各国对数据自由流动和数据权益保护的平衡取舍问题理解不同；另一方面数据问题结合了国际政治、经济、法律、文化等多个领域的价值取向，已经不是简单的国际数据规范。

由数据跨境流动带来的全球经济一体化的加深，使全球经贸呈现数据主导模式，以服务贸易为主的数字经济已经成为全球贸易领域中不可忽视的力量。世界贸易组织（World Trade Organization，WTO）《2019 年世界贸易报告》指出，2005 年至 2017 年，服务贸易以平均每年 5.4% 的增速超过货物贸易的 4.6%，2017 年全球服务贸易已达到 13.3 万亿美元。[1] 全球服务贸易涉及数据跨境流动所产生的效益日渐得到国际社会的关注。数字跨境交易主要内容涉及数据的跨境收集、处理、使用、存储、交易和公开，这些业务促进了金融、娱乐、医疗、教育等产业的新发展。跨境数据流动对全球生产力的发展和全球生产总值的贡献非常大。

电子信息化的蓬勃发展促进了跨境电子商务（cross-border e-commerce）

---

〔1〕 参见《2019 年世界贸易报告》，载世贸组织官网，https://www.wto.org/english/res_e/booksp_e/00_wtr19_e.pdf，2023 年 6 月 10 日访问。

模式的兴起，对振兴全球经贸市场起到重要作用。而跨境电子商务模式主要的抓手和推动力来自数据的跨境流动，数据跨境流动的自由化以及便利化对电子商务的发展意义重大。由此，跨境数据流动具有极大的研究价值，解决数据跨境流动引起的事实问题和法律问题成为现实需要。数据跨境流动本身属于技术问题。由于技术中立原则，国际社会对数据的治理水平更多的是体现在制定何种技术使用、规制规则；因为数据的跨境流动会涉及多种法益的保护问题，包括国家主权权益、社会公共利益、个人数据权益、知识产权等多个方面。而如何平衡数据流动与上述权益的关系，就是数据治理规则要调整的重要问题。这无疑昭示着人们对数据跨境流动领域日渐突出的法律利益问题的关注。

二、跨境数据流动机制普遍但差异较大，期待国际协调机制的有效介入

由于数字技术发展较早，欧美多国很早就开展了数据治理工作，其相关立法占了全球立法数量的近一半。与此同时，新兴经济体国家也逐渐重视数据立法，亚非拉国家的数据立法速度不断提高。而在这些不同的数据治理立法文件中，关于数据跨境流动的规则差异性较大。欧盟对 1995 年实施的《关于涉及个人数据处理的个人保护以及此类数据自由流通的指令》(Directive 95/46/EC of the European Parliament and of the Council of 24 October 1995 on the Protection of Individuals with Regard to the Processing of Personal Data and on the Free Movement of Such Data，以下简称 DPD 95 指令)进行重新修订；欧盟新的数据保护法《一般数据保护条例》(General Data Protection Regulation，GDPR)在 2016 年出台，于 2018 年 5 月正式生效。新的数据保护法加强了对个人数据权的保护强度，使欧盟境内标准不同的数据保护制度获得统一。美国一直主张数据跨境的自由流动，其通过行业规范，尽量减少对数据流动的管制，并在其主导的各类国际协议中进一步落实类似的主张。

为了与各国积极开展数据治理同步，诸多多边、区域经济组织都在积极开展本领域内的数据治理规则的建设。自进入21世纪以来，WTO成员多次就电子商务相关问题向WTO提交议案，希望及时达成电子商务规则。经济合作与发展组织（Organisation for Economic Co-operation and Development，以下简称经合组织或OECD）对其1980年颁布的《关于保护隐私与个人数据跨境流动的指南》（Guidelines Governing the Protection of Privacy and Trans-border Flows of Personal Data，以下简称OECD指南）进行修订，并在2013年制定了更为详尽的规则，鼓励所有国家共同参与数据治理规则的制定，以减少制度上的矛盾与冲突。欧盟在2012年对欧洲委员会1981年出台的《有关个人数据自动化处理的个人保护公约》提出修订意见，指出公约要结合数字经济时代的发展特征，进一步关注数字发展的国际化问题。亚太经济合作组织（Asia-Pacific Economic Cooperation，APEC）于2012年推出了跨境隐私规则（Cross-Border Privacy Rules，CBPR），该规则较欧盟约束性公司规则（Binding Corporate Rules，BCR）机制更机动灵活地加强了成员方数据保护能力。东南亚国家联盟（Association of Southeast Asian Nations，以下简称东盟或ASEAN）也纷纷颁布自身数据治理的法律，并在达成《区域全面经济伙伴关系协定》（Regional Comprehensive Economic Partnership，RCEP）的过程中，将电子商务条款作为重要谈判条款进行共同磋商。各区域经济组织也在积极设立、修订法域内的数据规则：一方面，通过协调、平衡各方成员的利益主张，意图在法域内部形成统一的数据市场，以减少数据治理制度的不一致所带来的对数据保护和规制的差异性对待，提高区域法治的协调性；另一方面，向区域市场外输出价值理念和制度样本，提高本区域范围内统一市场的全球话语权和国际竞争能力。

各种数字经济领先的国家、经济体纷纷制定符合自身利益需求的数据治理规范，抢占数据治理规则制定的话语权。在数字经济时代，数据治理的规则尚未达成一致，因此利用技术、市场优势抢先对数据治理制定规则，必然会使一国在新的全球经贸格局中处于领先地位。这已逐渐成为国际共识。

三、跨境数据流动引起的争端不断增加,案件多发,保护规则已成为调整国际经贸利益关系的重要杠杆

随着数据跨境流动的日趋加剧,所暴露出来的事实争议和法律争端也逐步增多。美国禁止部分他国企业对美进行投资,并进行数据的跨境收集;俄罗斯也采取“断网”实验,全面禁止数据的跨境流动,以防在未来可能的数字战争中有网络封锁之虞。与此同时,诸多跨国企业在全球范围内屡遭起诉和抵制,如美国微软(Microsoft)因在爱尔兰收集个人隐私程序违反当地法律而被处罚;大型在线社交平台脸书(Facebook)由于用户数据泄露事件,被欧洲隐私保护机构裁决数亿美元的罚款;许多中美互联网公司由于不能达到欧盟新设的 GDPR 数据保护标准,为避免巨额罚款而选择退出欧盟市场。

数据跨境流动还涉及政治层面。2013 年美国国家安全局(National Security Agency,NSA)原雇员爱德华·斯诺登(Edward Snowden)曝光了“棱镜”计划,揭露了美国安全部门在全球开展的对外国领导人、普通公民的大规模监视监听行动。“棱镜门”事件的曝光使欧美之间涉及数据收集交流领域的合作关系降到了冰点,各国纷纷出台反制措施,严格限制了数据的跨境流动。这一事件也间接导致欧盟于 2015 年废除了自 2001 年开始用于欧盟和美国之间数据流动的“安全港”协议,美国从欧盟境内收集数据失去了法律依据,这对双边的经贸活动造成了严重的影响。由此可见,一旦数据问题造成不良形势,将会对全球的政治经济等多个领域造成严重冲击。

四、中国数据治理初有成效,但依然面临一些问题与挑战

随着中国数字技术的蓬勃发展,中国已成为在全球具有影响力的数字

大国。在2018年的统计中,全球十大互联网公司,中国就占了四席。在移动数字端的制造、信息基础设施建设、跨境电子商务服务等诸多方面,中国都走在世界前列。但与先进的数字市场、数字技术形成鲜明对比的是,中国在数据治理规则的制定上相对落后,全球数据治理制度的话语权不够,难以匹配中国数字大国的形象。

近些年,中国也意识到开展数据国际规则和国内规则制定的重要性。中国于2015年颁布了《中华人民共和国国家安全法》,明确了"国家安全"的概念,并将国家安全的主权范围延伸至"网络空间"。[1] 中国又于2016年颁布了《中华人民共和国网络安全法》,创设了数据跨境流动规则和关键信息基础设施的保护制度,强调了数据跨境流动对关键信息基础设施保护的重要性。除两部安全法外,中国政府也认识到数据流通对国内产业经济的促进和个人权利的保护息息相关。在此背景下,中国于2019年施行了《中华人民共和国电子商务法》,提出要合理管理跨境电子商务活动,促进电子商务领域的良性发展;[2]2021年先后出台了《中华人民共和国数据安全法》和《中华人民共和国个人信息保护法》,通过立法强调对个人信息数据保护的重要性,同时规定了数据跨境流动的基本规则。

中国政府也积极在国际交往中提出数据治理方案,例如,在2016年G20杭州峰会上,中国就提出了数据发展的中国方案。此外,中国也在联合国多次提交数据信息安全国际规则的议案。在双边经贸协定谈判中,中国逐渐

---

[1] 《中华人民共和国国家安全法》第25条规定:"国家建设网络与信息安全保障体系,提升网络与信息安全保护能力,加强网络和信息技术的创新研究和开发应用,实现网络和信息核心技术、关键基础设施和重要领域信息系统及数据的安全可控;加强网络管理,防范、制止和依法惩治网络攻击、网络入侵、网络窃密、散布违法有害信息等网络违法犯罪行为,维护国家网络空间主权、安全和发展利益。"

[2] 《中华人民共和国电子商务法》第71条第1款规定:"国家促进跨境电子商务发展,建立健全适应跨境电子商务特点的海关、税收、进出境检验检疫、支付结算等管理制度,提高跨境电子商务各环节便利化水平,支持跨境电子商务平台经营者等为跨境电子商务提供仓储物流、报关、报检等服务。"

将数据规则加入其中。在“中国—韩国”“中国—澳大利亚”“中国—瑞士”等自贸协定的初始谈判,以及“中国—新西兰”“中国—秘鲁”“中国—智利”等自贸协定的升级谈判中,都加入电子商务规则的条款,对数据跨境流动进行规制,取得良好成效。

随着中国企业加入全球市场竞争,其已在数字领域引导全球发展中起到了举足轻重的作用。企业的蓬勃发展和相关产业的振兴,不仅对外提高中国国际经济竞争力,对内推动经济体制改革,而且促进中国经济投资消费模式的进一步转型升级。数据跨境流动带来的问题和困境,也挑战着中国政府的治理能力。如何在数据跨境流动过程中保护个人数据、保护公共利益、维护国家安全,已成为中国治理过程中面临的难题。

本书研究目的重点在于,深入探讨数据流动的国际法律问题,全面探析数据治理的全球制度状况和数据主权治理问题,系统论述数据跨境流动限制措施的内发原因及主要关系。通过对中国数据治理的法治现状研究,提出中国开展国内数据治理和参与国际数据治理的路径与措施。

第二节 国内外研究现状

一、数据跨境流动的国际规则协调问题

欧美国家在数字技术和信息技术方面具有一定的优势,其在信息技术发展和信息保护领域也处于较为领先的地位。在考察欧美的相关法律文件和学者著作后,发现不同国家在数字信息规则方面存在较大差异性。美国学者约翰·佩里·巴洛(John Perry Barlow)认为,基于数字技术的先进性,数据的自由流动不应加以限制。[1] 随着数据流动规则的不断增多,世界各国纷纷开展数据治理立法。

---

〔1〕 John Perry Barlow, *A Declaration of the Independence of Cyberspace*, http://www.ideobook.com/38/declaration-independence-cyberspace/.

国内外专家在研究数据跨境流动问题时，主要从国内立法和区域（含双边、多边）制度安排来进行研究。从 WTO 多边体系看来，多哈回合以降，数据跨境流动问题逐渐被提上议程。但由于涉及广大国家的不同利益，WTO 尚未形成具体涉及数据跨境流动的成文条款。米拉・布里（Mira Buri）认为数据经济的崛起主导了许多当代政策的制定，随着 WTO 法律制度的缺陷在数据贸易领域被放大，该问题逐步在自由贸易协定中得到规则性解决，诸多区域自由贸易协定以及这些协议所制定的数字贸易的渐进式监管设计对数据贸易的治理起到良好的监管效果，并且其基本框架也有一定示范作用。[1] 克里斯蒂娜・布拉西・卡萨格兰（Cristina Blasi Casagran）认为，在 WTO 达成数据规制的条款殊为不易，目前看来建立一个全球统一的数据保护机制并不现实；但是通过比较各种文件中关于数据保护的相关规定，包括 2013 年 OECD 理事会建议书中关于保护隐私和个人数据跨境流动的指导原则、2010 年 APEC 跨境隐私执法合作安排（以下简称 APEC 隐私框架）、1990 年联合国《电脑个人数据文件管理指南》、1981 年欧洲委员会《关于个人数据自动处理中的个人保护公约》以及 2001 年欧洲《网络犯罪公约》等后，理想化的模型草案应该是后两种公约的结合形式。[2]

OECD 作为一个协调国家经济政策和贸易自由化的国际组织，在 1961 年当其他欧洲机构负责经济和贸易领域的合作时，变成了现在的经济合作与发展组织，致力于促进经济稳定和贸易发展。罗斯玛丽・简（Rosemary Jay）指出，《OECD 指南》强调了保护隐私的举措可能对贸易造成不合理障碍，建议成员国应在国内立法中考虑该指南可能引发的问题，从而克服贸易壁垒增长的可能性。该指南同时适用于公共和私营部门的数据问题："由于

---

〔1〕 Mari Burri, *The Governance of Data and Data Flows in Trade Agreements: The Pitfalls of Legal Adaptation*, 51 U.C. Davis Law Review 65 (2017).

〔2〕 Cristina Blasi Casagran, *Global Data Protection in the Field of Law Enforcement: An EU Perspective*, Routledge Press, 2017, p. 208 – 232.

其处理方式,或由于其性质或使用环境,对隐私和个人自由构成威胁。"[1]

《全面与进步跨太平洋伙伴关系协定》(Comprehensive and Progressive Agreement for Trans-Pacific Partnership,CPTPP)和《跨大西洋贸易与投资伙伴关系协定》(Transatlantic Trade and Investment Partnership,TTIP)作为跨太平洋区域和跨大西洋区域的两个高标准贸易投资协定也规定了数据跨境流动条款。CPTPP 已于 2018 年年底正式生效,关于数据跨境流动的内容其承继了《跨太平洋伙伴关系协定》(Trans-Pacific Partnership Agreement,TPP)的有关规定;TTIP 虽尚未达成一致,但是关于数据跨境流动的问题是其重要谈判内容之一。

跨区域数据流动的一个重要安排就是来自欧盟和美国的数据传输体系,双方在 2001 年达成数据传输"安全港"制度(Safe Harbor);在"棱镜门"事件发生后,"安全港"被废止,旋即由"隐私盾"制度(Privacy Shield)代替。"安全港"协议是指在不违反 DPD 95 指令的规则下,通过特别安排,将美国公司收集的来自欧洲的数据传输到美国本土。[2] 乔纳森·邦德(Jonathan Band)等认为,美国、欧盟通过"安全港"协议谈判对责任义务的明确十分重要,合理的制度安排是对数字经济发展有重大意义的基础。[3] 欧美双方数据跨境流动规则随着 2018 年 GDPR 的出台,又面临新的一轮调整。大多学者明确指出,应考虑数据跨境流动与国家安全、公共利益、个人数据权等利益平衡的冲突。

许多奇教授认为,欧盟和美国作为现代两个主要数据跨境流动规则的

---

〔1〕 Rosemary Jay, *Data Protection Law and Practice*, Sweet & Maxwell Press, 4th Edition, 2012, p. 8 – 10.

〔2〕 Long W. J. & Quek M. P., *Personal Data Privacy Protection in an Age of Globalization: The US-EU Safe Harbor Compromise*, 3 Journal of European Public Policy 325(2009).

〔3〕 Band J. & Gerafi J., *Infringement Risk in Copyright-Intensive Industries*, 20 Social Science Electronic Publishing 1(2014).

制定者,双方尚存价值定位上的对立。[1] 欧盟是从人权保护角度上,将数据权作为一项基本人权进行保护,从而其所设计的制度是数据保护优先于数据自由流动;而美国作为信息产业大国,主张以数据市场化为目标,以行业自律来规范数据跨境流动,即数据自由流动优于数据保护。这两种价值定位、规范模式较为矛盾,但又互相影响和融合,整体上构建了当前国际社会关于数据的法律规制体系。石静霞教授认为,数据跨境流动是跨国企业的业务需要,在遇到投资贸易东道国采取跨境数据流动限制措施时,应及时做到合规要求,同时政府也应保障限制措施的合理合法,不能滥用政府权力。[2] 崔国斌教授认为,处在公开状态的没有独创性的大数据集合缺乏具体的法律保护手段,应当为耗费实质投入并达到实质规模的大数据集合设置有限排他权。[3] 陈咏梅教授认为,全球治理背景下跨境数据流动国际规则的未来路径,可以设计为在对数据进行分类的前提下,由各国通过谈判对分类数据加以承诺。[4]

关于数据跨境流动涉及的国际贸易、国际投资问题,张生教授认为,在投资协定的投资定义普遍比较宽泛以及仲裁庭从整体上对投资进行解读的情况下,跨境数据可以享受协定项下的待遇和保护;而东道国为保护国家安全和个人隐私等所采取的措施可能会被看作对这种保护的限制,从而引发国际投资仲裁的管辖。[5] 赵骏教授认为,不当的数据跨境流动规则与政策选择可能形成贸易壁垒,从而阻碍经济发展,从跨境数据电商建设视角出发

[1] 参见许多奇:《个人数据跨境流动规制的国际格局及中国应对》,载《法学论坛》2018 年第 3 期。
[2] 参见石静霞:《国际贸易投资规则的再构建及中国的因应》,载《中国社会科学》2015 年第 9 期。
[3] 参见崔国斌:《大数据有限排他权的基础理论》,载《法学研究》2019 年第 5 期。
[4] 参见陈咏梅、张姣:《跨境数据流动国际规制新发展:困境与前路》,载《上海对外经贸大学学报》2017 年第 6 期。
[5] 参见张生:《国际投资法制框架下的跨境数据流动:保护、例外和挑战》,载《当代法学》2019 年第 5 期。

思索中国如何平衡数据流动与隐私保护具有重要意义。[1]

二、数据主体权利与保护机制问题

随着跨境数据交易流动的兴起和迅速发展,在跨境交易过程中,数据平台的控制者、运营者和其他数据使用者侵害数据主体权利的案件呈现爆发式增长,一些学者重点关注如何在互联网下保护数据主体的合法权益。

在国际社会上,涉及个人数据权益保护的问题也经历了一段由隐私权向数据权发展过渡的阶段。19 世纪末,美国学者沃伦(Warren)与布兰代斯(Brandeis)最早开始关于隐私权的研究,二人在《隐私权》一文中提出了隐私权的概念,主张个人的人格自由应该成为一项基本权利。[2] 他们认为,隐私权虽然不是既有的法定民事权利,但普通法可以依靠法官造法的方式,来确定民众应享有隐私权这一项基本权利,并且任何对于隐私权的侵犯行为都可以被视为侵犯民事权利的行为,应受到相应法律制度的调整。进入 20 世纪 60 年代,美国学者威廉·普洛斯(William Prosser)在《隐私》一文中提出了侵害隐私权的四种类型和形式。[3] 直到此时,个人信息相关问题还是以隐私权为核心来进行研究和解决。肯尼斯·C. 劳顿(Kenneth C. Laudon)和卡罗尔·圭尔乔·特拉弗(Carol Guercio Traver)指出,电子数据流动从对个人的隐私权益、知识产权观念到涉及国家的主权和国家治理思路都形成了影响并提出了挑战,而个人拥有的对自身数据信息的控制权应是隐私理论的核心要素。[4] 格雷厄姆·格林利夫(Graham Greenleaf)认为欧盟的高

---

〔1〕 参见赵骏、向丽:《跨境电子商务建设视角下个人信息跨境流动的隐私权保护研究》,载《浙江大学学报(人文社会科学版)》2019 年第 2 期。

〔2〕 Samuel D. Warren & Louis D. Brandeis, *The Right to Privacy*, 4 Harvard Law Review 193 (1890).

〔3〕 Daniel J. Solove & Neil M. Richards, *Prosser's Privacy Law: A Mixed Legacy*, 98 California Law Review 1887 (2010).

〔4〕 Kenneth C. Laudon & Carol Guercio Traver, *E-Commerce: Business, Technology and Society*, Pearson Press, 2019.

水平隐私保护标准有利于提高公民权利的保护水平,不应为了同其他数据实力强国(尤其是美国和中国)妥协而损害保护的水平和标准。梅林·高曼(Merlin GÖmann)认为 GDPR 在设计管辖权时,将以往的地域管辖条款扩张到包括第三国数据控制者、使用者在内的域外管辖空间,是一项革命性的成就,既可以保护有效的基础保护,也可以为欧盟市场的竞争对手建立一个公平的竞争环境;法院的司法判决依然起到举足轻重的作用;但同时这种地域管辖扩张不是革命性的(正如欧洲法院在谷歌案中大量预示的那样),也不会明显推动欧盟数据保护法的有效性。[1]

在涉及数据主体权利保护规则中,王利明教授认为,在信息技术蓬勃发展的当下,数据共享已经成为数据产业发展的一个重要趋势,数据共享也是数字化时代信息充分利用的一类重要模式,但即使数据运用过程存在共享的特征,数据共享的权利主体还应该是数据来源主体。因此,数据的收集、储存、交易、流通、使用都应该受到数据主体的确权,在制定数据流动法律规则时,应该注意数据自由流动与数据主体权利保护之间的关系。[2]

个人数据信息权较隐私权而言,更能适应大数据时代各数据主体的法律关系的变化。程啸教授认为,大数据时代的个人数据权利与传统民事权益不同,作为数据主体的自然人享有的数据权包括人格权和财产权的叠加,数据作为民事权利的客体应该得到私法的规范和保护。[3] 与此同时,企业在支付对价之后也有数据权,这表现在经数据主体同意之后的数据收集、存储、加工、使用和流通,因此企业的数据权也应得到大力保护。

在权利义务结构变化上,马长山教授认为,智能互联网的迅猛发展会使数据主体在法律关系上发生权利与义务内容上的根本性重塑,权利关系发

---

〔1〕 Merlin GÖmann, *The New Territorial Scope of EU Data Protection Law: Deconstructing A Revolutionary Achievement*, 54 Common Market Law Review 567(2017).

〔2〕 参见王利明:《数据共享与个人信息保护》,载《现代法学》2019 年第 1 期。

〔3〕 参见程啸:《论大数据时代的个人数据权利》,载《中国社会科学》2018 年第 3 期。

生结构性转向，需要构建一体融合的新式法律体系。[1] 刘文杰教授认为，当被遗忘权指向对互联网上旧闻及其搜索链接的删除时，应考虑新闻报道和信息自由对人格利益的侵入，是否以及在多大程度上披露个人信息，决定于公共利益的需要，须考虑所报道事件的公共属性、信息的时效性和报道对当事人将会造成的影响。[2] 丁晓东教授认为，法律保护个人信息的目的在于防范相关风险，促进个人信息流通的公共性价值体现，宜通过公法框架进行风险规制，从而保护个人信息。[3]

在针对数据权财产属性的研究上，龙卫球教授认为，数据主体具有数据财产权，在保护个人数据财产的同时，也应关注数据经营者（企业）应有的财产权利和相关利益诉求。[4]

从个人数据信息侵权保护角度，叶名怡教授指出：应重视更正、停止处理、删除、数字加密等预防性责任方式的运用；关于金钱赔偿，应在帮助侵权、不确定因果关系等场合下新增连带责任规定；并将安保义务及其被违反所导致的补充责任予以扩张。[5]

三、数据发展与数据安全的平衡问题

由于数据的价值多样性，数据的发展意义与数据的安全意义是“一体两翼”的关系，缺一不可：既不能妄求发展而不注重数据安全，也要认识到不发展是最大的不安全。安娜·迪米特罗娃（Anna Dimitrova）和马亚·巴坎（Maja Brkan）在研究平衡国家安全和数据保护中指出，由于“棱镜门”事件爆发的监听、监视问题，数据泄露上升到国家安全层面；在分析欧盟和美国的立法者和司法者的行为之后发现，双方意图在国家安全和隐私保护间得

---

[1] 参见马长山：《智能互联网时代的法律变革》，载《法学研究》2018 年第 4 期。
[2] 参见刘文杰：《被遗忘权：传统元素、新语境与利益衡量》，载《法学研究》2018 年第 2 期。
[3] 参见丁晓东：《个人信息私法保护的困境与出路》，载《法学研究》2018 年第 6 期。
[4] 参见龙卫球：《数据新型财产权构建及其体系研究》，载《政法论坛》2017 年第 4 期。
[5] 参见叶名怡：《个人信息的侵权法保护》，载《法学研究》2018 年第 4 期。

到平衡。[1] 一方面,该事件为政策制定者提供契机,让他们进行政策改革,以达到各自数据保护法律制度的充分性;另一方面,尽管立法者采取了一些数据保护改革措施,但司法者依然在该事件后积极发挥作用。欧盟和美国法院在平衡国家安全和数据保护方面的做法仍然截然相反:根据判例显示,美国法院继续倾斜不过分保护数据以保证国家安全,而欧盟法院则继续保留其重视隐私的立场。

在数据跨境流动涉及公共安全问题方面,有学者认为,随着政府治理电子化的发展,各国应广泛开展执法跨国合作,以实现预防犯罪和互换信息的目的。卡萨格兰认为欧盟内部以及欧盟与第三国之间执法机构共享数据的现有欧盟框架还不完善,在涉及国家安全或者刑事的案件办理过程中跨境警方调查期间应加强与欧洲刑警组织的协作。欧洲刑警组织拥有强大的数据保护和安全标准,成员国和第三国也可以将其纳入自己的法律框架,但该类执法行为与情报部门展开的数据活动应该区别看待。[2]

一般来说,技术和产业具有优势的国家,更希望数据的自由流动带来更多的商业价值;而数字技术不强的国家,则更关注数据安全问题,所采取的数据政策也偏防御性和保守性。在涉及数据本地化措施的研究上,彭岳教授认为,中国应采取数据本地化措施为原则,辅之以若干例外条件为标准的数据治理体系,这样符合中国一贯倡导的网络安全价值,并且优于欧盟提出的统一国际标准规则模式。[3] 在刑事侦查过程涉及个人数据时,裴炜教授认为,个人信息大数据引发犯罪治理思路和模式的相应转变:一是服务于刑事诉讼的数据收集、存储和共享义务的扩张;二是风险防控思维下犯罪治理

〔1〕 Anna Dimitrova & Maja Brkan, *Balancing National Security and Data Protection: The Role of EU and US Policy-Makers and Courts before and after the NSA Affair*, 56 Journal of Common Market Studies 751(2018).

〔2〕 Cristina Blasi Casagran, *Global Data Protection in the Field of Law Enforcement: An EU Perspective*, Routledge Press, 2017.

〔3〕 参见彭岳:《数据本地化措施的贸易规制问题研究》,载《环球法律评论》2018 年第 2 期。

活动启动时点的前移。[1]

国内数据治理更多关注网络安全和信息内容的安全,对个人数据信息保护的回应较少;重点关注涉及公共安全和社会安全的网络违法犯罪问题,而较少涉及私领域的数据权益保障问题。对于信息规制问题,周汉华教授认为,个人信息保护法应以培育信息控制者内部治理机制为目标,以构筑有效的外部执法威慑为保障,促使信息控制者积极履行法律责任,并对违法行为进行制裁。[2] 梁坤教授认为,我国应坚持主张数据存储地模式的同时,设定例外情形,在把握数据控制者模式优势的同时,亦需针对他国采取该模式给我国带来的危害予以对等回应。[3]

第三节 分析范围

一、研究角度

第一,本书关注数据跨境流动的前沿性问题。跨境数据流动对全球的经贸往来、政府治理、国际合作有积极促进作用。但学界对该领域的研究不够全面深入,现有内容较为分散,或单纯从隐私权出发,或单纯从贸易条款出发,对数据治理的剖析不够全面,没有充足的问题导向,存在研究覆盖面不广、研究不系统等问题。本书从当前欧美两种数据规制模式,结合 OECD、APEC、CPTPP 等多种模式,另有多国发达经济体数据保护立法和司法实践作为补充,进行直接分析和比较研究,效果较为系统、充分。所以本书在选题上具有一定的新颖性,有理论创新性和实践意义。

第二,将数据跨境流动法律规制合理性作为切入点,对数据跨境流动的

---

[1] 参见裴炜:《个人信息大数据与刑事正当程序的冲突及其调和》,载《法学研究》2018 年第 2 期。

[2] 参见周汉华:《探索激励相容的个人数据治理之道——中国个人信息保护法的立法方向》,载《法学研究》2018 年第 2 期。

[3] 参见梁坤:《基于数据主权的国家刑事取证管辖模式》,载《法学研究》2019 年第 2 期。

争端问题进行梳理和分类，归纳出国家安全、公共利益和个人权利保护应是数据规制措施制定的出发点。数据规制措施可能导致法律摩擦，进而升级为治理价值理念的冲突。由于治理理念的差异性，求同存异、寻求平衡应是治理制度的价值所在。数据治理体系应以解决纠纷为目的，平衡价值理念，建立基本的法理规则，并采取适当的一致性措施，既要加强对基本法益的保护，又要合理规范数据保护的界限。一方面要保护数据权利人的基本权利；另一方面要尊重数据自由流动的需求，促进数据产业的发展与繁荣。

第三，探讨数据主权治理的意义、法律内涵和应有措施。数据主权作为国家治理数据的理论依据，其模式和方法在全球范围看来并不相同。新一阶段的数据主权理论，在传统保护国家安全和社会公共利益的基础上，体现在主权管辖扩张和国内法域外适用方面。同时，传统认识中关于经贸领域中“安全例外”规定的不能裁决受理的观点也受到冲击。数据主权在一定领域中已经不完全是简单的一国事务，其中还附加了多重国际义务和责任。因此，国家开展数据主权的顶层设计、制定适合本国利益的管辖机制、加强数据治理的国际合作就变得尤为重要。

第四，本书尝试提出中国数据治理的国内、国际因应。在国内，完善数据保护规则的立法，建立有保障的行政执法机构，加强行业自律规范。在国际上，积极参与数据治理国际规则的制定，推广数据治理规则抢占话语权，加强国际政府间的合作等。

二、研究方法

（一）比较研究法

比较研究法就是将事物之间的某种联系，通过比较的方法来分析它们之间的相似性与差异性。本书通过比较研究，更为清晰地分析不同法律和规则体系的异同点。当今世界，无论是国家，还是政府间组织，无不在角逐全球治理和创新数据流动规则制定的国际话语权。因此，通过比较不同行为体参与数据治理的方式,比较各种全球治理观点的优劣,探索对我国开展数据对内、对外治理建设的借鉴意义,是我国提升国际话语权、提出有中国智慧的全球治理思路的一项基础性工作。例如,通过比较美国、欧盟两个主要经济体关于数据流动的规制问题,从立法和执法角度可得出,美国更注重数据自由流动,欧盟更注重对数据的保护。通过比较区域法律制度可知,由发达经济体主导的 OECD 体系、CPTPP 体系关于数据跨境流动的标准更高。通过比较中、美两个数据大国的相关情况可以看出,在数据本地化存储和数据自由流动的政策方面存在差异,中国在区域和双边协定中更倾向制定适合自身国家利益的数据规则。此外,本书还对多个国家的国别数据规范制度进行比较研究。

(二)文本分析法

数据跨境流动的治理不是一个抽象的理论概念,而是通过相关主体通过规则、程序来实施的,其中包含了大量的国际条约、声明、宣言、白皮书、政策性文件等具有不同国际法律效力的文本。文本分析法是将法律文本本身作为研究对象,旨在厘清各语素的基本概念及各语素之间逻辑关系的法律研究方法。本书需要采纳该方法用于考察各多边合作机制所依托的法律规范的精确语义。通过对相关文本的解读,可以阐明规则、制度的差异,厘清全球治理的范围和边界,从而可以更好地评判相关规则,以我国的国家利益为出发点,确定我国政府对于数据治理的基本立场和具体实施途径。本书主要采取文献资料分析、调研、讨论等形式进行,对有关的国际、国内文件、著述,尤其是外文著述进行全面、系统的收集、整理和分析。

(三)跨领域研究法

数据治理问题绝不仅仅是某一个学科的问题,它涉及国际法、国际政治、国际关系等多个学科的知识体系,因此必须采用跨学科的研究方法,将数据跨境流动涉及的多领域、多部门的协同治理进行整合研究,参考领域法的思路来进行问题探究。

（四）统计分析法

本书对数据保护全球立法进行了一定的梳理，对各国数据跨境流动限制措施进行了归类和统计。例如，在比较数据保护原则机制中，本书就分别统计了 APEC 隐私框架、OECD 指南、《欧盟数据保护法》等规则的基本原则，从中提炼出共同的基本原则。

（五）历史分析研究法

国际数据法律秩序的改革和创新，从历史的角度看不是一个新生事物，而是科技不断进步、不断发展在数字领域里进行突破的客观现象。因此，通过回溯历史，深入观察历史上有关权利和权力治理的措施和经验，对新时期的数据治理问题具有借鉴意义。历史分析研究法注重问题的系统性和连贯性，而不是断章取义地理解制度在某一阶段的特征。本书也是通过历史分析研究法，梳理数据主权和数据流动问题的历史沿革与发展经历，从而分析各种制度体系的产生基础。历史分析研究法要求不能孤立地看待每个事件，而应放在历史空间中进行辩证的分析。

三、研究意义

（一）理论意义

数据跨境流动所涉及的事实问题和法律问题是本书重要的研究对象。学界普遍认为，数据跨境流动的规制是目前全球治理中较突出的问题，数据在跨境收集、传输、存储、使用、交易、开放等过程中会引发多种法益的碰撞和冲突。面对这种冲突，在国际层面尚无统一的规制制度。全球多边数据流动规则缺位；区域范围内，规则冲突、差异性较大，互通性低，彼此之间难以兼容；在各国数据治理的立法中，由于权益保护理念不同，制度规定并不一致，从而在多个层面上制约了数据价值的实现。因而，理论上要对数据治理的规则进行全面、统一的比较性研究，分析各国法律制度、各种国际协定对数据流动的规制要求和限制条件，对国家的数据主权、社会利益和个人数据权益进行横向比较分析,从而厘清数据治理的多层次机制。

在数据跨境流动中,重点要关注个人数据保护的问题。各法域对个人数据权益保护的认识和措施差异巨大:有些对其进行隐私权保护,有些对其进行财产权保护,有些视其为基本人权。因此,个人数据保护的合法性问题以及保护的范围成为重要研究对象。同时,数据的多样性也导致了一般数据和敏感数据、特殊数据的差异化保护态势,如社会公共信息等。在这种背景下,保障个人数据权益、维护个人数据安全、建立数据保护通用规则,是数据治理的重要内容。

对数据跨境流动过程中的国家安全和公共利益的保护,也是限制数据跨境流动的合法目的性措施。数据主权作为主权在数字领域里的一种必然延伸,是涉及政治、法律、国际关系等多领域的复杂问题。国家对数据进行规制的措施和手段,正是以国家具有排他性的数据主权作为理论依据。因此,数据主权如何在网络空间合理使用是一个复杂的公法问题。主权平等本是国际法上的普遍原则,但由于各个国家在事实上的电子信息技术发展差异,以及国力的强弱有别,各个国家在数字时代网络空间的数据治理能力并不均势,网络空间的主权边界也十分模糊,没有统一的规则。因此,国家采取何种数据治理措施和手段来实现国家安全和公共利益的维护成为重要研究内容。

本书拟对全球数据治理规则进行理论性比较研究,并对数据治理的限制性措施进行合目的性分析,将基于国家安全、公共利益、个人数据保护而对数据流动进行的限制手段与阻碍经贸发展的贸易壁垒进行区分。通过不同的体制体系研究,促进差异性数据流动规则的融合,减少不必要的障碍,实现数据治理的国际善治。

（二）实践意义

欧美国家从国家社会到企业民众都十分重视对数据权益的保护,其在新一轮的数字产业大发展中力推代表各自利益的数据治理规则。随着近年来涉及数据保护的新型案例不断涌现,国际社会对于数据主体权利、数据保护原则、数据治理的管辖等方面提出了新的主张和诉求,而这些内容的研判需要各国在基于自身发展水平和整体利益平衡的基础上做出取舍,并在实践的环节落实上述研判思路,切实为国家的经济发展和科技进步提供法律支持和制度保障。

同时,随着近年来涉及数据问题的案件逐步增多,相关司法判决数量也与日俱增,司法判决对立法的解释性功能对数据治理起到了重要的补充作用。司法判例能更灵活地适应科技迅猛发展给法制体系带来的冲击。众多国家都通过司法判决,表达了其对数据治理的态度和思路。以欧盟为例,进入 21 世纪之后欧盟法院多次涉及数据保护的判决,都超出了之前 DPD 95 指令的范围,通过司法判例增大了法院的管辖权、丰富了数据主体的权利内容。而这些扩张的部分,都被 2018 年 GDPR 所吸收,成为司法判例影响立法机制的典型代表。

由于数据治理缺乏全球统一规则,国际数据跨境流动的治理问题主要依据各国、各法域的合作实践。例如,欧美之间关于两个法域之间进行数据流通,达成了“安全港”“隐私盾”等协议。这些国际合作实践有效地弥补了国际规则缺乏的不足,并以灵活的方式促进了不同数据治理法域的融合与承认。因而,数据跨境流动问题的研究,也在全球难以达成数据交易一致规则的背景下,满足数据流动、数字产业发展的现实需求,为国家采取相关措施提供了参考建议。

中国作为数字大国,涉及数据治理的规则和法律体系建设还不足,对数据保护的监管力度也有所欠缺,但在数字产业蓬勃发展的当前,中国参与数据国际规则制定、参与国际数据治理合作已成必然趋势。因此,本书关于数据跨境流动的体系研究,将对中国的治理理念和实践活动有所裨益。

第四节　本书架构

本书导言部分通过对基本概念和内容的铺垫与梳理，意图解决跨境数据流动在治理上的政策、机制和价值冲突，促进跨境数据流动规则的良性发展。本书创新之处在于较为全面地论述了当前国际社会对于数据跨境流动的政策和规则，较为深入地挖掘和探索了数据治理的本因和价值取舍，对未来数据治理的模式提出较为新颖和全面的建议。通过文献综述对国内外数据治理问题的学说理论进行了系统性总结，在导言中介绍了本书创作的研究方法。

本书先对数据、数据权、数据跨境流通的基本概念进行梳理和定性。明确本书所探讨的数据、数据权、数据跨境流动的定义、内涵和外延，对数据权所涉及的人权、隐私权、财产权等多重属性进行分析。为便于寻求相应的解决方案，本书针对国际社会对数据权属理解的差异性进行论述，初步阐释各法域采取不同治理模式的原因。同时，对应予解决的数据在跨境流动过程中通过诸多事实所能看到的、由其引发的法律问题和各种挑战进行了探析。

本书对全球数据跨境流动相关的数据治理制度进行综述。从国别、双边、区域、多边等多个层面，对数据治理模式进行全面而深刻的阐述和解读。并由此对数据治理理念和模式进行提炼和归类，总结不同制度发源的环境与背景差异。

本书分析关于国际社会针对跨境数据流动的规制措施。措施发起的原因主要可以分为三类：国家安全例外、公共利益例外和个人数据权益保护。此三类理由基本囊括全球各国规则对数据跨境流动进行不同程度的限制的原因。同时，本书探讨了各国采取的限制数据跨境流动措施可能会产生与已有国际规则相冲突的问题，包括限制措施在 WTO 贸易规则框架下的合法性问题，限制措施与国际投资协议相冲突的问题等。

在前文论述基础上,本书认为国家采取限制数据流动措施的理论基础在于国家数据主权,并由此论证数据主权战略这种国家治理模式的内涵和外延。并以美国相关数据法案和欧盟 GDPR 为切入点,分析不同国家制定数据主权战略的理念区别和模式差异,进一步论证数据主权战略的新发展以及对数据主权战略的新认识。

本书经过总结和辨析,提出关于中国主导并参与数字时代数据治理的政策制度建议。中国的数据治理路径应包括国内治理和国际治理"一体两翼"的模式。在国内治理上,创新治理理念,构筑数据治理立法体系,分析管理差异型数据,提升涉及数字运营行业的合规水平;在国际治理上,尊重各国数据主权,建立国际协作模式,开展政府间磋商对话,积极参与国际数据规则制定,加强国际法在治理中的应用,妥善处理国际数据流动管辖权冲突,提升本国数字企业的国际竞争力。最终,为建立一个裨益全球的和平、安全、文明、繁荣的数据环境,分享中国智慧、贡献中国力量。

第一章
数据、数据权和数据流动的法律问题

第一节　数据和数据权

一、数据与信息的异同解构

数据是数字经济时代的核心要素。通常意义上讲，数据是以电子化方式存贮的资料。[1] 数据是信息能形式化体现的方式，这种方式可以由特定途径予以存储、读取和转移。因此相较于信息能表达独特的含义，数据的范围要比信息广泛一些，不仅涉及信息所要表达的内容，还包括表达的形式。例如，在计算机系统中，数据就是以编码的形式表现，通过特别设备的读取使操作者获知其包含的信息内容。概括而言，信息是具有实质指向性意义的内容；数据不仅包括前述内容，还包括内容的承载体现

---

〔1〕 按照国际标准化组织(ISO)在信息技术术语标准中的定义，数据(data)是"信息的一种形式化方式的体现，该种体现背后的含义可被再展示出来，且该种体现适于沟通、展示含义或处理"，而其对信息的定义是"关于在特定语境下具有特定含义之客体知识(例如事实、事件、东西、过程或思想包括理念)"。ISO/IEC2382：2015(en) Information technology-Vocabulary, https//www. iso. org/obp/ui/#iso：std：iso-iec：2382：ed-l：vl：en.

形式。

(一)数据的三层次划分:结构层、符号层和语义层

数据和信息两个概念的异同,也可以依据符号语言学关于指号、语义和语用三个不同层面的区分加以辨析。指号层面涉及符号及符号按照某种逻辑的排列和联合规则,语义层面指向的是符号排列背后的含义和意谓,语用层面则在符号出现的行为中研究符号的起源、应用与效果。[1] 指号层面涉及符号本身及其组合规则,而不涉及其含义;语义层面涉及符号与其指示对象(客体)之间的关系;语用层面则涉及符号与符号解释者之间的关系,即符号对世界所发生的作用。[2] 基于符号语言学的三层次划分,信息主要指语用层面的内容,而数据则可能包括指号、语义和语用全部三个层面。

德国法学者蔡希(Zech)在三层次理论的基础上,将信息区分为结构性的信息、符号层面的信息和语义层面的信息。[3] 结构性的信息是有形物体本身承载的信息,是通过现存物质的结构在特定时间和特定地点而展现的信息;符号层面的信息是附着在结构层之上的具体信息表现形式,如文字、图像、声音等,该层面的信息可以理解出多样性含义;语义层面的信息指向的是信息的具体实际内容。[4]

通过分析可以得出,将前述几种数据与信息的分层理论延伸到电子计算机应用中,可以分为结构层、符号层、语义层。其中,结构层是指用于存储数据的硬盘、存储设备等电磁设备;符号层是指数据文件,互联网传输资料的主要客体就是数据文件;语义层就是各个数据文件所蕴含的信息内容。综上,信息主要存在于语义层;而数据涉及结构层、符号层和语义层三个

---

〔1〕 参见[美]查理斯·莫里斯:《指号、语言和行为》,罗兰、周易译,上海人民出版社1989年版,第260页。

〔2〕 Andreas Wiebe, *Protection of Industrial Data—A New Property Right for the Digital Economy*?, 12 Journal of Intellectual Property Law & Practice 62(2017).

〔3〕 Herbert Zech, *Information as Property*, 6 Journal of Intellectual Property, Information Technology and Electronic Commerce 192(2015).

〔4〕 参见纪海龙:《数据的私法定位与保护》,载《法学研究》2018年第6期。

层次。

(二)数据的广义概念

数字时代的数据含义广泛,在日常使用“数据”一词时,既可以是指符号层上的数据文件,也可以是指语义层上的知识内容。符号层上的数据文件,是指记载了数据的各种形式,如“传输数据”“拷贝数据”,这里的数据都是指数据文件。一条信息记在纸上和被写入计算机某个文档里,虽然是表达同一个数据信息内容,但数据文件并不相同。语义层上的“数据”基本等同于“信息”,“个人信息”就是语义层上的“个人数据”。欧洲国家由于历史原因,一般沿用“个人数据”(如 GDPR),而中美等国一般使用“个人信息”来表达。二者基本上含义一致,均表示能识别个人特征的资料。

国际标准化组织对数据的定义主要存在于符号层,而日常所说的“个人数据”和“大数据”主要取意在语义层。个人数据具有独特性,体现一个人与其他人的不同之处,可以从人群中将这个人识别出来,因此需要对其进行保护。大数据之所以具有巨大的财富价值,不是因为它是数据的堆砌和积累,而是数据使用者可以进一步分析处理各个数据的语义层内容,从而获得新的知识内容,使其具有额外的社会功能性。在数字技术不发达的时期,数据在符号层和语义层的区别意义并不大,但随着信息通信技术的发展,数据通过编码、数字形式的编辑处理得到广泛应用,因此辨析数据在两个层面的不同意义变得十分重要。

在社会活动中,分析辨别数据是指符号层上的数据文件还是语义层上的信息内容意义重大。在对数据进行治理时,由于数据在不同层面上的形式不同,对其治理方式也会有所区别。

(三)数字经济定义与要素

数字经济在日常使用和学术研究过程中一般可以进行狭义和广义两种方式的解读。狭义的数字经济是指以《基础电信协定》为标准,涉及生产部门、数字服务和平台经济服务。[1] 广义的数字经济包含了数字技术在电子商务、网络自动化等全产业链上的综合运用:既包括新经济领域,也包括被数字技术革新的传统经济领域中的部分内容。数字经济发源于传统经济,但从行为模式上其又与传统经济存在不同。数字经济以数字化的商品和服务为交易核心,通过电子贸易生态体系进行交易和传播,从而在销售手段和销售终端形成数字化,而这一切的核心就是各种数据要素。

(四)本书数据概念的使用

综上,本书之所以倾向使用数据的概念,是因为"数据"一词更适合描绘数据国内治理和国际治理的全面性,其覆盖的内容也更多元。例如,国家要求数据存储介质属地保存进而进行属地管辖控制时,所涉及的就是结构层的数据概念;数据的本地化存储要求,就是指数字文件,即符号层的数据概念不能随便地跨境转移,同时数据主体享有的删除权和被遗忘权也是请求对符号层的数据文件的删除;而语义层意义上的数据概念,与信息基本等同,此时个人数据与个人信息的两种表述并无二致,只是不同立法习惯造成的用词区别,在语义层层面的数据往往与人格权等人身权利相呼应,人权理论中所阐述的数据权也是指掌握这一层面数据的数据主体的权利。

二、数据主体类别的差异性

数据的分类方式有很多,学界也采取不同的分类标准。通常来说,可以根据掌握数据的主体和数据的来源进行分类。基于数据主体的种类不同,数据可分为个人数据、商业数据和公共数据。

(一)包含个人属性的个人数据

个人数据的数据主体是自然人,个人数据是能够指向并识别该自然人

---

[1] Rumana Bukht & Richard Heeks, *Defining*, *Conceptualising and Measuring Digital Economy*, Manchester Centre for Development Informatics Working Paper 68, http://hummedia.manchester.ac.uk/institutes/gdi/publications/workingpapers/di/di_wp68.pdf.

特征的数据要素的集合。个人对其自身的数据享有完全的控制、使用、处分的权利能力。他人对这些个人数据的不合理使用,必然会侵犯数据主体的权利。而这种行为既可能对个体人格尊严和人身自由等人身权益造成伤害,也可能危害个人的财产安全。

目前,关于个人数据的界定较多。欧盟《数据保护指令》第 2 条规定,个人数据包括能够直接或间接识别个人身份的所有数据信息。[1] 澳大利亚的 1988 年《隐私法案》将个人数据的定义作为隐私权的一种延伸,采取用保护隐私的制度来规范个人数据保护。中国在 2013 年公布的《电信和互联网用户个人信息保护规定》规定,个人信息是能够单独或者与其他信息结合识别用户的信息。[2] 综合看来,个人数据是指与可识别或已识别自然人有关的信息;可识别自然人是可以被直接或者间接地识别,特别是参考识别的特征,如姓名、类别化信息、地点数据、在线的身份等。[3]

(二)体现商业价值的企业数据

企业数据主要包括与企业生产经营相关的数据,这些数据可能来自企业收集,也可能由企业加工创造出来。企业数据可以包括企业的生产经营状况、客户信息资料、生产信息数据等,其中有公开的内容,也有不公开的商业秘密等。企业数据可以视为企业财产,受到专门法律的调整和保护。企业也可以作为数据主体,对其掌握的数据享有排他性权利,但其中也有所区

---

〔1〕 其中包括直接识别的明确信息(如身高、体重、基因信息等),也包括对数据加以初步分析鉴别之后的间接信息(如经济收入、文化程度、宗教信仰、职业工作等)。See European Parliament, *Directive on the Protection of Individuals with Regard to the Processing of Personal Data and on the Free Movement of Such Data*, Directive 95/46/EC(1995), Article 2(a).

〔2〕 《电信和互联网用户个人信息保护规定》第 4 条规定:"本规定所称用户个人信息,是指电信业务经营者和互联网信息服务提供者在提供服务的过程中收集的用户姓名、出生日期、身份证件号码、住址、电话号码、账号和密码等能够单独或者与其他信息结合识别用户的信息以及用户使用服务的时间、地点等信息。"(中华人民共和国工业和信息化部令第 24 号,2013 年 7 月 16 日发布)。

〔3〕 参见李娜、沈四宝:《数字化时代跨境数据流动与国际贸易的法律治理》,载《西北工业大学学报(社会科学版)》2019 年第 1 期。

分。对于反映企业生产经营的数据,企业享有绝对权,可以自由加工、处理,获得经济价值,他人不能擅自干涉。而企业直接或间接收集来的个人数据,受到法律严格限制,企业在处理这些数据的过程中,应以权利人的同意为前提。企业通过对这些数据进行匿名化处理,使个人数据无法指向特定当事人,此时企业才能拥有相关数据的完整所有权。由于企业对数据掌握的复杂性,对企业的数据权保护与对个人数据保护的路径并不相同。企业数据的保护途径可能涉及物权法、知识产权法、反不正当竞争法等多个法律部门,应从权利法和行为法两个层面对其进行规制。

(三)涉及社会管理的公共数据

公共数据的来源,一般包括政府或公共机构在实施行政管理、提供公共服务过程中,需要收集以及加工产生的数据信息。政府公共数据是政府通过行政手段收集、整理、加工得出的反映公共社会生活的一般数据。公共数据可分为公开数据和秘密数据。秘密数据一般涉及国家安全和公共安全,如一国的军事数据、国民基因信息等,一旦公开,会导致国家安全受到威胁,对国家主权造成影响。公开数据是指政府在治理过程中,应该向全体公民、国际社会公开的数据,数据的公开是政府善治的表现,也是政府依据国际协定的义务对政策法律透明度要求的承诺。例如,在 CPTPP 中,数据跨境流动条款规定的数据指个人数据和政府公开数据等。政府公共数据作为公共性社会资源,一般应向公众开放,政府和公共机构不应以此谋利。全体公民对所有非涉及国家安全和社会稳定的公共信息享有知情权,除法律规定应对特定数据进行保密外,全社会可以共享政府公共数据。政府公共数据关系民计民生,不能由某个人或某个群体独占,且对该类数据的管理不能完全交由市场来处理,政府应该将其作为社会服务公共产品,不应排斥或妨碍任何社会个人和群体合理合法善意地使用。

三、数据权属规范的发展构建

(一)权属问题的产生与发展

在数字时代来临之前,数据呈现的是一种偏向静态、独立的状态,数据权属和控制基本由个人掌握。但随着数据技术的进一步发展,数据成为社会生产生活的重要资源,数据已超出个人掌控之范围。随着数据的广泛利用和深度挖掘,数据对企业、政府也同样具有深远意义。企业可以通过应用数据提升自身运营水平,加快产能发展,促进业务创新;政府机构可以利用数据提高执法效率,提升政府执政监管水平。

财产权保护也成为数据主体权利保护的一个有效路径,可直接以财产权法的规制路径来解决数据的利益纠纷。建立数据财产权体系有助于提供一套动态权利观,囊括数据在控制、交易、使用、存储过程中的一系列法律关系。数据财产权打破了数据权与数据主体唯一性的绑定,使数据权属发生了多样性的变化。

(二)数据权属的构建

数据权属的构建重点在于,辨析权利的渊源和属性,塑造权利适用渠道,划分权利边界,保障各个权利主体能充分享有自身利益,从而将数据有保障地投入社会生产生活中。这不仅能为数据主体提供足够的保障措施,还能为数据产业的发展提供帮助。

不同数据主体享有不同的数据权益,辨析数据权的归属也有重要意义。每个人对不属于自己的数据进行利用,必须经过数据主体的同意,并且妥善、合理地加以使用。数据在进行加工处理之后,被赋予了更多的价值意义,数据的处理者也对处理后的次生数据享有所有权意义上的权益(如大数据)。这些次生数据与原有数据来源者依然发生联系,但数据主体已经变得复杂,此时不仅要关注原始数据主体的利益,还应重视数据处理者二次处理之后获得的新型权益。

数据权具有一种复合式权利结构,拥有多重性质。数据权与民商事法中已存在的部分权利存在相同之处,如人格权、财产权、商业秘密等,但其特殊性决定数据权又不能完全等同于上述性质的权利。通过辨析数据权与其他权利的异同,可以更好地探索权利保护救济路径。

1. 数据权与新型人格权

个人数据权的权利客体是个人数据,这是商业时代人格商品化的表现。个人数据权与人格权有所相似但又有不同,人格权的内核是隐私权,隐私权要求避免个人隐私被他人恶意披露,但个人数据权的内容之一就是数据的合理利用规则,因此需要新型人格权来定义个人数据权。新型人格权认可数据主体的人格尊严,也体现了个人数据财产化的发展趋势,较传统人格权理论体系而言更易保护个人数据权。但应注意的是,新型人格权依然有很强的人身专属性,而这决定了这项权利不能放弃、转移。但在数据利用的实践中,数据的转移、交付、流通是主要的市场环节,新型人格权理论也不能完整地解释数据权的内容。

2. 数据权与数据财产权

数据财产权理论的演变核心就是数据具有重要商业价值。数据财产权不将数据视为人身权利,更关注数据主体对其的所有关系。由于数据的虚拟性,数据并不能与传统的有形财产进行统一规制,但数据主体在处置数据过程中可以获取财产收益。数据财产权理论也有弊端,个人数据不仅有商业价值,而且体现出自然人特征,能使其在社会生活中被识别出来,一旦个人数据受到侵犯,仅靠类比财产被侵占一样的方式进行维权救济,效果会大打折扣,个人数据权保护的完整性也将被破坏。

四、数据权多元性的权利内容

数据主体的不同直接影响数据权权利的性质。不同数据主体的数据权,在公法、私法上的含义不同。数据权,一方面体现在公法层面上的数据主权，对内体现政府治理监管权，对外体现国家主权；另一方面体现在私权领域中对人身权和所有权的保护与救济。因此，通过公法、私法的平衡比较，方可对数据权进行更深入、科学、系统的剖析。

（一）对外作为国家主权的数据主权

数据主权的内涵包括两个方面：一是作为权利的数据主权，如对本国数据所享有的管辖权、利用权、获取权和消除权等；二是作为责任的数据主权，如对个人隐私和财产的数据保护、对企业资产的数据保护，以及对国家安全的相关数据保护等，作为责任的数据主权还意味着主权国家要对本国公民和其他境内行为主体在国际社会的数据行为负责。[1] 从国家主权角度分析，数据主权代表着国家在公法上的权力表现，具有排他性、独立性、唯一性。未来国家层面的竞争力将部分体现为一国拥有数据的规模、活性以及解释、运用数据的能力，数字主权将成为继边防、海防、空防之后另一个大国博弈的空间。[2] 数据主权是一国对数据控制力的体现，表现在其对本国数据具有的平等性、独占性和排他性权力。国家的平等性权力源于“主权平等”理论，表现在国家不分大小、强弱，都平等享有对内和对外的国家数据主权；独占性权力表现在国家对域内的数据体系具有控制权和使用权；防卫性权力表现为国家的数据资源不受他国的非法获取，国家有权对侵犯数据权的行为开展保护和防御。数据主权解决的是国家在数据国际竞争中所涉及的国与国的纠纷与争端。国家需要掌握数据主权，扩大对数据资源的控制力和利用率，从而在数字时代的国际竞争中取得一席之地，这已成为国际数据治理体系的必然发展趋势。

国家数据主权体现在国家数据领域的竞争与合作。有效利用数据，可以提升国家对内的治理水平以及对外的国际竞争力。许多数字技术发达国家主张政府对数据的广泛控制。美国的数据主权正是依靠强大的数字技术

---

〔1〕 参见蔡翠红：《云时代数据主权概念及其运用前景》，载《现代国际关系》2013 年第 12 期。

〔2〕 参见安晖：《大数据竞争前沿动态》，载《人民论坛》2013 年第 15 期。

以及严格的法律体系对世界施加影响。由此可见,数据主权是大国从事国际竞争的一个新的战略领域。

另外,国家数据主权也体现在国际数据领域的合作。当今国际社会,跨国刑事合作、国家安全合作、共同反恐、共同面对环境恶化威胁已成为国际趋势。国家通过数字领域的通力合作能更好地促进人类共同利益,人类整体安全和共同福祉在一定利益上超出国家的内部利益。国与国之间应进一步加强合作,共享数据信息,实现数据领域的共赢局面。

(二)对内进行政府管理的数据管理权

政府代表国家对国内事务进行治理时,也大量地控制、使用数据,这种对数据的获取、控制、发展、规划和应用的权力就是政府的数据管理权。国家政府基于公共利益和社会福祉,有权掌握一国在经济、文化、社会、生态等领域中的整体数据,这是政府行政管理权在数字化领域中的集中体现。政府拥有控制管理管辖范围内的大数据的权力,同时承担保护权利主体的责任以及公开披露数据信息的义务。政府应该制定相关法律来规范自身获取数据信息的范围和程序,也应设立数据保护法来保障个人、企业数据的合理使用。政府也应对大数据的发展进行统筹安排与规划,制定符合本国自身条件的数字发展战略,使公民充分享有数字发展权,保障公民真实获得数字时代的红利。此外,政府也应及时、全面地公布、公开其掌握的数据信息,保障公民的知情权。政府掌控的大数据开放范围的决定权,会随着时空、环境的变化而发生变化。随着数字技术的进一步发展,政府数据公开的水平会进一步提升,公民也将会更便捷、全面地获取所需要的数据。

(三)作为公民权利的数据公民权

数据公民权是指公民在参与社会生产生活时有权获得社会公共信息资料,包括公民有权访问、修订、删除公共数据库里有关其自身的资料(特殊情况除外,如犯罪记录等)。数据公民权是公民与政府关于数据问题相互作用的产物,关于社会公共数据,公民享有知情的权利,政府具有公开的义务。[1] 从法理性质分析,数据公民权是宪法赋予公民的一项重要政治权利。所以在一个成熟、健康的社会中,公民数据权的实现与政府的数据公开是互为镜像的同一场景。

数据公民权还意味着公民对数据领域的广泛、积极参与。国家治理能力现代化最具有智慧的体现不是科学技术,而是人。公民的广泛参与可以提高政府在收集、使用数据方面的便利性。通过技术将数据采集工作分配给个人,个人借助工具完成采集任务,所采集的信息数据覆盖范围广且具有较强的连续性。

(四)体现人格权的数据隐私权

公民的数据权还表现在私法领域上的人身权利,即与隐私相关的人格权。数据隐私权是指依附于公民个人的所有数据信息不被其他主体获取、处理和使用,公民个人秘密不受非公益目的干涉。隐私权作为一项具体人格权,是自然人享有的私人生活安宁与私人信息秘密依法受到保护,不被他人非法侵扰、知悉、搜集、利用和公开的一种人格权。[2] 随着数据技术的广泛应用,隐私权的范围逐步扩大,大数据时代的隐私权已经不是传统意义上的隐私权,侵犯隐私的具体行为类别也日渐增多。数字技术发展迅猛,人们利用个人数据信息的能力越来越强,数据隐私遭受侵害的事例与日俱增,因此建立一项全面完善的数据隐私权保护制度变得十分重要。在数字时代中,自然人已经难以将隐私控制权掌握在自己手中,因此需要建立一个与传统不一样的权利保护模式,强调数据应用主体的法律责任,而不是仅以数据主体的"同意"作为数据应用的唯一前提。数据的价值更多地体现在数据的开发利用上,数据使用者更清楚数据使用的风险位于何处,因此建立加重数据使用者责任的数据保护机制与行业规范是保护数据主体权益的可行

---

〔1〕 参见吕廷君:《数据权体系及其法治意义》,载《中共中央党报》2017 年第 5 期。

〔2〕 参见王利明:《隐私权概念的再界定》,载《法学家》2012 年第 1 期。

进路。

(五)实现商业价值的数据财产权

数据财产权是指企业、社会组织和公民对产生于自身或者合法采集的数据所拥有的占有、使用、收益和处分的权利,包括政府、企业、公民经过数据处理和应用而形成的新数据的财产权。[1] 其中,企业作为主要创造商业价值的数据财产权主体,通过技术优势获取大量数据而拥有数据财产权。海量数据数据库的商业价值并不是单一数据价值的叠加,经过开发加工后的数据集群往往会有新的价值出现,企业可以通过交易、挖掘等方式合法占有、使用、交易、处分自身的数据财产权。企业处理大数据的结果,也是其生产商业产品的过程,数据财产权是企业在数字时代的新型重要资产。在面对侵犯数据财产权行为时,可以主张侵权损害赔偿。此外,一些大型企业由于掌握大量数据资源造成的数据垄断,已成为市场公平竞争的阻碍。大数据垄断会导致社会生产生活成本增高,对于政府监管、产业发展、个人生活都有消极影响,直接对政府管理权和公民数据权的实现造成阻碍。加强对数据垄断的限制是政府必然应采取的调控行为,同时对大数据垄断的限制不意味着对数据财产权的绝对限制。平衡好数据财产权与其他数据权益的关系,也是政府进行数据治理时应考虑的问题。

第二节　数据治理理论的多维发展

数字时代的科技发展使人们对数据权利的理论研究有了深刻变化,人工智能、大数据应用、互联网等数字技术的广泛应用也让人和数据之间的关系变得复杂和深刻。调节人和数据之间关系的数据治理理论已呈现了多样化发展的态势。数据治理理论受到了人权理论、隐私理论、经济法理论等多

[1] 参见吕廷君:《数据权体系及其法治意义》,载《中共中央党报》2017 年第 5 期。

重治理理论的复合式影响，并在这种权利交叉中产生了新的治理理念。

一、数据治理中的人权理论

"数据人权理论"的主张越发被全球认同。"数据人权理论"的概念内涵，有着一定的理论意义和现实需要。随着数字技术的广泛应用，数据人权问题已成为世界多国、国际组织、学术机构密切关注的话题。虽然数据涉及人权发展的问题，但迄今为止，数据人权并没有一个一致性的统一概念。然而，数据权利和人权的密切关系、人权理论对数据问题的影响已经得到学术思想体系和话语体系的广泛认可。人权是生而为人应当享有的基本权利，尊重和保障人权是文明进步的体现。数据人权理论的内涵和外延十分丰富，以数据人权理论来治理和规范数据领域能规范数字生活和空间的人权标准，也能促进新一代人权理论的思考和讨论，从而推动理论制度的实践创新。

(一)数据人权已发展为一项基本权利

人权是保障人对美好生活向往所应享有的基本权利。数字时代中，社会生产活动、居民生活消费已经进入数字化模式。数字化程度的加深提升了产业的生产能力，提高了政府执政管理的效率，也提高了人民的生活水平和质量。根据第 44 次《中国互联网络发展状况统计报告》，"截至 2019 年 6 月，中国网民规模达 8.54 亿，较 2018 年底增长 2598 万；互联网普及率达 61.2%，较 2018 年底提升 1.6 个百分点；中国手机网民规模达 8.47 亿，较 2018 年底增长 2984 万；网民使用手机上网的比例达 99.1%，较 2018 年底提升 0.5 个百分点"。[1] 数字技术的爆炸式发展，使电子商务、互联网科技、移动经济已逐渐成为社会发展的重要内容。

随着数字技术的广泛应用，"数据人权理论"也在此背景下诞生。人们

---

〔1〕《CNNIC 发布第 44 次〈中国互联网络发展状况统计报告〉》，载中国网信网，http://www.cac.gov.cn/2019-08/30/c_1124939590.htm。

发明创造、应用共享数字技术的权利就是人权新时代下的新发展。数据正深刻地影响着人类社会的生产、生活方式,形成一个可以无限延伸的数据空间,极大地扩大了人类互动的领域和场域。数据的使用已经到了前所未有的高度,数据的兴起也引发了一系列人权伦理和法律问题,人类社会的权利义务关系也受到深远影响。对人权而言,数字技术的发展不仅对人权保护提出新的桎梏和挑战,而且为人权保护提供了新的方法和路径。数字时代的人权理论内涵之一就是"无数据不人权",人权不仅从内容结构上受到数据的影响,还从实现方式上与数据密不可分。"数据人权理论"是从人的角度出发,以人的尊严、自由和权利为终极目标,讨论人与数据的关系,而人类的最终利益是数据人权的终极目标。对外而言,"数据人权理论"要求社会、他人,尊重每个个体的数据权利,承担不恣意侵犯的责任和义务。政府需要保障公民使用数字空间的权利,提供信息网络基础设施和设备的建设;企业应合理、善意地使用个人数据,不能侵犯个人权利;公民在数字生产、生活中的人格尊严、人身自由应受到尊重和保护。

(二)数据人权需要法理论证

数据人权的法理价值研究是对人权理论发展的必然回应。数据人权理论的核心虽然是人之为人的基本权利,但作为人类文明发展的产物和代表,数据人权的法理价值需要进行论证,数据人权的渊源和衍生并非不证自明的。数据人权理论要求从法理架构上用适当的方法论来进行剖析和升华。传统人权发展到数据人权,是不断理论探讨和社会实践的结果。人权理论的阐述在不同的时空场域下,其内涵和外延并不相同。人权学说的提出离不开法理论证,而法理价值论证水平又反映了人权观点的发展和接受水平。对数据人权进行法理价值论证,才能使数据人权真正成为一项基本权利,而非只是一种数字技术手段。

(三)数据人权的国际化基础

数据全球化流动的现实决定数据人权的国际基础。当前的人权问题已经超越了某个国家或地区的范畴,而发展为全球的共同价值。尤其是在数据流动全球化的今天,执意将数据人权以国家为界限进行割裂,不仅不符合各个国家参与国际治理的态势,而且不符合新时期人权理论发展的特征。在全球化的今天,每个国家和政府不仅关注国家治理,而且十分重视国际治理。在数字问题上的治理体系改革和建设成为人类发展的热点问题,依托数据发展促进经济全球化、邦交合理化、构建在数字流动领域内合作共赢的新型国际关系和公正合理的世界秩序已成为大多数国家的共同追求。

二、数据治理中的隐私权路径

数据权承继了很多传统隐私权的内容。虽然从法律性质上来看,数据权和隐私权并不相同,但隐私权理论对数据权理论具有深远的影响,已是现代法学理论的共识。很长一段时间里,数据权具有人格权的特征,使其被视为具有个人特征的私领域民事权利。部分学者认为,数据权应该是隐私权的延伸,应该以人身权中的人格权法律规则来规制数据权。[1]

从国际社会的发展来看,数据权也经历了一段由隐私权演变的较长过程。关于隐私权的研究起源,往往可以追溯到美国 19 世纪末沃伦(Warren)与布兰代斯(Brandeis)关于隐私权的研究,他们在《隐私权》一文中提出了隐私权这一民事法律权利。[2] 他们认为,隐私权虽然不是既有的法定民事权利,但普通法可以依靠法官造法的方式,来确定民众应享有隐私权这一项基本权利,并且任何对于隐私权的侵犯行为都可以被视为侵犯民事权利的行为,应受到相应法律制度的调整。隐私权的概念以此初步确立,并成为一项基本民事权利而受到侵权法的保护。进入 20 世纪 60 年代,美国学者威廉·

---

〔1〕 参见罗昆:《个人信息权的私权属性与民法保护模式》,载《广西大学学报(哲学社会科学版)》2015 年第 3 期。

〔2〕 See Samuel D. Warren & Louis D. Brandeis, *The Right to Privacy*, 4 Harvard Law Review 193 (1890).

普洛斯(William Prosser)在《隐私》一文中提出了侵害隐私权的四种类型和形式。[1] 1967年美国威斯丁(Westin)出版《隐私与自由》一书,在沃伦等人的基础上,进一步对“隐私”进行了明确的定义,认为隐私就是个人对自身信息的控制。[2] 这也将隐私权逐步发展到信息权或数据权的概念上,隐私的问题由传统的消极防御保护的角度,转变为由个人运用信息权这一积极权利来处理数据要素的方式,个人对于自身的信息权或数据权有了积极控制的权利。美国1973年颁布了《记录、电脑与公民权的报告》,其中指出敏感数据领域(如教育、医疗等部门)的数据收集、使用、公布都必须遵守适当使用原则。该原则要求:信息收集使用部门不能不经个人同意而私下进行数据的采集使用;数据使用过程也必须是透明的,数据权人有权利知道数据是如何被记录的;个人也有权不同意数据控制者对数据的使用,并要求其改正做法。

欧洲的隐私理论发展也经历了较为漫长的过程。20世纪50年代,由于民法规则中缺乏对隐私权的保护,德国政府通过司法判例的形式来弥补这个不足。德国联邦最高法院在1954年“读者来信案”中指出,德国《基本法》第1条第1款所提到的个人尊严可以作为德国民法上的渊源性权利,个体“作为人的尊严和发展其个体人格”的利益应当受到民法的保护;1973年,德国联邦最高法院在“伊朗王后案”中最终确立了对个人隐私的人格权保护,联邦最高法院认为《基本法》第1条和第2条保护了“个人的隐私领域”,个人有权“实现独处的愿望”,保持“自身不被外界打扰”。[3] 随着整个欧洲数据保护立法的兴起,数据隐私问题逐渐向数据权问题过渡,个人数据逐渐发展为经由数据主体知情同意才能被他人使用的制度。

数据权的财产属性又决定数据权不等同于人格权。数据权是大数据时

---

〔1〕 See William L. Prosser, *Privacy*, 48 California Law Review 383(1960).

〔2〕 See Alan Westin, *Privacy and Freedom*, New York: Atheneum, 1967.

〔3〕 参见丁晓东:《个人信息私法保护的困境与出路》,载《法学研究》2018年第6期。

代的产物，具有鲜明的财产权特征，也需要通过财产权制度来加以规制。[1] 从而，数据权作为一种新兴权利，需要增设新型权利概念，不能孤立地使用人格权保护或财产权保护模式来规制该项权利。[2] 隐私权理论主张本我与他人的"距离感"，通过某种程度上的人与社会的分离来实现人的人格尊严和人身自由。而数据权是一项以个人权利为主的权利模式，也是将本人从社会中识别出来、区别本人与他人的重要因素。因此数据权的保护可以借鉴隐私权的保护模式。

三、数据治理中的公法治理趋势

（一）数据权益的侵权法保护

隐私权理论虽然对数据权发展影响很多，但随着数字信息技术的发展，单一的隐私权保护理论已经难以对数据权提供完善保护机制。隐私权保护理论适合针对独立单一的侵权行为进行救济，但数据在社会中的应用呈现社群化、场景化的特征。数据权具有很强的社会属性和公共属性，数据的价值在很大程度上需要放在社会生产生活中才能体现出来。对于隐私的最好保护就是隔绝流通，但数据的价值在一定程度上反而是需要自由流通的。

在数字信息爆炸时代，数据权可能面临的威胁更加复杂多变，侵权形式和侵权主体越发难以辨识，损害结果也可能不尽相同。数据权利人受到侵害时的救济方式也与传统的隐私权救济方式存在差异。对数据权的侵害可能不仅存在于单独的数据收集、存储、交易、使用中，其复合型运作方式也有可能造成对数据权益的侵犯，因此仅靠传统隐私理论难以实现对数据权的全面保护。

---

〔1〕 参见刘德良：《个人信息的财产权保护》，载《法学研究》2007 年第 3 期。

〔2〕 参见蒋怡：《论个人信息权在民法中确立的必要性》，载《昆明大学学报》2008 年第 4 期；李伟民：《"个人信息权"性质之辨与立法模式研究——以互联网新型权利为视角》，载《上海师范大学学报（哲学社会科学版）》2018 年第 3 期。

(二)数据权益的社群化特征

数据权的特征决定了其保护模式的规制方式。个人数据和信息反映的是个人在社会中的识别信息,是个人参与社会生产、生活的表现,其往往具有社群性特征。数据流动的范围和广度,会造成数据权的受侵害风险的差异性。数据权的保护程度和保护范围应放在具体的社会场景中来决定其边界。数据权面临的风险有可能不是私人对私人而是私人面对社会的风险。在此种情况下,数据权需要公法的调整和保护;这类似于消费者权益保护法作为传统民法的补充,来规范个体与社会共同体之间的关系。数据权也应放在数字时代的经济产业背景下综合分析。抛开数字技术对社会的影响,而空谈数据所有权,并不是保护数据权的一种理想模式。数据权并不是绝对权利,为了公共利益,个人数据也会被他人合理使用。合理使用数据应符合数据主体的正常预期,在其同意的基础上,合理收集、使用、交易、存储数据,并承担保护的义务和责任。

隐私权不仅要保护个人权利,更要实现一种全社会的集体价值和公共规范;其作为文明社会的一项基本内容,不容被非法侵犯。隐私保护的合理路径并非划定一条固定的隐私权或个人信息权的边界,相反,隐私保护所要做的应是实现"场景性公正",即在具体场景中实现信息的合理流通。[1] 数据权应受到公法的调整和保护,也是其场景化特征的需求。数据的使用体现了个人对社会的一种信任,而数据权的核心正是保护这种信任。对于数据权的保护必须将其投射到具体社会发展和生产生活中,才能辨析其保护法益的应有之义。

第三节 跨境数据流动的问题和挑战

在电子信息时代,数据跨境流动带来很多具有争议性的复杂问题。数

---

〔1〕 参见丁晓东:《个人信息私法保护的困境与出路》,载《法学研究》2018 年第 6 期。

据跨境流动引起的争端不仅是私法问题，还涉及公法问题。数据跨境流动可能影响个人数据权利、社会公共利益、国家安全。数据跨境流动会影响一国数据主权的行使，影响法律适用和管辖，同时也影响国际数字贸易、国际投资等多个国际经贸领域方面。数据跨境流动所涉及全球秩序的安全稳定，也让各国的数据政策变得扑朔迷离、暗流涌动，各种争端与挑战也层出不穷。

一、数据跨境流动的双重困境

（一）数据跨境流动的概念

数据跨境流动始于数字化和电子化的发展，尤其是涉及全球的电子商务的全面发展，跨境的数据交易需求越发强烈，为数据跨境流动创造条件并奠定基础。1980 年，OECD 发布《OECD 指南》，在该指南中首次提出“跨境数据流动”的概念，[1] 即数据跨境流动是指数据从一国通过某种方式传输到另一国的行为。《OECD 指南》主要涉及个人数据。1982 年，联合国跨国公司中心将跨境数据流动定义为“可被计算机等互联网设备识别的数据跨越国境进行读取、处理、存储等活动”。[2] 数据的虚拟性导致难以用地理上的国界、边境作为衡量数据跨境流动的标准，而应以数据的行为发生地为判断依据，数据的流通行为应分属不同国家地区，这种行为方式包括数据的收集、存储、交易、使用和披露等。数据跨境流动是数据在网络空间的天然属性，其具有跨境便利性的特征。数据在一国境内传输和跨境传输从本身技术要求上并无本质区别，但出于种种原因，一国往往倾向通过制定数据跨境流动政策来规范数据的跨境流动。

---

[1] Organization for Economic Co-operation and Development（OECD），*Guidelines on the Protection of Privacy and Transborder Flows of Personal Data*，http://www.oecd.org/internet/ieconomy/oecd guidelines on the protection of privacy and transborderflows of personal data. htm.

[2] United National Center on Transnational Corporations（UNCTC），*Transnational Corporations and Transborder Data Flows：A Technical Paper*，http//unctc.unctad.org/data/382iia4a.1982.

(二)数据流动限制政策的内容

国家通过制定政策给无形化的数据安上了法定的“边界”,从而实现对国家主权和个人权利保护的目的。这从另一方面限制了数据天然流动的属性,而且容易形成国与国之间的经贸壁垒,影响数据经济的发展。数据跨境流动限制政策的合理合法与否就成为各国数据治理水平高低的体现。数据被限制向境外自由流动,意味着数据只能在来源国进行本地存储使用,因此“数据本地化”政策是数据跨境流动限制政策中的重要组成部分。“数据本地化”政策往往是为了实现数据安全的目的或提升执法便利性,要求将本国收集的数据在本国的数据中心进行存储。各国或多或少都有关于数据跨境流动限制政策的规定,这就导致了各国国内法的域外管辖适用产生了保护权利的冲突,所以在跨境数据流动问题上很多国家通过签订双边或区域的自由贸易协定的方式,让渡一部分管理权,从而协调彼此之间的管辖立法空间。[1] 这些协定规则区别于一国制定的单向限制本国数据传输至境外的法律法规,而是指为了保护数据安全和确保合理的数据流动,在国际层面达成的关于跨境数据流动的规范和标准。[2]

(三)数据本地化政策的目标

随着数据跨境流动的活跃度日趋增高,各国法律和监管面临新的挑战。面对此情形,许多国家通过反垄断调查、税收征收、隐私保护、国家安全等方面的措施,加强本国对互联网以及跨国公司的限制,数据本地化政策也是其中之一。数据本地化政策主要是为了实现以下目标:

1. 保障国家安全和个人隐私。由于“棱镜门”事件的曝光,政府监控和秘密手段受到全球的价值大讨论。此时,数据本地化政策正是应对国外监

---

〔1〕 See Mira Burri, *The Governance of Data and Data Flows in Trade Agreements*: *The Pitfalls of Legal Adaptation*, 51 U. C. Davis Law Review 65(2017).

〔2〕 参见黄宁、李杨:《“三难选择”下跨境数据流动规制的演进与成因》,载《清华大学学报(哲学社会科学版)》2017 年第 5 期。

控的重要措施之一。

2. 便利本国执法。数据如果限制在一国境内存储，可以为国内行政、司法机构侦查犯罪或国家安全的需要进行调取和检查提供便利。

3. 促进经济发展。数据是数字时代中重要的生产资料和社会资源，国家对数据的利用程度体现为其在国际上的竞争实力。数据的本地化政策可以减少跨国竞争，提高国内企业对数据的使用效率，从而推动数据经济产业的发展。

不同的政策目标决定不同的政策取舍。在各国关于本地化的立法即国际规则制定中，重点需要对服务本地化、设施本地化和数据本地化进行区分，确定采取哪一类本地化措施，在将数据存储在境内以备安全为目的的审查和要求设施本地化以促进投资的增长等不同政策目标之间进行平衡。[1]

二、数据跨境流动规制措施引起的国际经贸争端

（一）数据流动规制措施与自由贸易发展

数据跨境流动已成为发生在全球各国的普遍现象。实践中，由于数据流动带来的对个人数据权利、公共利益、国家安全的威胁，全球大多数国家纷纷出台数据流动规制措施来限制甚至禁止数据的跨境流动。不同国家对数据规制的要求不同，自然导致了涉及数据流动的国际经贸关系的紧张，以数据跨境流动为内容的国际贸易投资冲突层出不穷。

根据比较优势理论，国际贸易发展的基础是各国对各贸易项目有自身高于其他国家的比较优势。而数据作为数字时代的重要技术和资源，各国对数据掌握水平的高低也导致了各国竞争水平的高低。但数据跨境流动限制措施，是否实现了数据资源在国际市场中的合理配置，是否阻碍了贸易的自由流通，是否促进了公平竞争商业环境的发展，成为各国关注他国数据流

---

〔1〕 参见李海英：《数据本地化立法与数字贸易的国际规则》，载《信息安全研究》2016 年第 9 期。

动规制措施的主要原因。一般而言,数据跨境流动规制措施是主权国家为保护相关法益(数据主体权利、公共利益、国家安全)而行使数据主权的行为之一。但相关规则的适用不当,也会导致国际贸易、投资争端的产生。数据跨境流动规制措施是否真正能达到东道国所期待的保护个人权利、公共利益、国家安全的目的,受到他国的担忧与质疑。[1] 数字技术领先的一方会认为,从技术的角度来看,只要服务器接入互联网,存储地点并不能影响数据的安全水平,数据安全实际上并不取决于数据的存储地点,而是由数据存储和传输的方式决定。[2] 数据跨境流动规制措施不能实现东道国的目标诉求,只会对数据控制者、处理者增加运营成本,从而导致贸易歧视,形成不公平的贸易环境。数据跨境流动规制措施因此也时常被称为数字时代新型贸易壁垒。

(二)现有 WTO 规则难以处理数据跨境流动争端

现有 WTO 法律制度主要诞生于 20 世纪 90 年代,彼时数字技术在经贸领域中尚未大规模应用,数字贸易也未兴起。自多哈回合之后,WTO 虽也一直关注新的贸易领域发展,但达成有效的新协议寥寥。而关于数字贸易争端尤其是涉及数据跨境流动问题的,至今尚没有单独的协议予以规范。不仅如此,WTO《服务贸易总协定》(GATS)也并没有直接适用于一例成员实施数据跨境流动限制措施的案件。各成员方遇到限制数据流动措施时,主要以双方磋商谈判的形式来化解争端,对利用 WTO 的法律制度来进行诉讼的积极性并不高。WTO 规则的适用性在处理数据跨境流动争端时面临种种障碍。

另外,WTO 已有涉及数字贸易的判例对数据跨境流动问题的影响甚微。WTO 上诉机构虽然在审理"美国在线博彩案"和"中国电子支付案"时,

---

〔1〕 参见黄宁:《数据本地化的影响与政策动因研究》,载《中国科技论坛》2017 年第 9 期。

〔2〕 参见洪延青:《在发展与安全的平衡中构建数据跨境流动安全评估框架》,载《信息安全与通信保密》2017 年第 2 期。

对在线网络服务、电子支付等问题做出相关判决，但并没有直接解决数据跨境流动问题。数据流动限制措施对消费者权利的影响、对公共利益和国家安全的威胁并没有被上诉机构直接审议，但这并不排除其成为各成员国一致关心的问题。

数据跨境流动不依赖有形货物的交易，也不涉及知识产权的保护，但电子商务的在线交易也不能完全排除在服务贸易的范围之外，因此由 WTO 主导下的多边合作机制是必要的。[1] 由于 WTO 很难在短期内达成关于数据跨境流动问题的具体规则，部分国家希望能在现有 WTO 之外就数字贸易单独达成协议。这导致当前区域自贸协定、双边自贸协定中都有诸多涉及数据跨境流动的规制条款，数据跨境流动规则出现了多种立法价值共存而又冲突的局面。

三、数据治理国际规则冲突严峻

（一）欧美模式博弈激烈

数字信息发展已经渗入社会的方方面面，各国对数据问题的规制已成为国家治理的重要内容。涉及数据流动规范和数据保护的立法也已成为各国国内法和签署国际条约的重要条款，而具体原则和模式差异明显。

联邦德国的黑森州在 1970 年通过了世界上第一部数据保护法——《德国黑森州个人数据保护法》，虽然只是州立法，但立法内容较为翔实，规范了数据资料的存储、传输和使用，防止非法获取、破坏数据资料。[2] 以此为滥觞，德国其他州也纷纷效仿，开展相关内容的立法。1977 年，德国进行国家立法，出台《德国联邦数据保护法》。该法采取统一立法的方式，将数据自决

---

〔1〕 参见李娜、沈四宝：《数字化时代跨境数据流动与国际贸易的法律治理》，载《西北工业大学学报（社会科学版）》2019 年第 1 期。

〔2〕 See Electronic Privacy Information Center, *Computers and Privacy: The Reaction in Other Countries*, https://epic.org/privacy/hew1973report/appenb.htm.

权宪法化,规定了个人数据权利及赔偿机制,实现对个人数据权利的全面保护,逐渐成为大陆法系国家的立法范本。

法国涉及公民基本权利保护的《法国民法典》并没有直接规定个人数据权,但在第9条规定了隐私权。涉及计算机应用的个人数据是否属于隐私权范围并没有明文规定,只是通过法院司法裁判来个案解决隐私权的范畴。1978年,法国出台《信息技术、数据文件与民事自由法》,首次明确规定公民享有个人数据权。该权利超出隐私权保护的范畴,规定公民对个人数据享有知情同意权、访问权、修改权、删除权等。

随着德、法两个国家在立法中明确了个人数据权利,欧盟其他国家也纷纷展开相关立法。由于欧共体、欧盟统一市场的需求,欧洲个人数据也一直谋求统一。欧洲最早涉及数据流动规则并不是以个人权利为中心,而是为了满足数据信息处理的社会功能,使数据控制者、处理者能有效、精准地使用数据。随着权利观念的转变,个人数据信息立法开始以个人权利为真正核心,个人参与个人数据信息处理的权利得到明显加强并逐步实现制度化、规范化。在此背景下,欧洲议会、欧盟纷纷制定了统一的数据保护指令、条例,欧洲其他国家如英国、奥地利、西班牙、比利时、荷兰、挪威等国,也以此为基础,加快数据保护立法,逐步形成了欧洲统一的数据保护治理现状。

美国关于数据信息立法的结构较为复杂,以隐私权保护作为个人数据信息保护的权利基础。在公共领域中,不做统一立法要求,而由各州立法分别做制度安排;在私人领域中,美国选择优先利用行业规范的模式,凭借行业自律,以行业组织的内部规范保护数据信息的隐私。美国制定的数据信息隐私保护政策和个人数据信息保护规范是意图在数据流动和隐私保护之间寻求平衡。[1] 美国主张数据自由流动,不应对数据的跨境流动进行过多干涉,除非数据跨境流动直接侵犯了个人的隐私权。也就是说,美国将个人

〔1〕 参见齐爱民:《美国信息隐私立法透析》,载《时代法学》2005年第2期。

数据保护与隐私权保护统一起来,并没有赋予个人数据权过多的权利内涵,因此在保护强度、救济渠道等方面的力度落后于欧洲立法。同时,美国通过国家条约的签订不断输出其制度理念,并在全球数据流动和隐私保护领域中产生巨大影响。

欧洲以个人数据保护为由限制数据跨境流动引起美国政府和数字行业的强烈不满;美国也因数据保护水平不到位而遭到欧洲拒绝数据流通的禁令。双方的立法价值相左、制度差异较大,造成了数据治理规则的全球化难以实现,进而导致统一的国际规则迟迟不能出台。

(二)全球规则无强制力

数据跨境流动时刻受到国际组织的关注,但由于组织内成员的诉求差异性较大,很多国际规则无法出台;即使出台,也只是"宣示"效果多于"规制"效果。

联合国从20世纪80年代起就开始关注数据信息问题,并于1990年出台《关于自动资料档案处理中个人资料的指南》。该指南虽然较全面地规定了基本原则,但由于该指南只是倡议性指南,仅确定了各国数据信息立法所应确保的最低限度标准,对联合国成员国并没有直接拘束力。

无独有偶,OECD于1980年出台《OECD指南》以倡议的形式提出数据跨境流通中应遵循的国内适用原则和国际适用原则。该指南建议数据在跨境流动中应坚持自由流通与法律限制的平衡,并要求各成员要保障数据在成员之间的自由流动性,以及确保对自由流通进行限制的合理性。目前,OECD的数据流动规则并没有在全球得到预期的推广,同时由于该指南对内也没有强制拘束力,OECD各成员在国内数据立法过程中只是将其作为参考范本。

四、数据跨境流动对数据主权的挑战

（一）数据跨境流动加剧导致监管困难

随着科学技术的发展，数据跨境流动变得更加便利。从事跨国经营的企业机构基本上都涉及数据跨境流动业务。数字技术在各个行业的广泛应用，如云计算、人工智能、大数据处理等工作方式，造成数据跨境流动越发简便。这也导致数据流动中可能产生的风险概率更高、更具隐蔽性，政府对于数据流动的监管难度增加，执法成本也远超之前。

（二）数据跨境流动规制措施不统一

数据跨境流动规制措施是全球一个较为普遍的现象，但其方法模式并不统一。欧盟要求数据的跨境流动是附条件的，其中一个重要的标准就是数据转移的目的国要达到和欧盟同样的数据保护标准。中国、印度采取重点敏感数据本地化储存的要求，希冀兼顾数据商业利益和国家安全的平衡。俄罗斯对数据跨境流动采取严格限制流动的模式，2019 年还尝试与俄罗斯以外的国家隔绝网络互联。数据主权的内涵和范围并未得到明确划分，涉及数据主权的纠纷也没有公认的国际法制度规则来解决。国际上也没有涉及数据流动的统一分类、分级管理制度，对一般数据、特殊数据的区别监管模式无法达成一致，从而导致当一国行使本国数据政策时可能对他国的数据主权造成影响。

（三）数据主权管辖冲突严重

数据跨境流动涉及数据主体、数据控制者处理者、数据监管部门等多个行为主体，而一个数据在产生、收集、交易、传输、存储、使用、披露等一系列过程中，可能经过多个行为主体的处理。各国在对数据流动进行管辖立法时，选取的连接点并不相同，属地原则、属人原则、效果原则、最密切联系原则等模式层出不穷。此外，随着美国、欧盟的数据治理规则域外适用的扩张，几乎所有的数据跨境流动行为都会受到多个国家的管辖，由此产生的管辖重叠的问题十分普遍,这也导致国家行使数据主权过程中障碍重重。

（四）数据霸权侵犯他国数据主权

数据主权的基本原则之一就是主权平等原则。但在实际国际关系中,由于科学技术发展水平不同,数据强国与数据弱国在数据治理上存在较大的能力差距。随着这种差距的拉大,数据霸权可能作为一种新的国际霸权主义出现。数据强国通过实力上的不对等谋求全球数据霸权,以达到其政治经济目的。[1] 部分数据霸权主义者,鼓吹网络空间的无政府主义,要求各国降低对网络空间的监管力度,并假以数据信息自由名义,非法使用数据信息资料,侵犯他国权益。关键技术的寡头垄断也是促成实力不对等的原因之一,霸权主义国家对他国数据主权的恣意侵犯,会影响世界和平格局。

五、数据跨境流动涉及的安全问题

（一）国家数据安全

数据跨境流动引起各国对于安全问题的新认识,传统的安全预防机制并不能完全抵御数字技术带来的安全隐患。数据在数字信息时代已成为如同土地、石油等同等重要的关键资源,而特殊敏感信息也是一个国家的重要战略资源。新一轮的国际竞争已从争夺传统资源转变为争夺关键数据资源。一个国家所掌握的关键数据的数量规模以及运用能力是一个国家国际竞争力的体现。涉及国防军事、高精尖技术领域的特殊敏感数据,更是一国战略竞争力的核心要素。个人数据主要是自然人在社会生活中的各种数据信息的总和,但大规模的个人数据经过分析处理,可得出更多信息内容,如一国的民族基因特征、人口构成等。这些经过大数据处理的信息也是国家重要的战略数据,如果轻易传输到境外,也会引起国家安全隐患。

（二）公共数据安全

在"万物互联"的时代,随着科技的发展已经深入社会的各个方面,人类

---

〔1〕 参见朱清清:《国家数据主权问题研究》,载《法制与社会》2019年第21期。

社会的物理空间与网络空间已经密不可分;但伴随而来的是对公共数据安全的严峻威胁,关键信息基础设施面临的挑战尤为严峻,网络攻击对一国的交通、金融、能源等基础设施的负面影响效果也十分严重。

(三)个人数据安全

随着数字技术的普及,各行业的智能化程度逐年提高,但伴随而来的数据网络风险问题也逐步加剧。产业中仪器设备数字化程度越高,其受到黑客攻击的威胁也就越大。因而近年来,个人网络、商业网络遭到黑客网络攻击的案例层出不穷。由于数字化业务处理的需要,企业厂商往往有大量数据收集运算的需求,因此个人数据信息、商业数据被大量存储在企业中。而出于各种利益追求,这些企业网站和资源成为数据信息被泄露的主要来源。2017 年,美国 Equifax 公司由于框架技术漏洞,导致近 1.5 亿条个人和财务信息遭到泄露。[1] 2018 年,英国航空公司发生数据安全事件,泄露约 50 万名乘客的私人信息。[2] 2018 年,国泰航空在全球约 940 万名客户的个人详细信息被泄露,英国政府依据 GDPR 规定对其处以 50 万英镑的罚款。[3] 面对个人数据遭遇的网络攻击威胁,各国倾向于将数据做本地化保存,来解决数据信息泄露的问题。

---

〔1〕 2019 年 7 月,Equifax 同意向联邦贸易委员会、消费者金融保护局(CFPB)及美国 50 个州和地区就该公司的"事故"支付 5.75 亿美元,并承诺采取合理的方法来保护其网络。参见《盘点:过去十年数据泄露巨额罚款 TOP10》,载安全内参网 2019 年 12 月 23 日,https://www.secrss.com/articles/16150。

〔2〕 英国数据保护监管机构在 2019 年向英国航空公司发出了处罚通知书,罚款总额为 183,390,000 英镑(约合 2.3 亿美元)。参见《GDPR 出于英国航空因去年数据泄露面临 2.3 亿美元罚款》,载搜狐网 2019 年 7 月 11 日,https://www.sohu.com/a/326118147_490113。

〔3〕 参见《国泰航空因 2018 年数据泄露事件被英国 ICO 罚款 50 万英镑》,载 CnBeta 网,https://www.cnbeta.com/articles/tech/951511.htm。

第二章
数据治理全球制度概况

第一节　数据治理的价值理念

一、数据治理的两种价值理念分野

全球数据治理的模式和措施受数据治理的价值理念影响很深,不同的数据治理价值观催生了不同的数据治理模式,这也是全球难以达成统一的数据治理规范的根本原因。综合分析全球各种数据治理体系,总体而言,数据治理价值理念可以归纳为以下两种:

一种治理理念主张对数据主体的权益进行全面保护,在达到充分保护的基础上再允许数据的跨境自由流动。这种治理理念发轫于对人权的保护,将数据权视为传统人权在数字时代的新发展和新形式,从而将数据权的保护与对人权的保护等同,都采取全面保护的机制。因此从立法范式来看,要全面提高数据保护水平,严格限制数据的自由流动。

另一种治理理念认为,数据跨境自由流动的价值大于权益保护带来的价值。该理念认为数据权具有财产权的属性,数据流动而形成的产业市场能给社会进步带来巨大的经济利益，以数字产业发展为数据的最大效用，辅之以适当的保护机制，不应对数据自由流动做过多干涉。因而该理念下的数据治理模式旨在不影响数据跨境自由流动的基础上，对数据权进行适度的保护。

这两种不同的数据治理理念直接导致了双方在数据治理规制路径、立法体系、措施手段和利益冲突等方面的巨大差异性。但随着数据治理全球化的开展，这两种理念也在不断碰撞和摩擦，逐步出现两种体系相互融合和吸收的情况。伴随国际数据治理模式的推广和应用，不同制度的对抗和融合逐步形成当前数据问题国际治理的新态势和新格局。

二、充分保护基础上的流动允许

部分国家和国际组织要求对数据先进行充分保护，再允许其自由流动，其主要代表为欧盟及其成员国。欧盟将数据权保护视为对基本权利或人权的保护，数据权也是传统隐私权的延伸和发展。1953 年生效的《欧洲人权公约》(European Convention on Human Rights，ECHR)第 8 条中规定了“尊重私人生活、家庭生活、通信的权利”，被认为是 17 项基本人权之一。尊重私人家庭生活及通信的权利被视为数据保护的基础和原则被确定下来。[1]《欧盟基本权利宪章》在之前《欧洲人权公约》基础上，吸收和借鉴了许多国际人权公约、习惯国际法和多国宪法理念，进一步阐明了公民所享有的政治、社会、经济和文化的基本权利，其规定“人人有权享有个人数据保护的权利”。虽然《欧盟基本权利宪章》制定伊始只是政治宣言而无强制约束力，但随着 2004 年被正式纳入《欧盟宪法条约》，初步实现数据权利的宪法化，之后该宪章再次被并入 2009 年生效的《里斯本条约》，最终成为在欧盟范围内具有法

---

〔1〕 See Council of Europe, *European Convention on Human Rights*, 04 November 1950, https://www.echr.coe.int/Pages/home.aspx? p=basictexts&c.

律约束力的条约。[1]

1981 年欧洲委员会发布了《个人数据自动化处理中的个人保护公约》(以下简称"108 号公约"),该公约是欧洲第一部规制数据跨境流动的区域性立法文件。2012 年欧洲委员会又通过了该公约的修正案,命名为《个人数据处理中的个人保护公约》。[2] "108 号公约"首次规定在欧洲的成员国内进行数据流动的过程中,各成员国政府有权制定法律对数据的转移流动进行有条件的限制,但是这种限制也是有一定要求的(如该公约第 12 条规定,不能仅以隐私保护目的而限制数据流动)。"108 号公约"对欧洲成员国的数据制度进行了统一要求,一方面加强了数据保护的力度,另一方面也通过立法手段消除各个成员国国内法对于数据流动不同程度、理由的阻碍,对数据在欧洲内部成员国之间的自由流动和完整保护起到了指导性作用。随着数字技术发展和互联网应用的逐渐普及,数据在自由流动过程中跨境收集、控制、使用、处理各个环节的潜在违法风险逐渐增多,因此欧洲议会对于数据流动到欧洲以外的法域进行严格管控。

1995 年欧洲委员会颁布了 DPD 95 指令,建立了较高的数据保护标准,强调要在欧盟内部加强针对个人的数据权利保护,为数据在欧盟内部流动建立统一保护市场。DPD 95 指令首次提出数据流动应采取充分性保护原则,只有当数据流向欧盟外的目的国的保护水平达到欧盟认可的充分保护标准,数据才允许跨境流动。[3] 数据跨境是否可以自由流动,前提就是看是否满足数据的充分保护。

DPD 95 指令并不属于欧盟的一级立法,对欧盟内成员国没有直接约束力,只是要求各成员国应修订自身数据保护立法而与 DPD 95 指令保持一

---

〔1〕 参见高富平:《个人信息保护从个人控制到社会控制》,载《法学研究》2018 年第 3 期。

〔2〕 Council of Europe, Convention for the Protection of Individuals with regard to Automatic Processing of Personal Data, ETS No. 108, 28 Janurary 1981.

〔3〕 参见许多奇:《个人数据跨境流动规制的国际格局及中国应对》,载《法学论坛》2018 年第 3 期。

致。因此为了加强数据保护立法的全面直接适用性,也是对数字产业爆炸式发展的回应,欧盟在 2016 年通过、2018 年生效了 GDPR。[1] GDPR 统一了欧盟内部的数据治理法律框架,对整体提升欧盟数据保护水平做出了新要求,并意图建立一个共同数据竞争水平的产业环境。GDPR 不仅聚焦于欧盟内部,对欧盟成员国的数据立法具有普遍约束力,而且较之 DPD 95 指令,其还谋求更大的域外效力。其通过属地管辖和属人管辖,将在欧盟设立的企业以及处理欧盟公民数据的企业都视为在其管辖范围之内。同样,GDPR 在数据跨境流动的规则上,依然延续了 DPD 95 指令充分保护的原则,强调限制将欧盟公民或在欧盟收集的数据转移到不被欧盟视为对数据提供充分保护的国家地区。上述公约、条例等文件,体现了对数据流动限制越来越强的价值取向,表明了欧盟国家对数据保护的重视程度和不断要求建立统一、高标准数据保护体系的主张,反映了欧盟对于在全球范围内搭建统一数据竞争标准市场的期待和愿景。

三、自由流动前提下的适当保护

对于数据产业发达的国家,基于数据带来的巨大经济价值,数据的跨境自由流动必然会对数字、互联网产业裨益良多。因此,其治理的价值观是允许数据的自由流动,在不产生贸易壁垒和阻碍产业发展的基础上,基于对数据主体的保护,而适当限制数据的跨境流动。其中的典型代表就是美国以及美国主导的区域或多边组织,如 APEC、OECD 等。

一方面,美国国内没有通用的关于数据保护成文立法,往往通过州立法和行业规范对数据流动进行规制和对数据主体提供保护。在涉及数据的跨境流动过程中,美国倾向以单独谈判签署协议的方式来解决数据跨境流动的规则不统一问题。在美欧数据跨境过程中,由于欧盟经过评估认为美国

---

〔1〕 European Parliament and Council of EU, Regulation (EU) 2016/679 of the European Parliament and of the Council, 27 April 2016.

数据保护水平达不到欧盟法规定的充分保护标准,导致美国企业无法直接从欧盟获取数据信息,数据的传输和交易活动受到了极大的阻碍和制约。美国寻求单独的数据流动授权来使本国企业符合欧盟要求。经过谈判,美欧双方于 2000 年 11 月达成《安全港协议》(U. S.—EU Safe Harbor Framework,2000/520/EC 号决议)。双方通过制度安排,认为美国企业如果达到欧盟的标准,就可以进入安全港名单并被视为达到欧盟规定的充分保护水平。2015 年由于"棱镜门"事件的爆发,《安全港协议》被欧盟法院裁定无效。美欧双方于 2016 年又谈判签署了《隐私盾协议》(EU—U. S. Privacy Shield Framework),替代《安全港协议》成为双方关于数据跨境流动的新规制方案。《隐私盾协议》重新规范了跨大西洋数据跨境流动的制度安排,是欧美进行数据跨境流动的重要区域合规机制。较之《安全港协议》,《隐私盾协议》更注重对个人数据的保护,为数据主体提供了更明晰的救济程序,并加大了政府对企业跨境数据交易的监管力度。美国政府也在这一过程中,继续巩固其数据自由流动的经济政策和产业政策。

另一方面,美国往往通过在多边、区域和双边的合作协议中强化和推广其数据跨境流动的规则体系。美国在 APEC 隐私框架的方案起草过程中,就加入了其对数据流动问题的看法。美国在区域协定中,诸如 TPP[1]、TTIP 中,都积极提出了涉及数据跨境流动的电子商务条款,并且在这些条款中都将自身对数据自由流动的需求贯彻其中。美国首次明确提出推动数据流动的规则是在 2007 年签订的《美国—韩国自贸协定》中,该规则内容强调缔约双方应承认数据自由流动的重要性。TPP 协议中的数据跨境流动规则对后来的众多国际电子商务协定影响深远,在某种程度上代表着未来数字贸易国际规则的发展方向。之后,美国在系列贸易谈判中,全面升级了 TPP 中的数字贸易规则,进一步阐明了其所关注的数字贸易利益诉求。

---

〔1〕 TPP 由于后期美国的退出而由 CPTPP 取代,但 CPTPP 完整保留了之前 TPP 的电子商务章节,CPTPP 与 TPP 在数据跨境流动问题上的立场是一致的。

第二节　国别数据治理制度

一、美国数据治理体系

(一)美国数据治理的出发点

美国的信息保护或者说数据保护,是发轫于传统的隐私保护理论。与欧洲隐私保护注重个人尊严相比,美国的隐私保护更注重个人的自由权利。而随着数字时代的到来,美国的数据产业发展进入一个新时期,大数据公司层出不穷,参与全球运营的互联网公司鳞次栉比,数据跨境流动的趋势与日俱增,电子商务等贸易手段也成为美国商业的主流。此时,数字时代的隐私权已经发展为美国信息权的一部分。而美国坚持以市场为主导,在优势环节中,利用行业自我规制的方式来规范市场。基于这样的背景,美国对数字经济的管理规制手段采取行业规范与立法规范相结合的方式:以行业化的联邦规则为主,以各层级立法为辅助。这是因为,美国经过数十年的数字产业发展,认为过多地干涉会制约数字行业的进步与发展,难以维护数据流动对市场的积极影响和经济效益。在此思路下,美国倾向于数据的跨境自由流动,而对数据侵害行为采取事后救济的方式加以保护。在宽松的立法环境下,数据治理并没有明确的单独立法,而是基于不同保护目的,将数据问题散见于其他法律条文中。美国国会于 1986 年制定《存储通信隐私法》,这部联邦层面的立法构成了美国成文法关于数据保护内容的主要法律渊源,并一直使用至今。《存储通信隐私法》第 2 章“存储通信保护法”规定了网络环境下的个人数据保护问题,对网络提供者的权利义务加以规范,成为美国进行跨境数据流动治理的重要法律依据。[1]

(二)美国跨境数据流动的政策发展

数据跨境流动的意义和价值对美国发展有明显的促进作用,美国也是

---

〔1〕 参见胡炜:《跨境数据流动的国际法挑战及中国应对》,载《社会科学家》2017 年第 11 期。

全球较早认识到其重要性的国家之一。20 世纪 80 年代,美国提出,在国际投资领域全面发展的背景下,美国要采取积极措施来减少涉及全球投资流动的壁垒或限制。因此美国提出"数据保证"(Data Pledge)计划,希冀其他参与国家能采取与美国一致的跨境数据流动宽松政策,在现有基础上不再对数据跨境流动实施进一步的限制措施。[1]

20 世纪 90 年代,美国政府颁布《全球电子商务框架》,希望在全球电子商务规则中引进以美国为主导的数据跨境流动规则。美国政府在以往实践基础上,进一步阐明了其对于数据跨境流动的规制立场——最大限度鼓励数字市场的开放,并阐述了其参与国际数据治理的思路和路径。美国政府在文件中还表明,为了达到全球数据的高度自由流动,全面减少针对数据跨境流动的不合理措施,美国将采用多边谈判的方式,与其主要经贸伙伴开展数据跨境流动方面的谈判,以形成双方满意的数据治理规则,建设开发程度较高的市场。美国通过加强与欧盟诸国谈判,以 OECD 国家集团和 APEC 区域贸易组织成员国为主要磋商对象,力图达成统一意见,并将谈判成果以提案的方式提交 WTO,意图将其制定的数据跨境流动规则变成全球统一规则。OECD 组织和联合国贸易与发展会议(United Nations Conference on Trade and Development,UNCTAD)将包括数据跨境流动在内的电子商务问题纳入磋商范围,并出台了相应的治理文件和宣言措施。

进入 21 世纪,数字经济进入大发展时期,美国认为通过多边谈判来解决数据问题的效果并不明显,转而意图在其主导的双边和区域协定中加入包括数据跨境流动在内的电子商务条款。而这样的背景基础依然是,美国意图进一步推动数据跨境流动的自由化,避免限制数据流动的保护主义措施成为其发展数字经济的桎梏。在此过程中,美国将数字贸易作为全球贸易的一个重要组成部分加以规制,并提出其主张:第一,要确保数据跨境流动

---

〔1〕 参见张生:《美国跨境数据流动的国际法规制路径与中国的因应》,载《经贸法律评论》2019 年第 4 期。

作为服务贸易的一种,在 WTO 体系以及区域、双边协定的规则下进行规制;第二,将数据流动这种贸易形势以不低于实物数字产品的自由贸易标准加以规范;第三,他国不应采取限制服务贸易、限制数据自由流动的措施,制造非关税贸易壁垒;第四,对电子商务传输交易活动不加征关税;第五,当以合法的公共政策目标限制数据自由流动时,不应对贸易带来根本扭曲,需要建立一个具有透明度的、非歧视性的开放市场。[1] 在这种规则的影响下,美国从与各国谈判入手,通过双边和区域谈判来实现自己的目标;在这之后的多个自由贸易协定(free trade agreement,FTA)谈判和 TPP 谈判中,美国都将电子商务内容作为谈判重点,并落实在条文中。虽然后期由于美国政府对待世界贸易体系的态度发生变化,导致其贸易政策出现摇摆,美国单方面退出了 TPP,但是在取而代之的 CPTPP 中继续落实了原 TPP 的电子商务条款。之后,美国启动北美自由贸易谈判 2.0 版,与墨西哥、加拿大共同签署了 USMCA,在 TPP 基础上,进一步升级了数据跨境流动相关条款,如删除了国家可因公共安全例外而限制数据跨境流动的规则。

除了美国政府,背后还有一股推动力量就是以互联网企业为核心的美国数字企业集团。他们认为,美国即使在各个层面上推动了数字贸易的自由发展,但政策推动速度远比不上互联网企业在全球开拓的业务速度。随着全球数字经济的齐头并进,美国互联网企业的优势不比从前明显。为了保住自己在此领域的领先地位,互联网企业也不断催促美国政府在全球范围内减少各国对数据跨境流动的限制措施。受到美国国内产业集团的影响,美国逐步将数字贸易作为全球战略的重要组成部分,将任何影响美国数字产业发展的政策视为贸易保护主义。2016 年,美国国会通过《两党贸易优先权和责任法》,该法案根据美国贸易产业发展现状,明确了美国参与涉及

---

〔1〕 See US Congress, Bipartisan Congressional Trade Priorities and Accountability Act, Chapter 27, http://uscode.house.gov/view.xhtml?path=/prelim@title19/chapter27&edition=prelim.

货物服务贸易的数字贸易以及数据跨境流动在内的全球谈判的主要目标。[1]

二、英国数据治理体系

英国是较早开展数据问题立法、推动数字产业发展的国家之一，数据治理问题一直是英国历届政府核心关注的问题。英国对于数字产业的发展，一方面做大产业促进数字贸易的全球交易，另一方面也紧随欧盟的思路重视数据安全的保障。由于英国数字技术发展的先进性，以及对数字基础设施的大规模投入，英国民众对数字经济的接受度很高，互联网普及率只排在美国之后。此外，数字经济的蓬勃发展也使数据流动规模逐渐增大，推动了各个行业高效便捷的发展，使各个行业都受益于此，数据大规模、低成本地被挖掘和应用也极大地改变了广大民众的工作和生活方式。

（一）欧盟法对英国立法的影响

自 20 世纪 80 年代起，英国陆续出台大量涉及数字产业和数据发展的法律、法规和行政命令，形成较为系统的国家数据治理政策体系。由于当时英国欧盟成员国的身份，其在欧盟多次颁布涉及数据保护法案时都相应地制定或修订了本国数据保护法。

英国于 1984 年通过首部《数据保护法》（Data Protection Act，DPA），作为对欧洲议会“108 号公约”的回应。该法吸收了“108 号公约”关于个人数据保护的基本原则，限制或禁止数据控制者或处理者在未经数据主体同意

[1] 美国《两党贸易优先权和责任法》规定：“确保目前世界贸易组织协定和双边及区域协定下的义务、规则、原则和承诺适用于服务贸易和跨境数据流动，确保以电子方式传输的货物和服务在贸易规则和承诺下获得的待遇不低于以实物形式交付的产品所享受的待遇，以及确保此类产品和服务的分类能完全涵盖现有的和新的贸易类型，并能够使相关产品享受自由的贸易待遇；确保政府不采取措施妨碍货物和服务数字贸易、限制跨境数据流动或要求数据在本地存储或处理，如果政府出于合法政策目标采取限制性的国内法措施，则此类措施应当是能对贸易带来少限制、非歧视的和透明度的，而且是能促进开放的市场环境的措施。”参见张生：《美国跨境数据流动的国际法规制路径与中国的因应》，载《经贸法律评论》2019 年第 4 期。

的基础上，对个人数据进行收集、处理、加工、交易、使用和公开。与此同时，为保证个人数据保护的制度被有效落实，该法还设立了数据保护登记官（Data Protection Registrar，DPR）和数据保护法庭（Data Protection Tribunal，DPT）等行政与司法机构，分别作为《数据保护法》的监督执行监管机构和司法裁决与申告机构。[1]

1995 年，在欧盟颁布 DPD 95 指令之后，英国相应于 1998 年修订并颁布了新版《数据保护法》。1998 年版的法案较之 1984 年版法案进一步明确数据控制者、处理者与数据主体之间的权利义务关系，并进行了责任划分和归属。1998 年版法案也进一步明确数据主体对自身的个人数据享有包括知情权在内的系列权利。在行政执法方面，该法案在既有机构之外还加设了信息专员（Information Commissioner，IC）作为负责个人数据保护的独立官员。

由于欧盟在 2016 年颁布了涉及数据保护的新法 GDPR，为与欧盟法保持一致，英国第三次进行国内立法，于 2018 年通过新版《数据保护法》。2018 年版的法案，进一步明确了个人作为数据主体所享有的数据权利，并将 GDPR 中新设的关于数据主体的可携带权、被遗忘权等权利赋予了英国民众。同时，该法案要求信息专员办公室监督《数据保护法》的执行能有效实施，不与 GDPR 存在冲突。

（二）英国《数据保护法》特征

1. 英国《数据保护法》的背景成因

英国《数据保护法》几经修订，已经成为英国数字立法顶层设计中不可忽视的基石。在 2016 年欧盟 GDPR 出台之后，英国政府于 2017 年 3 月 1 日发布《英国数字战略》，部署未来英国数字产业发展格局，建立影响全球的数字经济体系，并要求相关政府部门以及企业要积极推动数据产业转型。众所周知，数据作为数字产业爆发的核心财富，如何在加大个人数据保护力度

---

〔1〕 参见李重照、黄璜：《英国政府数据治理的政策与治理结构》，载《电子政务》2019 年第 1 期。

的同时又促进数据使用的效益最大化,是英国政府亟待解决的难题。与新的环境发展不同,1998 年颁布的《数据保护法》已经落后于当前数字经济发展的态势,法律的功能调节性已逐渐弱化,对于数据治理问题,部分条文已经不适应新发展的需求。在此背景下,英国于 2017 年发布《新的数据保护法案:我们的改革》报告,在报告中详细分析了数据治理的未来发展和走势,并承诺将制定一部新的数据保护法来调整新时期的数据治理问题。同年 9 月,英国政府公布了新一版的《数据保护法》文本。经过英国上议院和下议院的三读审议,最终在 2018 年 5 月 23 日,英国批准了《数据保护法》,新的数据治理规则正式生效执行。

2. 英国《数据保护法》的主要目标

英国 2018 年版《数据保护法》意图通过数据保护良法,打造一个快捷、高效、安全的数字产业营商环境和网络生活环境,以期实现三大目标:第一,维持民众信任度。信任是商业社会发展的基石。为了让英国数字企业能更好地、更深入全面地收集应用数据,政府需要保障民众对数据的使用有所知晓,并让民众相信其数据是在安全合理透明的环境下流通的。第二,推动数字贸易发展。数据治理的主要目标在于提升政府对数据跨境流动的执法力,从而将数据流动作为稳定的数字贸易增长点,促进国家的经济发展。新的《数据保护法》有望能推动英国和包括美国、欧盟在内的多数国家有更深入的数据交易能力,并搭建更广阔的数字贸易市场。第二,确保数据安全。新的《数据保护法》将进一步加强对以网络犯罪为主的数字环境下的犯罪行为的打击力度,并通过加强国际安全合作与数据共享,保障数据跨境流动的安全。

3. 英国《数据保护法》的主要变化

新版《数据保护法》做了如下调整:(1)将 GDPR 规则吸收进新版《数据保护法》中,从而保障英国的国内法与欧盟的数据保护规则相一致;(2)建立一部先进全面的数据保护法来替代 1998 年版的《数据保护法》;(3)确保英国在可能实现的退出欧盟之后,保持英国数据保护标准与欧盟的充分性保护标准的一致性,保障脱欧后英国与欧盟能继续无障碍地实施个人数据的跨境流动。

为实现上述目的,2018 年的《数据保护法》基本内容结构设计为:(1)新法继续执行 GDPR 的主要内容,重点囊括 GDPR 的一般定义和数据保护原则,强调英国数据保护执行机构——信息专员办公室(Information Commissioner's Office, ICO)充当 GDPR 所要求的数据保护机构(DPA)身份,在执法上具有一定程度的独立性。(2)新版《数据保护法》也根据英国实际情况,增加了 GDPR 所不包含的内容:一是关于执法情境中的数据处理,该部分是对欧盟《执法指令》的转化;二是情报机构进行的数据处理,该部分内容是对 2016 年《调查权法令》(Investigatory Powers Act)等与情报机构相关的立法补充。[1] 因此,英国 2018 年《数据保护法》是将原法案与欧盟 GDPR 规则融合,形成英、欧数据保护标准和水平的统一。

4. 英国《数据保护法》提高个人数据保护水平

英国 2018 年版《数据保护法》进一步提高对个人数据的保护水平,主要体现在:第一,赋予数据主体更多的数据控制能力,在数据主体"知情同意"规则上,严格"同意"标准,并增加若干辅助补充内容,规定数据主体的"同意"是可以"反悔或可撤销"的。当"同意"的内容涉及敏感数据时,"同意"的标准会升级得更为明确和清晰。第二,在个人数据披露内容上,新法要求数据控制者和处理者应根据数据主体要求,及时准确地披露其使用数据的情况。第三,新法援引 GDPR 规定,赋予数据主体数据可携权,允许数据主体在同类型的不同数据服务提供者之间自由转移个人数据,如消费者可以将个人在某社交平台上的所有信息数据打包一并转移到另一家社交平台。第四,数据主体被赋予删除权。数据主体可以要求数据控制者、处理者及时

---

〔1〕 参见石贤泽:《英国脱欧与英欧数据保护关系的新构建》,载《欧洲研究》2019 年第 2 期。

删除其个人在对方那里存储的数据，在不违反特定公法管制的情况下，可以删除本人在平台上的所有数据和有关记录。

同时，2018 年版《数据保护法》也完善了对企业利益的保护。首先，新法对国有和私营企业都进行了有关规定，以便这些企业能更好地保护其掌握的个人数据，通过保护水平的提高增强企业的全球竞争力，从而保障英国数字经济的蓬勃发展。其次，新法让英国个人数据保护机构信息专员办公室的权力被进一步扩大，不只有传统的监管功能，其执法能力也被进一步加强，赋予 ICO 调查权、民事处罚权、刑事追责能力。

（三）对英国数据治理体系的评价

经过多年的探索和发展，英国已经制定并完善了一整套全面的治理体系和政策框架。从几次的《数据保护法》修订可以看出，之前英国在数据治理方面强调政策的透明度，将问责机制作为数据管理的一个优先事项，并通过数据保护和信息公开来加强民众对政府治理的信任，提升数据治理的透明度。而近年来，数据治理的政策领域性得到极大拓展，政策的制定已不仅局限于国内，还考虑境外国际规则的发展，同时也加大对电子信息基础设施建设的投入，促进数据跨境的自由流动，加强对数据资源的深挖利用，从而推动数字经济的持续发展。因此，英国的数据治理已经较为成熟，其治理思路的发展和治理模式的建设具有一定的借鉴和参考价值。

第一，在成文立法方面，英国虽然作为判例法国家，但有一个完整健全的涉及数据治理的成文法制度。由于受到欧盟立法的影响，英国能积极制定与之相应的数据保护法律文件，时刻更新成文法，保障数据跨境流动的有效性。这对意图设立成文法来规制数据流动、加强数据治理的国家有参考意义。

第二，在数字信息领域设备设施方面，英国始终重视对数字基础设施的建设和保护，对外国资本进入信息基础设施领域的警惕性很高，通过资金投入来加强数据利用的整体质量，为数据收集、流通和使用奠定物质和设施基础。

第三,在机构设置方面,英国虽然经历多次机构体系调整,但始终设立专门行政部门来监管数据相关的问题。以 ICO 为主的数据管理机构,职责明确,独立性强,能有效地发挥监管作用,促使管理目标的达成,从而形成一套合理高效的行政管理体系。

第四,在协同合作方面,英国除监管机构外,还专设了相关机构来协调政府部门、企业、NGO、多边工作组的相关活动,政府还设立了专门机构,负责协调各部委、民间社会组织、私营部门、多边工作组等的参与。通过组建专业咨询委员会和指导小组,建立独立审查机制,推动数据治理活动。进而为政策法律的制定和出台群策群力,提供智力支持,加强意见反馈,从而吸引社会更多力量参与到数据治理活动中来。

三、德国数据治理体系

伴随新科技的爆发,德国也不断调整自身的高科技工业战略计划,从而提升数字时代制造领域的智能化、电子化,维持其在世界范围内的竞争力。德国的信息技术被普遍运用在制造工业的各个领域,各行业对数字技术、互联网系统的依赖度高。与此同时,德国作为法治水平较高的国家,近些年来也在通过法律、行政等多重公权力手段,一方面,推进技术革新和数字市场的普及;另一方面,继续加强对于数字时代的数据权益的保护,重视网络安全和隐私保护,通过完善立法、健全执法组织机构,实现数据问题的善治。

(一)德国数据治理立法

德国是最早有数据立法的国家,德国的州法早在 1970 年就颁布了《数据保护法》。德国数据保护理论发轫于德国宪法对保护公民相互之间沟通隐私性的要求,如通信和信件的隐私性。随着数十年的发展,德国逐渐形成完备全面的数据保护法律法规体系。在国家立法层面,德国于 1978 年出台了《联邦数据保护法》,确立了数据保护体系和规则。随后,德国也遵循欧盟规则的更新，分别在2001年、2003年和2006年多次对《联邦数据保护法》进行修订，并通过颁布《通信法》《媒体法》等法规，对通信、媒体等特殊领域的数据保护提出相应要求。[1] 当科技有了突破的新发展时，德国也是在立法上对其响应最快的国家之一。例如，在远程媒体出现后，德国又制定了《远程媒体法》；在人工智能出现之后，德国也着手立法来规制交通自动驾驶等技术的发展。同时，在公法领域，德国也在《税法》《社会保障法》等法律中，对涉及公民税务问题和社保问题有关的数据保护制定专门规范条文。此外，以《联邦数据保护法》为根基，德国各个州也根据自身情况制定了本州的数据保护法。综上所有成文法立法内容，构成了德国庞大的数据治理体系。

（二）德国数据治理专门机构

数据治理工作意义重大，不仅影响整个德国的经济发展，而且与德国民众的日常生活乃至人权保障都息息相关。随着互联网对整个经济社会的持续影响增强，德国政府也越发意识到对数据保护的重要性。因此，在机构设置上，德国与英国类似，也专设行政机构对数据问题加以规范和监管。德国设立联邦数据保护专员，作为直接负责数据保护的行政长官，负责监督和管理德国各机构单位落实德国数据保护制度的情况。与此同时，在各个行政州，州政府也相应设立了州数据保护特派员职位。联邦数据保护特派员任期为5年，实行连任制，最长不超过两个任期。除政府部门之外，德国立法还要求超过一定人数的企业（一般为9人以上），必须设置数据保护专员岗位，数据保护专员应尽量独立对企业数据管理工作进行控制和监督，及时向政府有关部门汇报数据管理情况，企业不得过多干涉数据保护专员的日常工作。数据保护专员应在企业内部针对数据保护工作进行咨询培训，保证企业规章与德国数据保护法合规运行。

---

[1] 参见吕欣：《德国的数据保护政策及启示》，载《中国经贸导刊》2015年第5期。

(三)德国跨境数据流动规则

在数据跨境流动方面,德国的立法政策也很全面,主要分为三种模式:第一种,数据在欧盟境内流动。由于 GDPR 的作用之一就是在欧盟内部形成一个统一保护水平的数据保护市场,因此随着 GDPR 在欧盟成员国内的直接适用,德国对其他欧盟成员国在跨境数据流动过程中不加以限制,允许数据的自由流动与交换。第二种,数据流向欧盟外第三国。当德国认为欧盟外的第三国的数据保护水平达到了德国数据保护水平时,就允许数据跨境自由流动。欧盟通过"充分性保护评估"的方式来逐一审查欧盟外第三国是否具有同样的数据保护标准,从而形成白名单,目前已有瑞士、加拿大、澳大利亚等多个非欧盟国家获得批准。第三种,数据流向第三国的补充规定。欧盟外的第三国的数据保护水平经过评估未达到欧盟标准的,数据也不是绝对不能跨境流动。根据欧盟 2001 年《关于向第三国的处理者传输个人数据的标准合同款的委员会决定》,欧盟外的数据控制者或处理者在提供数据服务时,应与欧盟成员国政府达成协议,确保公司的内部合规足以对数据跨境流动提供充分保护,从而保障数据的安全性,但这样的模式需要逐案审批。此外,虽然美国并没有达到数据保护的欧盟标准,但欧盟和美国还是通过"安全港""隐私盾"等协议,来辅助美国企业跨境收集处理来自欧盟的数据,而不需要逐案审批。

(四)德国数据治理的成效

1. 全面保障个人数据权益

德国依托 GDPR 规则,加大对数据主体的保护力度。非经数据主体同意,数据控制者、处理者不能对收集来的数据进行数据主体不知晓的额外操作。同时,数据主体享有的被遗忘权、可携带权进一步拓展了数据权利空间,从而使数据权利得到进一步丰富和完善。

2. 数据管理机构独立性强

德国数据保护专员机构是一个垂直管理的独立数据保护监管执法队

伍。数据保护专员涵盖了联邦、州政府、企业和个人的多个领域,实现整个数据保护执法过程的立体化。首先,数据保护专员对政府、企业和个人的数据信息处理行为进行有效监督;其次,企业的数据保护专员在保障个人数据安全的基础上,还在对企业合规和技术指导方面发挥作用。因此,数据保护专员机构不仅保障了数据主体的数据权益,还在大中小企业的数据合规、网络信息安全等多个领域发挥重要作用。

3. 打击涉及数据领域犯罪

以网络犯罪为主的涉及数据领域的犯罪行为越发猖獗,德国立法对互联网上的违法行为有很严厉的规定,经常会涉及刑罚处罚的层面。例如,在网络空间,依靠木马程序、恶意代码的方式来传播网络病毒,从而非法获得他人数据信息,这在德国都是违反刑法的行为。同时,德国立法对网络刑事犯罪行为也有严格的惩治措施,禁止非法内容在网络上传播,对于涉及未成年犯罪、种族问题的犯罪等都有严格的刑法制裁。

4. 调动全社会参与数据治理的积极性

德国数据保护政策重点制约了政府和企业使用个人数据的行为,要求其行为合法和透明,政府和企业在收集使用个人数据的过程中要具有"目的相关性",并且严格规制数据使用的范围,避免数据的滥用。与政府企业处理无关的数据不能被收集和使用,收集和使用的过程要保障收集的透明度和民众的知情权,民众可以直接知晓其数据是如何被政府和企业处理使用,也有权知道数据的下一步流向。同时,借助数据保护专员的作用,数据保护理念和精神在社会和企业中得到进一步宣传和指导,众多 NGO 也为宣传数据保护制度发挥了作用,使民众对数据保护的规则和要求有了深入认识,进一步提高民众对数据保护的参与度,主动投入维护网络空间秩序的行动中。在网络时代,当民众的数据利益切实得到保障时,全社会会更加积极地投入数据治理中。

第三节 区域、多边数据治理制度

一、欧盟的数据流动规则

(一)欧盟数据立法政策的演化

数据保护和数据自由的价值区分早在20世纪70年代数据治理立法的第一阶段就成为争执的重心。受美国影响的OECD支持数据跨境自由流动,尽量减少各种限制数据流动的措施和壁垒;与此同时,当时的欧共体也将数据治理基础放之于数据主体的基本权利保护和统一竞争市场建设上。在历次数据立法政策出台和修订的过程中,都能发现这种价值选择的影响结果。欧洲各国一手打造欧洲统一的数据市场,一手保障欧洲公民的基本权利,逐步形成欧盟国家特有的数据治理政策机制。

1.“108号公约”的出台

欧洲委员会(Council of Europe)在欧洲数据保护发展过程中,发挥了极其重要的作用。20世纪50年代,欧洲委员会制定了《欧洲人权公约》,其中就规定了个人隐私权条款;在之后的司法审查过程中,欧洲人权法院将隐私权保护拓展到个人数据保护领域。20世纪70年代,随着个人数据权利的发展,欧洲委员会要求正式将个人数据视为《欧洲人权公约》第8条第1款中所阐述的个人基本权利。欧洲委员会分别通过私营部门和公共部门数据保护相关决议,并于1976年组织专家组起草数据保护的正式文件。[1] 经过广泛论证,欧洲委员会于1981年正式通过“108号公约”。[2] “108号公约”将《欧洲人权公约》保护人权和隐私的要求立法化。但“108号公约”不能在欧共体内部直接生效,需要各个成员国对其立法之后才能适用。上述立法尝

---

〔1〕 参见金晶:《欧盟〈一般数据保护条例〉:演进、要点与疑义》,载《欧洲研究》2018年第4期。

〔2〕 Council of Europe, Convention for the Protection of Individuals with regard to Automatic Processing of Personal Data, ETS No 108, 28.01.1981.

试已成为欧盟关于数据保护立法的滥觞,为之后的几部数据保护指令和条例的出台奠定了基础。

2.《个人数据保护指令》的出台

进入20世纪90年代,欧洲各国多数已经出台了本国的数据保护法。欧洲委员会为了避免各成员国数据保护立法不同导致数据保护标准不一致,于1990年发布了《数据保护指令草案》。[1]《数据保护指令草案》在"108号公约"基本原则的基础上,增加了很多利于执法管理的规则,延续了保护个人数据安全、限制恶意处理数据行为,为统一的欧洲数据市场建立了法律基础。[2] 经过多轮谈判,该草案最终作为《个人数据保护指令》(DPD 95)的立法文件在1995年获得欧盟批准并生效。[3]

3.《一般数据保护条例》的出台

DPD 95旨在协调欧盟各成员国之间的数据保护法规,但各成员国之间对个人数据保护的解释与实施仍然存在不同。进入21世纪后,数据应用范围越发宽广,新的数据问题层出不穷,欧盟需要更新数据保护条例来应对。为了加强数据保护立法的全面直接适用性,也是对数字产业爆炸式发展的回应,欧盟在2016年通过了《一般数据保护条例》(GDPR),新法已于2018年5月25日正式实施。[4]

GDPR不仅是欧盟近些年颁布通过的所涉范围最广的法规之一,还是一部重新奠定欧盟隐私与数据保护立法机制的重要法规。同时,由于GDPR扩大了适用范围,对数据跨境传输提出限制性要求,规定了高额罚款,并提

---

〔1〕 Proposal for a Council Directive concerning the Protection of Individuals in Relation to the Processing of Personal Data[1990]OJC 277,05.11.1990.

〔2〕 参见金晶:《欧盟〈一般数据保护条例〉:演进、要点与疑义》,载《欧洲研究》2018年第4期。

〔3〕 Directive 95/46/EC of the European Parliament and of the Council of 24 October 1995 on the Protection of Individuals with Regard to the Processing of Personal Data and on the Free Movement of Such Data.

〔4〕 European Parliament and Council of EU, Regulation (EU) 2016/679 of the European Parliament and of the Council, 27.04.2016.

出了一些新概念,它对全球各有关主体处理个人数据的活动将产生重大影响,并将影响各国关于隐私与数据保护的立法。[1]

DPD 95 对欧盟成员国提出数据保护的一般要求,成员国要通过国内立法进行转化;而 GDPR 作为欧盟立法,直接适用于欧盟各个成员国,不需要各国再进行国内立法转化有关条款。

(二)欧盟数据司法政策演化

欧盟法院一直积极发挥司法能动性,通过司法裁判、司法政策不断调整新出现的数据保护争议。欧盟法院在 DPD 95 出台之后,多次通过司法判例来解释甚至架构欧盟数据保护政策。数据保护政策的设计初衷是保护个人数据权利,但随着数据商业价值的不断提升,数据保护政策对于市场调节的作用也越发明显。在立法尚未调整之前,欧盟法院已经通过司法判例来宣告新的法益价值的出现。

《欧盟基本权利宪章》的第 8 条明文规定个人数据保护。[2] 随着《里斯本条约》的生效,《欧盟基本权利宪章》正式成为欧盟法的法律渊源之一。欧盟法院也在判例中逐步树立将数据权利作为基本权利加以保护的立场。[3]

欧盟法院在 2014 年谷歌(Google)案的判决中,对 DPD 95 的管辖范围进行了扩大解释。法院认为,通过扩大解释 DPD 95 的管辖条款,无论是成立在美国还是在西班牙的公司,都应接受欧盟法的管辖,才能更全面完善地保护个人数据权利。[4] 该案最终判决谷歌集团公司(成立于美国)以及谷

---

〔1〕 参见沈萍:《解析欧盟与中国个人数据保护》,武汉大学出版社 2019 年版,第 44 页。

〔2〕《欧盟基本权利宪章》第 8 条规定,人人有权享有个人数据保护,有权获得个人数据并予以纠正,个人数据须为特定目的且在数据当事人同意或其他法律规定的正当依据之下公平处理。此外,个人数据处理中的自然人保护也是《欧洲人权公约》和《个人数据自动化处理中的个人保护公约》等相关国际法律文件确保的一项基本权利,如《欧洲人权公约》第 8 条规定了尊重私人和家庭生活的权利。

〔3〕 参见金晶:《欧盟〈一般数据保护条例〉:演进、要点与疑义》,载《欧洲研究》2018 年第 4 期。

〔4〕 Google Spain SL, Google Inc. v. AEPD, Mario Costeja González, CJEU C – 131/12, 13 May 2014, paragraphs 53 – 54.

歌西班牙公司(成立于欧盟)都应接受欧盟数据法律的管辖。欧盟法院在2015年维尔提莫(Weltimmo)案[1]和2016年亚马逊(Amazon)案[2]中,进一步凸显了对数据权利扩大管辖的倾向。无论经营实体在某一欧盟境内成员国领土上设立了多么小的一个机构,只要其是固定安排并实施有效活动的,其参与的数据控制处理行为就要受到成员国法律的约束。同样,该标准也推广到欧盟和非欧盟国家。

法院在上述判例中普遍认为,涉及数据权利保护的管辖权扩大解释,可以更全面、准确地保护个人数据权利。通过扩大解释,管辖权的内容超出了《数据保护指令》在条款上的字面含义。可以说,欧盟法院的司法判例走在了欧盟立法之前。

二、《全面与进步跨太平洋伙伴关系协定》中的数据流动规则

(一)《全面与进步跨太平洋伙伴关系协定》关于数据跨境流动的规定

进入21世纪后,国际贸易规则也有了变化和改进,电子商务、数据交易已变成贸易领域里新的关注点,区域的贸易协定谈判也逐步增加。2016年2月,经过多轮谈判,以美国、日本、澳大利亚为主的12个国家在新西兰签署了《跨太平洋伙伴关系协定》(TPP),但2017年由于美国的退出,剩余的11个亚太国家决定继续开展新一轮的经贸谈判,并将TPP改名为《全面与进步跨太平洋伙伴关系协定》(CPTPP),2018年3月CPTPP完成了谈判并举行了签字仪式,同年12月30日,CPTPP正式生效。[3]

CPTPP基本上保留了TPP的大部分项目和条款,仅在涉及知识产权的

---

[1] Weltimmo v. Nemzeti, CJEU C-230/14, 1 October 2015, paragraphs 25.

[2] Verein für Konsumenteninformation v. Amazon EU Sarl, CJEU C-191/15, 28 July 2016, paragraphs 76.

[3] See New Zealand Foreign Affairs and Trade Administrator, *Comprehensiveand Progressive Agreement for Trans-Pacific Partnership*, https://www.mfat.govt.nz/en/trade/free-trade-agreements/free-trade-agreements-in-force/cptpp/.

项目中为了平衡利益冲突而搁置了部分条款。整体看来,CPTPP 是目前全球范围内对经贸关系调整水平最高的经贸自由协定,能积极促进成员国之间的经贸往来,提升区域内的贸易投资活力,对经济发展起到巨大推动作用。与此同时,CPTPP 也承接了 TPP 关于电子商务、市场准入、贸易便利化的内容,将新的经贸全球治理理念投射到新的协定中。其中涉及数据跨境自由流动的电子商务条款也是 CPTPP 的一个亮点。

(二)《全面与进步跨太平洋伙伴关系协定》的电子商务条款

随着经济增长,电子商务的机会增加,但许多壁垒和障碍也给电子商务带来了侵害。CPTPP 第 14 章是电子商务章节,[1] 该章节不适用政府采购和成员国处理自有信息,也不涉及其他章节的一些电子化行为,如投资(第 9 章)、金融服务(第 11 章)等。

电子商务章第 11 条规定了通过电子方式进行的跨境数据传输,即跨境数据流动条款。该条款要求成员国保障数据跨境流动,但也尊重成员国对数据跨境流动的监管措施。可见,CPTPP 涉及数据跨境流动的条款主张规则上以自由流通为原则,以合法政策目的限制流动为例外,而且这种限制措施不能超出必要的限度。CPTPP 采取了限制数据本地化储存的要求,在区域协定中首次制定了有强制约束力的数据流动规则。CPTPP 通过以下几种方式对数据跨境流动进行规范:

第一,将数据跨境自由流动作为原则。CPTPP 第 14.11 条第 2 款表明,为"当事人"利益以电子方式跨境传输信息开展业务时,成员国应允许包括个人信息在内的数据跨境传输。同时,CPTPP 在第 14.1 条中界定了"当事人"的外延,即排除所有类型的金融机构或金融服务的跨境供应商之外的投资者和服务供应商。

---

〔1〕 CPTPP 第 14 章主要适用成员方采取或维持的影响电子贸易的措施,包括海关职责、数字产品的非歧视待遇、电子授权和电子签名、在线消费者保护、个人信息保护、无纸化交易、以电子方式跨境信息流动、数据本地化措施、国际合作、网络空间安全、源代码、争端解决等多项内容。

第二,禁止数据本地化储存要求。CPTPP 第 14. 13 条第 2 款禁止成员国将“要求‘当事人’使用该国境内的计算设备或将计算设备设置于该国境内”作为允许其在该国境内从事跨国数据流动交易经营的前置条件。也就是说,除非例外规定,CPTPP 各成员国不得要求其他成员国的投资者、服务供应企业必须在本国存储数据。

第三,对数据流动进行例外规定。CPTPP 第 14. 11 条第 3 款和第 14. 13 条第 3 款分别规定了上述两个要求的例外规定,各成员国可以为实现合法的公共政策目标而“采取或维持”(adopt or maintain)与该协定第 14. 11 条第 2 款和第 14. 13 条第 2 款不一致的措施。CPTPP 所允许的例外措施不仅包括现存措施,还包括将来会发生的新措施。

第四,适当规则。CPTPP 允许成员国在合法公共政策目的下采取例外措施,但这些例外措施应该有所限度,不能是不合理或歧视性的,也不能对国际贸易造成根本限制或扭曲,例外措施也必须在合理范围内,不能超出保护合法公共政策的目的。

第五,保护个人信息。CPTPP 要求各成员国要制定相关法律和政策,以便服务提供企业遵守,同时个人信息在受到侵害时能得到救济。

(三)《全面与进步跨太平洋伙伴关系协定》对其他协定的影响

CPTPP 规定了较为明确详细的跨境数据流动规则,对之后相关协定的签订有指导性意义。2016 年新加坡与澳大利亚修订的自由贸易协定中,涉及电子商务内容的条款基本上完全将 CPTPP 协定中的内容融入其中。有报道称,尚未达成协议的《跨大西洋贸易与投资伙伴关系协定》(TTIP)和《服务贸易协定》(Trade in Services Agreement,TiSA)谈判文本中的电子商务条款,与 CPTPP 的规定类似,原则上支持数据的跨境自由流动。但欧盟与美国的政策出发点不同,对数据流动和数据保护的理解不一致,因此在跨大西洋的经贸谈判中电子商务条款会有所不同。世界各国在商贸协定谈判中,也积极提出自己的跨境数据流动主张,中国在完成《区域全面经济伙伴关系协定》(RCEP)谈判的过程中,也加入了与自身特点相一致的数据跨境流通规则内容。总的来看,跨境数据流动已经成为国际区域贸易谈判中不可忽视的领域。

三、《美墨加协定》中的数据流动规则

(一)《美墨加协定》概况

美国、墨西哥和加拿大在2018年10月达成了《美国—墨西哥—加拿大协定》(UnitedStates-Mexico-Canada Agreement,以下简称USMCA或《美墨加协定》),该协议被视为之前《北美自由贸易协定》的升级版本。[1] USMCA中关于数字贸易的内容是基于之前TPP中的有关规则进行谈判的,而且相比TPP又有了四点变化:第一,涉及数字的规则条款命名发生变化,由TPP中的"电子商务"(第14章)改为USMCA中的"数字贸易"(第19章),数据跨境流动不局限于电子商务,而作为整个数字贸易的重要表现形式,把数字贸易看作电子商务在内容和形式上的一种全面进阶。第二,USMCA的数字贸易条款更具有可操作性,因其援引了APEC隐私框架中的治理规则,因此缔约国在处理数字贸易争端时有明确的实施政策可以遵循。第三,USMCA所涉及的数据内容较TPP的范围更广,除了个人数据内容之外,USMCA的数据条款还包括政府数据在内的公共数据。第四,USMCA进一步提倡数据流动的自由化,不希望缔约国以数据安全为理由要求数据存储、处理终端(各种计算机设施)本地化存储安置在该缔约国境内,而是希冀以提高网络数据保护水平,加强网络安全国际合作的形式,来解决数据跨境流动的安全问题。

(二)《美墨加协定》在数据跨境流动规则上的发展

《美墨加协定》是新一轮自由贸易协定中的代表,在原有贸易协定基础

---

[1] United States-Mexico-Canada Agreement,https://usmca.com/.

上有了显著发展。而在涉及数据跨境流动的规则上，该协定也体现了以美国为代表的部分国家对全球数据治理的下一步思路和改变，因此与国际社会以往的数据流动条款也有所不同。

1. 取消数据跨境流动条款中的例外规定

美国在互联网、数字产业的强大产业优势，直接决定其在数字服务领域的全球地位。在全球范围内保障数据的自由流通和转移，也成为美国数字产业的基本与核心要求之一。因此，“数据跨境流动的最高程度的自由化”已经演变成美国开展数字贸易谈判的主要内容。在2007年美国与韩国签署的《美韩自贸协定》中，美国就首次提出了数据跨境流动规则（第15.8条），虽然在条款内容上并没有明确针对数据跨境流动进行规制，但美韩双方都在协定中强调了数据跨境流动对缔约国的重要性。2015年美国主导的TPP协定中，在电子方式跨境信息传输条款（第14.11条）中明确提出缔约方要保障数据跨境的自由流动，但允许例外情形，要求“各缔约方要认识到其他缔约方对于通过电子方式跨境传输信息可能有各自的监管要求”。由于监管要求的内容和含义没有条款进一步解释，使该例外规定成为限制数据流动措施合法性的挡箭牌，缔约国可以自由采取例外措施（如公共安全）来限制数据跨境流动，导致数据跨境自由流动条款名存实亡。[1] 因此为解决上述问题，USMCA第19.11条在规定数据跨境自由流动条款时，删除了TPP第14.11条中的例外规定，进一步提升了数据跨境流动的自由度，也增加了协定的可执行性和可操作性。

USMCA的数据规则也与其他数字贸易大国的限制数据流动规定相抵触。例如欧盟GDPR中规定的数据主体可访问权（第15条）、删除权（第17

---

〔1〕 参见周念利、陈寰琦：《基于〈美墨加协定〉分析数字贸易规则“美式模板”的深化及扩展》，载《国际贸易问题》2019年第9期。

条)和拒绝权(第6条)[1],都将是USMCA数据治理规则进一步全球化发展的阻碍。

2. 进一步明确数据保护的可操作性规则

USMCA在制定了最高自由度的数据跨境流动条款之后,随之而来的就是如何在高自由度的数据流动中完善数据安全、隐私安全,保护数据主体的利益。在没有健全的全球数据安全保障制度的支撑下,数据跨境高度自由流动的诉求必然不会被缔约国所认同,条约本身也会带来诸多质疑。虽然TPP协定规定了个人信息保护条款,强调"各缔约方要认识到保护数字贸易用户个人信息的重要性,并应参照相关国际原则和指导方针来构建数字贸易用户个人信息的法律框架"(TPP第14.8.1条与第14.8.2条),但这只是原则性的规定,并没有对发生数据安全的事件规定处理手段和救济措施。对比TPP,USMCA进一步明确了加强个人信息保护的条款:第一,USMCA第19.8.2条规定个人信息保护应重点借鉴和援引"包括APEC的隐私框架以及经济合作与发展组织理事会的《关于保护隐私和个人数据跨境流动准则(2013)》"。第二,USMCA第19.8.3条引进APEC隐私框架的原则作为USMCA的基本原则(APEC隐私框架基本原则也是美国提出的数据跨境流动基本主张)。第三,USMCA第19.8.6条建议在落实数据跨境流动的操作机制时,可以参考APEC隐私框架中的CBPR机制来保障数据流通自由的实现。

3. 取消公共政策目的作为禁止数据存储本地化要求的例外规定

早在TPP协议中,美国就对限制数据流动的数据存储本地化措施进行了干预。TPP第14.13.2条规定:"缔约方不得将使用该缔约方领土内的计算设施或将设施置于其领土之内作为另一缔约方的服务提供者在其领土内从事经营的前提条件。"但许多TPP谈判国家由于自身电子数据产业的蓬勃发展,对本国数据采取本地化储存、管理、使用的措施层出不穷。而采取这些

[1] 参见王春晖:《GDPR个人数据权与〈网络安全法〉个人信息权之比较》,载《中国信息安全》2018年第7期。

措施往往是基于 TPP 协议中第 14.13.1 条(缔约方监管例外)和第 14.13.3 条(合法公共政策目标例外)。[1] 一旦东道国数据本地化措施限制了数据从东道国流向美国,将会导致美国互联网产业利益受到极大损害,因此美国在 USMCA 谈判中,严格控制了以公共政策为目的来制定数据本地化措施的做法,直接在条款中删除了 TPP 中公共政策目的例外规定,以进一步实现自由的数据跨境流动产业环境。

(三)对《美墨加协定》数字贸易规则的评价

从 TPP 到 USMCA,美国在区域贸易协定规则制定上越发重视数字贸易领域。在此期间,美国为了进一步巩固和强化其在数字产业的领先优势,积极推动本土数字经济规则的国际化,希望全球伙伴国家能逐渐开放数字产业领域,减少贸易壁垒。USMCA 进一步强化和升级 TPP 的数字贸易规则,删除了数据跨境流动规则中的监管例外规定,也删除了禁止数据本地化存储中的公共政策目的例外规定。同时,USMCA 明确了数据跨境流动中个人信息保护的原则和需要遵循的具体措施,也强调了缔约国应在网络安全、信息技术交流、中心企业发展等多个领域加强合作,并规定了政府数据公开问题。但 USMCA 并没有完全实现美国对于数据贸易领域国际治理的目标,与美国的数字产业发展的理想愿景尚存差距。

总之,USMCA 数据贸易规则的制定是美国主导数据治理的一次重要实践,必将对之后其他区域贸易协定、双边贸易协定的谈判产生影响。

四、欧盟与美国数据流动规则安排:从“安全港”到“隐私盾”

欧盟、美国针对数据跨境流动和保护的规则存在较大差异。欧盟将数据权视为人权的延伸,通过强制性的规范化立法,对数据权属提供充分保护,采用事前监督的形式避免对数据主体的侵害,将数据权的全面保护作为

---

[1] 参见周念利、陈寰琦:《基于〈美墨加协定〉分析数字贸易规则“美式模板”的深化及扩展》,载《国际贸易问题》2019 年第 9 期。

数据跨境流动的前提。但与之相反的是,美国认为数据的自由流动能带来巨大的财富价值,数据的财产权属性不容忽视,过度的数据保护措施会造成数据的贸易壁垒,甚至对数字产业发展造成极大影响。美国以行业规范替代成文法强制规定,以事后监管的方式,对数据主体进行财产权式的救济,最大限度减少对数据流动的限制。因此,当两个法域的规则发生冲突后,需要一种折中乃至妥协的制度,对两个不同价值标准进行缓冲和融合。

(一)欧美"安全港"机制

欧盟强制性立法规定,数据跨境流动的目标国必须具有和欧盟同等的数据保护水平,而美国的数据保护制度并不被欧盟认可,导致跨大西洋范围内的数据流动限制较多。为了缓解制度不一致带来的冲突,提升美国跨国企业获取欧盟境内数据信息的能力。欧美双方在共同认可的"安全港隐私原则"基础上,于 2000 年 11 月 1 日达成《安全港协议》。[1]

"安全港"是指由美国商务部建立一个机构目录,在美国交通运输部和联邦贸易委员会管辖下的任何机构都可以自愿加入该目录,而一旦选择加入该目录,就要公开宣誓自己完全接受安全港原则的约束,而且每年要向美国商务部提交公开隐私政策的书面报告,以此来证明自身确实遵循这些原则,否则便被视为商业欺诈。[2] 《安全港协议》规定了 7 项数据保护的基本原则,包括通知原则、选择原则、向前转移原则、安全原则、数据完整性原则、接入原则和执行原则,要求港内企业以此作为数据收集、交易、处理的基本要求,体现了美国和欧盟两种治理思路的融合。[3] "安全港"一方面通过企

〔1〕 U. S. -EU Safe Harber Framework, https://www. ftc. gov/tips-advice/business-center/privacy-and-security/u. s. -eu-safe-harbor-framework.

〔2〕 参见张继红:《个人数据跨境传输限制及其解决方案》,载《东方法学》2018 年第 6 期。

〔3〕 European Court of Justice 2000/520/EC: Commission Decision of 26 July 2000 pursuant to Directive 95/46/EC of the European Parliament and of the Council on the adequacy of the protection provided by the safe harbor privacy principles and related frequently asked questions issued by the US Department of Commerce(notified under document number C(2000)2441) (Text with EEA relevance.)25 August 2000, retrieved 30 October 2015.

业机构自主选择加入而体现了行业自律,另一方面也由于事后管理监督过程中有政府参与,体现了一定程度的行政强制力措施。在美欧达成协定之后,先后有超过2000家美国企业或组织申请加入"安全港"计划。这对美国企业来说,大大降低了合规成本。虽然协议是由美欧双方共同起草制定的,但对美国企业直接适用的是由协定产生的美国法,欧盟的数据保护法并没有域外效力,如果美国企业没有在欧盟设立公司,则欧盟法无法直接适用于这些美国企业。《安全港协议》在信息技术急速发展的21世纪初期,发挥了巨大的积极作用。一方面,促进了两种不同数据治理思路的法域进行融合协调,体现了法律强制规范和行业自律的有机融合,在跨国数据流动监管上开创了先例,为之后区域、双边贸易谈判提供了良好的范本;另一方面,也为美国企业尤其是中小企业进入欧盟市场提供了便利途径,降低了市场准入的门槛,减少了数据跨大西洋流动的法律风险,促进了数字产业的蓬勃发展。

由于"安全港"机制的建立,美欧之间跨大西洋的数据流动频繁,大量欧盟相关的数据被转移到美国进行处理和储存。但在这个过程中,对数据主体的侵权行为逐步被曝光。2013年,美国国家安全局(National Security Agency,NSA)原雇员爱德华·斯诺登曝光了大量来自NSA等情报机构的机密文件。根据文件显示,美国情报机构一直对欧洲国家政府、企业以及个人进行长期、大规模的监视、监听活动。在这一系列大规模监视、监听活动中,美国科技巨头苹果、谷歌、微软等公司都或多或少参与其中,为美国情报部门直接或间接提供了其所掌握的欧盟数据信息资料。该事件曝光之后,激起了欧洲民众对自身数据安全的担忧,直接影响了美欧之间数据流动的相关安排。与此同时,一名来自奥地利的公民马克西米利安·施雷姆斯(Maximillian Schrems)向爱尔兰数据保护专局提起诉告,[1]投诉欧洲总部

---

〔1〕 Maximillian Schrems v. Data Protection Commissioner, Case C-362/14, [2015], Judgment of October 2015.

设在爱尔兰的美国科技公司脸书(Facebook)非法向美国政府提供欧盟内的公民个人数据,导致数据泄露问题严重,而这一系列措施并没有达到《安全港协议》所要求的充分性保护标准。在这些事件背景之下,欧洲法院于2015年10月6日裁定《安全港协议》违反欧盟法律而宣判其无效。这就导致美欧之间的数据流动和交换没有了合法的依据,数千家涉及数据跨大西洋流动的美欧公司遭到了严重打击,数据跨境自由流动又面临了新的困境。

(二)欧美“隐私盾”机制

数据跨境自由流动的巨大意义是任何国家都不能忽视的价值。美欧双方也都不愿意看到由于数据跨境流动的不便,导致产业经济的巨大衰退。美国企业只能通过个案审查的方式,以自身符合欧盟提出的“标准合同条款”和“约束性公司规则”要求,来换取数据跨境流动的审批。建立普遍性的数据流动方案在美欧之间仍具有相当大的吸引力。《安全港协议》被宣判无效不到一年,美国和欧盟又重新坐回谈判桌,商讨新阶段的数据跨境流动规则。2016年2月2日,经过多次磋商和对话,美国和欧盟又达成了新的替代性框架性协议——《隐私盾协议》(EU—US Privacy Shield)。新协议成为新一轮跨大西洋数据自由流动的合规机制。[1] 欧洲委员会认为,在新框架下欧盟和美国企业将个人数据从欧盟交易到美国的过程,完全符合欧盟关于数据保护立法的要求(尤其是符合DPD 95指令),这将对数据流动提供有效的法律规制。美国商务部认为,《隐私盾协议》进一步提升了数据跨境流动的保护水平,美国企业应及时对新协议进行学习实践,提升企业内部治理的合规机制。《隐私盾协议》继承了《安全港协议》中关于数据规制的7项基本原则,同时不强制美欧企业必须加入,而继续采取自愿性加入的方式。除此之外,为了避免出现之前对数据保护的不利情形,减少对个人数据的侵害,《隐私盾协议》在之前《安全港协议》基础上又增加了新规定,对美国企业施

---

〔1〕 European Commission Press Release IP/16/216, EU Commission and United States Agree on a New Framework for Transatlantic Data Flows: EU-US Privacy Shield, 02 February 2016.

加更多的保护义务和注意义务，提高了企业加入协议的门槛，并在整个数据流动过程中增加监督，为欧盟公民在数据权受到侵害时安排了本地的救济措施。

1.《隐私盾协议》对意图加入协议的企业提出更高要求，意图进一步充分保护数据主体的权利。第一，拟加入协议的企业必须制定数据保护政策，并在政策中公示其加入新协议的承诺，在承诺中明确保护数据主体权利，这些数据保护政策和承诺可以在美国法的制度下开展。第二，加入协议的企业应按照欧盟成员国数据保护机构的要求，及时披露其收集、处理个人数据的情况并加以通报。第三，数据保护执法机构对企业收集、储存、使用、转让、交易数据等多个行为都具有管辖权。所涉企业也要及时进行内部合规审查，并接受联邦机构的监督。第四，数据控制企业在交易数据到第三方时应对整个过程负责，并及时通知相关数据主体，而且这种交易的前提之一是数据主体的“同意”。企业必须保证数据控制或处理的第三方能提供给数据主体同样水平的保护标准，而且转让后的使用目的是明确、有限度、并被数据主体所知晓。第五，企业的行为必须受到美国商务部的监督，应及时回应美国商务部的问询和调查。第六，即使企业退出欧美《隐私盾协议》，如果要继续保存相关个人数据，则依然需要对数据主体提供原有水平的保护力度。

2.《隐私盾协议》赋予数据主体更丰富的救济手段。第一，诉告权利。欧盟公民有权对美国企业跨境传输数据的行为提出诉告要求，该企业应在45日内回应该要求，并在不增加诉告者经济成本的原则上单独设立机构处置这一事件，以保证该诉告能及时有效地被解决。第二，行政规制。欧盟的数据主体可以向欧盟内任一成员国的数据保护专局就美国企业的数据侵权行为提交投诉，美国商务部应在90日内回复该数据保护专局，并及时、努力将该投诉快速妥善地解决。第三，司法控告。欧盟公民可以以个人身份在美国的州法院对美国企业数据侵权行为进行起诉，通过司法途径解决争端。

3.《隐私盾协议》在《安全港协议》用于商业目的数据流动基础上，还增加了涉及国家安全数据的规制要求。美国政府承诺将对其国家情报部门的权力进行约束,并及时将美国情报机构执行美国宪法、联邦法等成文法的情况和美国立法、司法、行政三权对情报部门的监管规制情况提交给欧洲委员会。美国政府还将政府基于国家安全、公共目的而访问、收集美国企业控制的数据的规则和限制例外提供给欧洲委员会。美国政府承诺不会对欧盟公民进行无差别、大规模的监视、监听活动,基于国家安全和公共利益的监听、监视必须符合法律规定的限制条件,而且收集的情报信息仅能用于反恐、防止核扩散等特殊目的。

4.《隐私盾协议》还首次为欧盟公民个人单独设立行政机构——监察员制度,专门负责处理欧盟公民就数据跨境流动中发生的侵权行为所提起的投诉。监察员独立于美国传统的国家安全机关,欧盟公民可以直接向其提告,而监察员在不违背美国基本安全利益的前提下应及时回应欧盟公民的提告。

5.美国政府加强与欧盟成员国数据保护专局开展行政合作。美国商务部将设立对接欧盟成员国各数据保护专局的联系部门,及时推动争议的处置和解决,及时公开新加入《隐私盾协议》的美国企业的基本信息,公示国际合作执法内容,以增加协议执行的透明度。美国联邦贸易委员会承诺与欧盟数据保护专局及时进行信息沟通和情报共享,保证紧密的共同执法合作,并同步开展年度联合审查机制。

总之,从《安全港协定》到《隐私盾协议》,欧美之间的数据跨境流动体系逐渐健全,对个人数据的保护不断提升,整个过程的监管和执行也越发透明。整体而言,这些协议对之后数据跨境流动的区域协定起到了积极的示范作用。

(三)从"安全港"到"隐私盾"的发展

1.进一步完善欧美跨境数据流动机制

随着《安全港协议》《隐私盾协议》的出台,欧盟和美国之间的数据跨境流动途径已经被规范化、常态化，对于各种侵权案件也有了执法依据。这些协议的出台，逐步消除了欧美双方对数据跨境流动中可能产生的危害数据安全、侵犯数据权利的担忧。建立公平合理、保护性强的数据跨境流动机制是未来世界经济贸易发展的趋势，在不同数据保护水平的法域之间搭建合理的数据流动机制也是促进数据贸易发展的重要举措。在数据大爆炸的数字时代，为进一步创造社会财富，需要数据在安全的环境下跨境自由流动，而《安全港协议》《隐私盾协议》无疑是吸纳整合双方数据保护政策的重要尝试。欧盟是美国数字产业的重要市场，跨大西洋地区的数据流动规则的缺失影响深远，新的流动规则必然进一步促进两地的数字贸易的发展，振兴相关产业经济。

2. 平衡欧美不同的数据保护规则

欧美由于立场不同，针对数据保护的态度和规则都不尽相同。虽然原则上，双方都承认数据主体享有不容侵犯的数据权利，但在具体措施和例外规定方面存在较大的不同，导致双方在立法上存在较大差异。欧盟一直认为公民的基本权利不能受到包括政府在内的外界任意侵犯，而这种基本权利在信息时代也扩展包括了数据权利，因此数据权利应像其他基本权利一样得到有力保护；美国认为数据只有被使用，尤其是被商业运用之后才能发挥出更大的效用，公民可以让渡一定的数据权益给政府和企业来换取优良的社会服务，因此美国也尽可能不对数据的收集使用加以限制。而从《安全港协议》到《隐私盾协议》，正是欧美双方意图平衡不同立法制度的努力：一方面，数据能更为方便地从数据保护规则更严的欧盟流向美国，提升美国数字产业的实力和竞争力；另一方面，美国的数据保护制度也会在一定程度上受到欧盟数据保护制度的影响，美国的消费者将越发重视其自身的数据权利，对欧盟推广输出数据保护理念和机制起到积极作用，这样也必然影响其他的双边、区域性的数据跨境流动模式。

3. 意图消除“棱镜门”事件的负面影响

“棱镜门”事件让美国政府在全球范围内信誉扫地,欧盟各国更是对美国能否提供足够的数据安全产生极大的质疑。可以说,“棱镜门”事件直接导致《安全港协议》合作的破产。为了消除这些负面影响,美国对数据安全、网络安全领域也进行了较大改革。在国内,美国不断调整其国内法案和行政命令,将本国隐私保护规则扩大适用到非美国公民。此外,美国国会还出台法案,允许欧洲公民可以依据美国《1974 年隐私法案》在美国境内提请诉告。国际上,美国积极与欧盟谈判,制定新的《隐私盾协议》来替代《安全港协议》,以弥补欧美间数据跨境流动的法律制度空白。这些措施都限制了美国对于欧盟公民数据收集使用的行为,进一步提升了美国对欧盟公民的数据权利保护水平,最大限度地减轻“棱镜门”事件所带来的负面效益。

4. 跨大西洋地区数据跨境流动规则依然存在问题

欧美在达成《安全港协议》之后效果并不理想,尤其是其没有达到欧盟所期待的水平。例如,从《安全港协议》出台到被判决无效的十几年中,欧洲公民、企业依据协定发起的诉讼达 1000 余件,但最终只有 40 个案件得到执行。《安全港协议》由于针对侵权行为的执法可操作性不强、执行力薄弱等问题,并没有达到预期效果。因此,在《隐私盾协议》签署的时候,欧盟提出要在条款中细化数据跨境流动的内容,强化条款的可执行力。《隐私盾协议》要求数据收集使用的企业公开数据使用的情况,政府机构有义务通过行政执法合作,加强对企业数据处理活动的监管,提升对数据主体的权益保护水平。《隐私盾协议》还赋予欧盟成员国的数据保护机构对美国接收数据企业数据保护水平的评估审查权力,在一定程度上扩展了欧盟执法机构的域外管辖执法权。然而,即使《隐私盾协议》从条款上较之前看来更加细化和明确,但由于具体操作中的种种问题,依然被公众视为“换汤不换药”的替代性制度,美国对于来自欧洲的数据仍缺乏充分性保护。

五、亚太经合组织的数据流动规则

（一）亚太经合组织数据治理规则的发展

亚太经济合作组织（APEC）是全球重要的区域性国际组织，其组织结构较之 OECD 或者欧盟更加松散，它既不是 OECD 那种有较高入门标准的“富人俱乐部”，也不像欧盟是由宪法和条约所成立的，它是由各种大小峰会形成的，APEC 成员的承诺也没有 WTO 成员的承诺的约束力强。因此 APEC 关于数据治理规则，也并无太大强制力，但其在该领域树立了最低数据保护标准，对各成员建立自身的数据隐私保护法具有一定的影响。APEC 成员由于经济发展水平和数据治理态度的不同，数据流动和数据保护法制差别较大，各成员差异性的历史文化、社会结构也产生了一定影响。其中，日本、韩国、澳大利亚、加拿大等成员对数据保护的程度较高并已经制定了统一综合性的数据治理立法；美国采取部门立法，侧重鼓励行业自律；菲律宾等成员尚没有数据保护单独立法。不同成员对于数据治理的认识不同，保护水平及状态不同，都导致了数据跨境自由流动存在限制和阻碍。因此在数据治理规范的制定上，如何建立一个具有强制力、约束力的统一数据保护规则，APEC 所面对的困难和差异性要比其他区域性组织更大。

（二）亚太经合组织隐私框架的内容

进入 21 世纪以来，亚太地区贸易投资环境越发良好，随着数字贸易比例逐年增加，统一的数据跨境传输规则将有利于区域贸易投资一体化的达成。2003 年，APEC 在已有的电子商务指导工作组中架设了一个数据隐私组来进行隐私规则的制定；次年，数据隐私组公布了“APEC 隐私框架”（APEC Privacy Framework），并获得通过。“APEC 隐私框架”立足于促进数据的跨境自由流动，将“促进亚太地区电子商务”作为目标，要求成员经济体采取一切合理且适当的步骤避免和消除任何不必要的信息流动障碍，同时多次提及要在数据隐私保护中发挥“行业自律”的作用。[1] “APEC 隐私框架”虽不具有强制力，但也提出了数据信息保护的九大原则。[2] 为了落实“APEC 隐私框架”中的谈判成果，保障该框架的有效落实，使其具有一定法律上的约束力，经过近 10 年的努力，APEC 于 2013 年正式实施《跨境隐私规则体系》(Cross-Border Privacy Rules, CBPR)。CBPR 是建立在“APEC 隐私框架”上的数据跨境规则，其原则与“APEC 隐私框架”一致，意图确保数据的流动性，保障数据流动不受非法阻碍，力求数据跨境流动的最大化。但不同的是，CBPR 不只是宣言或者倡议，它具有一定的法律约束力，建立了隐私保护执法机构和问责代理机构，对进行数据跨境交易传输的企业起到实际的约束作用。CBPR 为企业收集、处理 APEC 成员数据提供一个统一的实施办法，有效地保证了加入 CBPR 体系的企业隐私保护水平符合统一标准；与此同时，通过搭建跨国的国际合作机制来强化数据和隐私的保护，从而确保在 APEC 成员内部以及 APEC 与其他贸易伙伴之间数据自由流动的通畅性和连续性。

(三)《跨境隐私规则体系》的特征

CBPR 作为数据跨境流动共同规则，被视为用于规范 APEC 各成员经济体个人和企业数据信息跨境流通自愿性多边数据隐私保护体系。CBPR 从隐私执法机构、问责代理机构和运营企业这三方面进行机制设计，有效保证加入 CBPR 体系的企业隐私保护水平合乎标准。[3]

---

[1] 参见许多奇：《个人数据跨境流动规制的国际格局及中国应对》，载《法学论坛》2018 年第 3 期。

[2] “APEC 隐私框架”包括数据信息保护的九大原则：避免伤害、通知、收集限制、合理使用、选择性、完整性、安全保障、查询及更正、问责制，APEC 希望各成员以隐私框架为最低要求，分别制定本国的数据隐私保护法律，然而，APEC 隐私框架在亚太地区仅有参考意义，并不具有强制力。参见弓永钦、王健：《APEC 与欧盟个人数据跨境流动规则的研究》，载《亚太经济》2015 年第 5 期。

[3] 参见弓永钦、王健：《APEC 跨境隐私规则体系与我国的对策》，载《国际贸易》2014 年第 3 期。

1. CBPR 体系的规则内容

CBPR 与欧盟 DPD 95 指令下设置的约束性公司规则（BCR）都是调整个人数据跨境传输行为的规范。CBPR 面对的是开展数据跨境传输业务的国际化企业，其约束对象都是企业个人数据跨境传输的行为。CBPR 的目的在于建立一套被广泛接受的机制，有助于框架内的企业在涉及个人数据跨境传输交易过程中，能达到一定水平的保护标准，从而切实保护个人数据的流动安全。企业可以自愿选择加入 CBPR 体系，一旦获得批准之后，企业的内部规章制度应遵守 CBPR 的有关规定，企业可以通过修订完善自身的公司章程、工作流程、合同规章等内容，来落实对个人数据处理的 CBPR 限制承诺。CBPR 的法律规则将对该企业适用，一旦企业违反了有关规定，隐私执法机构便有权对企业进行处罚。CBPR 与 BCR 都提出了保护的原则，而且这些原则基本上是一致的。CBPR 的原则源于 APEC 的隐私框架，包括 APEC 隐私框架的九大原则；BCR 的原则源自欧盟 DPD 95 指令，包括合法性、目的限制、透明度、比例性、安全和管理六大原则。CBPR 认为自身的保护标准应是企业执行数据保护的最低标准，如果一个企业的保护标准超过 CBPR 的有关规定，则原规则可以继续适用，不用下调到 CBPR 标准，这样确保所有 CBPR 加入企业能有一个统一的数据保护最低标准，从而协调企业所在国家的法律差异。

CBPR 允许亚太地区的所有适格企业自愿加入，只需要符合 CBPR 所规定的要求即可，而 CBPR 的要求由九大原则、50 条具体要求构成。拟加入企业可以根据要求进行自我评估，然后接受 CBPR 问责代理机构的评估，再通过 CBPR 的审查之后就可以获得 CBPR 认证。在这之后，企业就可以在亚太 CBPR 成员之间进行数据跨境传输活动。同时，CBPR 也是一个比较开放的体系，亚太以外国家的企业，若意图在亚太区域开展数据跨境流动业务，也可以申请加入该体系。

CBPR 的内部架构主要有三个参与方：隐私执法机构、问责代理机构和企业。问责代理机构主要是由有数据保护、隐私保护经验的公共机构或民间团体构成,这些组织经申请成为 CBPR 的适格问责代理机构。问责代理机构的功能包括,对申请加入 CBPR 的企业进行综合评估;对已经加入的企业进行监管,并对企业的违规行为进行约束和通报,甚至取消其认证资格。而隐私执法机构则是 CBPR 成员的国内数据保护执法机构,是政府的行政部门,在问责代理机构无法约束企业的违规行为时,隐私执法机构可以利用行政权力对涉事企业进行处罚或其他法律制裁。由此可见,在传统行政监管的同时,CBPR 多了一层实施行业自律规范的问责代理机构,这种监管模式也是受美国通过行业自律来调整数据保护模式的影响。因此,从理论上讲,CBPR 对企业的规范管理层次要比 BCR 更多层,能更好地监督企业数据跨境传输行为。

2. CBPR 体系加入程序

APEC 成员经济体若要加入 CBPR 体系,一般需要进行以下三个步骤:第一步,成员经济体承诺加入 CBPR,即涉及隐私保护的国内执法机构加入跨境隐私执法安排(Cross-border Privacy Enforcement Arrangement,CPEA);第二步,成员经济体的国内问责代理机构加入;第三步,成员经济体国内企业自愿加入。

CPEA 是 CBPR 体系的具体法律文件和制度规范,CPEA 是多国隐私保护执法机构相互合作的多边协议安排,可以有效促进隐私保护的国际合作。因其不具有强制约束力,APEC 成员经济体可以自主选择加入。加入 CPEA 的隐私保护执法机构应具有 CBPR 规定的执法能力,满足 CBPR 具体的 50 项执法要求。正是由于各国执法部门的加入,CPEA 可以有效保障 APEC 区域内的数据隐私安全。CPEA 虽然是国际多边合作协议,但是从执法角度看来,还是以成员经济体的国内法和国内执法机构为主。一旦成员经济体内部企业违反了数据隐私规则,只能由其国内的隐私保护执法机构对其进行处罚,他国隐私保护执法机构只是起到申请司法协助、信息共享的作用。但这并不意味着企业东道国会在执法过程中“护短”,因为成员经济体之所以愿意加入 CBPR 体系,本意还是希望其跨国企业能在亚太区域内受到公平、合理、一致的数据隐私保护。

APEC 经济体在加入 CBPR 体系时,需要引进问责代理机构。问责代理机构不隶属于政府部门,其主要作用是根据 CBPR 要求,对申请加入体系的本国企业进行甄别,并对已经加入的企业进行行业监督。整体而言,问责代理机构是行业自律的代表,体现了行业内部管理对企业隐私保护的约束。例如,美国在加入 CBPR 之后,引进了本国 TRUSTe 机构作为 CBPR 的问责代理机构。

APEC 成员经济体的企业在本国政府加入 CBPR 之后,也可以自愿申请加入,其加入手续由问责代理机构进行处理。申请加入的企业必须满足 CBPR 体系中隐私保护的规则要求,完善自身的隐私保护政策。在问责代理机构审查通过后,就可以加入 CBPR 体系。在该体系内的企业进行数据跨境传输时,只需满足 CBPR 的规定,而不受本国数据跨境流通限制措施的约束。2013 年 8 月,IBM 成为第一家 CBPR 认证的公司。

3. CBPR 体系的监管保障

CBPR 体系的监管手段分为两个层次:一个是问责代理机构,另一个是隐私执法机构,二者存在一定的执法顺序。问责代理机构会对已认证的企业进行例行巡查,筛查可能的违规行为,同时问责代理机构也会接受消费者的投诉,并针对投诉进行检查。如果问责代理机构发现企业处理数据的违规行为,则应通知企业在一个合理期间内改正。如果企业不认可,问责代理机构可以对其进行惩处,包括通报违规行为、罚款甚至取消 CBPR 认证。如果企业对问责代理机构的处罚有异议,可以申请隐私执法机构介入。隐私执法机构根据 CEPA 的有关规定进行审查,并作出最终裁决。虽然相关企业只能受到本国的隐私执法机构的处罚,但是由于 CBPR 体系的公信力,各国的隐私执法机构不会包庇本国企业。

从保护消费者机制的角度来看,在 CBPR 体系下,一国消费者在遇到他国企业的违法行为时,可以向本国的问责代理机构和隐私执法机构投诉,而不必跨国向涉事企业所在国家的机构申诉。如果违法行为属实,消费者所在国家的机构会转交给企业所在国的相应机构。这样的制度安排,降低了消费者维护自身权益的申诉成本。问责代理机构是专业的隐私认证公司,对企业的违规行为更具敏感度,如果能够与本国隐私执法机构密切合作,同时执法机构效率较高,则 CBPR 的监督机制可能会进一步优化。[1]

(四)对《跨境隐私规则体系》的评价

CBPR 涉及亚太区域众多企业,加入行业自律机制,有效提高了对违规行为的处理效率,同时增强了监管执法效力。在区域经济体中,数据信息保护水平和制度参差不齐,在最低保护水平上进行制度设计以达成区域内的统一市场,已经变成国际协定中的普遍实践。企业在进行跨国经营活动时,应尽量了解相关的国际规则,实现自身隐私政策的合规性。

六、经济合作与发展组织关于数据流动的规则

经济合作与发展组织(Organization for Economic Cooperation and Development,OECD)早在 1980 年就发布了 OECD 指南。[2] OECD 指南是全球首个多边性质的涉及数据跨境流动的倡议性文件。虽然不是具有强制约束力的法律文件,但 OECD 指南规定了一国境内个人信息数据的保护基本原则及国际数据跨境流动的基本原则,为之后 OECD 各个成员的国内立法和产业政策,以及多边、区域的数据治理规则的制定都起到了指引性作用。随着数据信息在社会的普及,数据信息的使用范围越来越广泛,应用模

---

〔1〕 参见弓永钦、王健:《APEC 与欧盟个人数据跨境流动规则的研究》,载《亚太经济》2015 年第 5 期。

〔2〕 See OECD: *Guidelines on the Protection of Privacy and Transborder Flows of Personal Data*, http://www. oecd. org/internet/ieconomy/oecd guidelines on the protection of privacy and transborderfl-ows of personal data. htm.

式也越来越多样,巨大的经济效益和社会效益已不能同日而语,但对数据主体的侵害活动也越发严重,针对数据主体的保护形势也越发具有挑战性。为了促进各成员数据保护法律之间的相互衔接和融合,加强隐私保护执法机构之间的跨境合作,OECD 于 2013 年修订了 1980 年 OECD 指南,以适应数字时代的新形势要求。[1] 新修订的版本提出了国家隐私战略(national privacy strategies)、隐私管理程序(privacy management programs)和安全漏洞通知(security breach notification)三个概念,强调对个人隐私的风险管控及全球层面隐私监管的可操作性。

(一)经合组织关于数据治理的基本原则

OECD 指南中所涉及的数据主要是个人数据,在极个别案例中也引申到其他数据。OECD 认为,数据的跨境自由流动有利于经济社会的全面发展,各个成员应努力促进数据的跨境自由流动,努力消减阻碍数据跨境流动的不合理或不适当措施。OECD 指南调整的对象是个人数据,既包括以公共利益为目的的个人数据收集使用,也包括在私人或商业等私权领域中的个人数据。

OECD 指南的重要意义在于最先提出涉及数据流动和数据保护的六大原则(限制收集原则、数据质量原则、目的明确原则、限制利用原则、安全保护原则、个人参与原则),[2] 这些原则完整明确,概括了数据保护领域所需要的基本原则内容。实践证明,OECD 指南确定的原则对其后的多国国内立法以及国际条约都产生了重要的示范作用。这些基本原则互为补充,统一适用,不应孤立地实施和解释,也不能因数据主体的差异、数据类型的不同,而实施不同的数据保护措施。

---

〔1〕 参见宋建宝:《〈隐私保护与个人数据跨境流动准则〉精要》,载《人民法院报》2019 年 6 月 21 日,第 4 版。

〔2〕 参见齐爱民:《大数据时代个人信息保护法国际比较研究》,法律出版社 2015 年版,第 198 ~ 199 页。

(二)经合组织指南关于数据问题的例外规定

OECD 指南中数据跨境流动条款的核心是要保护个人数据的安全,维护数据主体的权利;但与此同时,OECD 指南也允许成员根据本国发展国情,通过制定例外规定,采取合理措施有限度地降低数据保护水平标准,这些例外规定成为豁免成员违反承诺的法定依据。这些例外规定包括国家安全、社会公共利益以及其他合法性公共政策目的等。但 OECD 希望各成员应在最小范围内采取例外措施,遵循透明度原则,尽量减少对数据保护可能带来的不利,及时向本国公民和外国机构公开有可能采取的例外措施。OECD 指南也是 OECD 关于个人数据保护问题的一种合作性倡议,其法律约束力并不强,旨在通过一种最低限度的数据保护标准,在多边环境下,达成成员国之间广泛的统一。与此同时,各成员可以在自身数据保护实际水平上,结合 OECD 指南的相关规定,制定出台标准更高的数据治理体系。

(三)对经合组织指南的评价

OECD 指南作为最早在多边商贸体系下的数据跨境流动规则意义重大。它前瞻性地在数字商务尚未兴盛的时期,就着眼于个人数据隐私保护问题,并对之后一系列的制度体系产生了深远的影响。OECD 指南的基本思路之一就是要通过数据的跨境自由流动来推动全球经济的发展,各国不能以个人数据保护的名义来限制数据的自由流动。OECD 指南要求成员应谨慎处理涉及数据跨境流通的活动(第 15 条);成员不应对数据跨境流动施加不合理的限制(第 16 条)。成员不应扩大隐私保护、个人数据权利的保护范围,给数据跨境流动制造阻碍,OECD 指南旨在确保个人数据跨境流动的安全性,促进数据跨境自由流动,并将数据保护的国别性立法视为保护主义立法和非关税贸易壁垒。[1]

OECD 指南作为一种非强制性倡议,对各成员并没有强制拘束力,因此

[1] 参见金晶:《欧盟〈一般数据保护条例〉:演进、要点与疑义》,载《欧洲研究》2018 年第 4 期。

也存在操作不易等技术性问题,OECD 也意识到该问题并积极做出补充修订。2007 年 6 月,OECD 通过“隐私保护及跨境合作执行建议”,要求成国应采取以下措施:[1]第一,及时调整本国法规执行体系,加强与外国执法机构的合作;第二,共商执行跨国合作隐私保护法规的国际模式;第三,将相互协作、资源共享,贯穿合作整个过程;第四,与相关国及时沟通法规执行情况。

OECD 指南的缺陷也十分明显,一方面,指南虽然只是规定了最低限度的数据保护标准和原则,但由于其并非国际法意义上的具有约束性的法律协议,因此各 OECD 的成员国并不必然受其约束;另一方面,由于 OECD 指南规定了包括国家安全、公共利益在内的广泛豁免例外,其执行效力也大打折扣。因此,各成员在履行 OECD 指南时程度不一,国内涉及该领域的立法也是标准高低不同。此外,由于 OECD 成员的经济发展水平普遍较高,达成的谈判结果难以在全球推广,其数据治理规则并不被其他国家所接受,其开展国际合作的开放性和透明度也往往受到非 OECD 成员的质疑和诟病。

七、二十国集团关于数据治理的倡议

二十国集团(Group of 20,G20)峰会自设立以来,已成为全球重要的经济合作国际平台。G20 峰会有助于发达国家和新兴市场国家之间的交流合作,为全球经贸合作提供有价值的商议渠道。G20 还对国际社会的金融稳定和经济增长有所关注。2016 年 9 月,G20 领导人峰会在中国杭州举行期间,其间发布了《二十国集团数字经济发展与合作倡议》。[2] 该倡议提出促进数字经济发展与合作的 7 个共同原则。G20 作为全球有重要影响力的国际合作平台,也积极参与到全球数据治理的活动中来,并逐渐承担十分重要的责任。

---

〔1〕 参见张继红:《个人数据跨境传输限制及其解决方案》,载《东方法学》2018 年第 6 期。

〔2〕 《二十国集团数字经济发展与合作倡议》,载 G20 峰会官网,http://www.g20chn.org/hywj/dncgwj/201609/t20160920_3474.html。

此外,2016 年 G20 还提出《二十国集团新工业革命行动计划》方案,就数字经济标准达成一定共识:“一是支持国际标准的开发和利用,标准的制定应以产业为导向,以开放、透明和一致为原则,二是国际标准不应成为贸易、竞争或创新的障碍,相关标准应与包括 WTO 规则和原则在内的国际规则保持一致。”[1] 与传统贸易协定不同,由于不具有约束力,G20 往往提出规制数字经济的更高要求。对比之下,多边区域协定一般采用“原则 + 例外”的模式,成员国只需要落实相关规制义务即可;但在 G20 看来,应该主推一个成型的国际数字治理标准,并将其推广至全球,成为各国数字规制措施的渊源。该标准一旦成型,可能压缩各国关于数字经济的自主权,但也可能在各国让渡部分国家利益的前提下,形成全球统一的数字产业市场。

八、世界贸易组织关于数据流动的规则

(一)WTO 涉及数据流动的谈判情况

WTO 乌拉圭回合谈判促成了关贸协定组织(General Agreement on Tariffs and Trade,GATT)向 WTO 的转变,许多贸易投资规则都缔结于这个时期。但在 20 世纪 90 年代初期,数字经济还没有蓬勃展开,互联网产业的发展尚未形成规模,参与谈判的各 WTO 成员在开展各种议题谈判时,无法预知之后数十年数字贸易、电子商务的蓬勃发展,因此在乌拉圭回合谈判中,并没有达成涉及数据跨境流动的多边协议。进入 21 世纪之后,由于各成员分歧严重,多哈回合谈判无法形成合意,并没有出台具有全球影响的新协议。

近些年,随着数字经济不可忽视的发展,部分在数字产业领先的国家多次向 WTO 提出有关数字产业、电子商务等议题,美国作为数据产业大国,在多边数据规则的制定上态度积极。2014 年 11 月,美国在向 WTO 提交的涉

---

[1] 参见彭岳:《数据本地化措施的贸易规制问题研究》,载《环球法律评论》2018 年第 2 期。

及数据跨境流动提案中表示，数据跨境流动限制措施不一定能提高互联网信息安全，反而可能成为制约经济发展的壁垒。美国认为，网络信息安全的保障应由科学技术水平决定，强制在某一区域内进行本地化存储反而意义不大，因此实施数据跨境流动限制措施是为了产业经济利益还是公共安全利益需要进行严格审查。2019 年 5 月，以美国为首的全球主要经济体呼吁 WTO 成员应在多边框架下开展涉及数字贸易领域的新一轮谈判，重点解决数据跨境自由流动争议，以及数据本地化措施与自由贸易的矛盾等问题。[1]

WTO 成员对于数字贸易、电子商务的谈判出发点有所不同。美国要求在多边谈判中，开放数据跨境自由流动、暂停征收电子商务关税、全面禁止数据本地化措施。欧盟对数据跨境流动过程中的个人数据保护和公民隐私问题表示关切，认为各成员有权就保护数据安全采取适当的措施和政策。其他部分国家认为数据跨境流动与数据本地化措施需要进一步研究论证，而停止征收电子商务关税为期尚早。多数国家提议各成员不得禁止或限制数据（包括个人数据）通过电子商务的方式进行跨境转移，同时认可成员有权出于实现合法公共政策的目的对数据跨境流动进行适当限制，但此类限制措施不能无根据地武断进行，也要保证限制措施对数据流动造成的影响尽可能地小。[2] 在全球范围内，关于数据跨境流动和数据保护的问题，不同国家态度差别较大。WTO 目前还是面临在多边数据跨境流动谈判中，协调、融合不同国家数据治理制度标准的难题。

（二）WTO 现有规则对数据跨境流动的影响

WTO 尚没有关于针对数据跨境流动的体系化明确规则，但并不代表 WTO 现有制度和文件不能调整数据流动和数据保护之间的法律关系。现

---

〔1〕参见陈咏梅、张姣：《跨境数据流动国际规制的新发展：困境与前路》，载《上海对外经贸大学学报》2017 年第 6 期。

〔2〕参见《美国等 WTO 成员提议跨境数据自由流动并禁止数据本地化》，载上海 WTO 事务咨询中心网，http://www.sccwto.org/post/25922？locale = zh-CN。

行 WTO 体系中,《服务贸易总协定》(GATS)的电信服务附件中,包含了部分直接涉及电信服务和跨境信息传输的内容;更重要的是,WTO 的一些基本原则和规则也可以在处理数据流动争议时加以采用,如 GATT 的第 20 条一般例外和第 21 条的安全例外,GATS 中服务贸易分类、最惠国待遇、市场准入和例外规则等都对涉及数据跨境流动和数据保护的争端有约束力。此外,在数据流动过程中,相应硬件和软件是其发展的前提,因此信息技术产品自由化贸易对发展电子商务具有重要意义。[1]

1. GATS 一般条款对数据跨境流动的影响

在没有明确的数据流动规则下,当有涉及数据跨境流动争端诉到 WTO 时,WTO 争端解决机构(Dispute Settlement Body, DSB)往往会适用 WTO 规则和各国承诺对争端进行研判,并进行逐案分析。数据跨境流动涉及的贸易种类十分繁杂,因此首先要确定案件中的数据跨境流动是何种贸易类型,从而决定案件应适用服务贸易规则抑或货物贸易规则。如果所涉及的商品是记录电子信息的实物数字产品,如可读取信息的软件、音像制品等,则适用 WTO 货物贸易规则。如果是跨国数据交易,提供服务过程中产生的数据流动,则需要适用 WTO 服务贸易规则,即 GATS 规则。

涉及服务贸易规则的数据流动现在已成为全球数字产业中的主流,它不需要依靠任何实体媒介,而是借助发达的互联网和信息技术,完成电子信息的转移,从而达到提供服务的目的。例如,跨国旅游定制和酒店预订服务商缤客(Booking)在为用户提供酒店订制服务中,就会跨境收集、使用、交易用户的身份信息、财务信息和出行信息。又如,美国电子商务网站亚马逊(Amazon)的数据处理活动是在美国进行,其在法国设立了一个欧洲办事处,以便开展面向欧盟市场的商业开发和营销活动。在这种情况下,欧洲办事处的活动与美国电子商务网站进行的个人数据处理密不可分,因为针对

[1] 参见龚柏华:《论跨境电子商务/数字贸易的“eWTO”规制构建》,载《上海对外经贸大学学报》2016 年第 6 期。

欧盟市场的商业开发和市场营销活动提高了电子商务网站提供的服务的销售和推广水平。这些数据处理行为某种意义上都是服务贸易所管辖范围之内的行为。

在确认数据交易属于服务贸易行为之后,往往要确定其属于何种服务模式。GATS 第 1 条第 2 款将服务贸易定义为四种模式,即跨境交付、境外消费、商业存在和自然人流动,四种不同的模式由不同的规则调整。WTO 各成员根据自身发展情况的不同而作出不同内容的承诺,导致不同类型的数据跨境流动在同一个成员内会面临不同的情形,从而会出现不同的法律后果。在四项跨境服务中,第一项跨境交付无疑是涉及数据跨境流动最多的一种模式,因为在跨国企业提供跨境服务过程中,往往与之相关的消费者数据、商业信息等内容会伴随服务一起进行跨境流动。因此,如果一个成员在跨境交付领域进行全面开放,则一旦其对数据跨境流动进行限制,就可以视为对其做出承诺的违反。但这一假设需要逐案来进行分析探讨。例如,在 WTO“美国—影响跨境提供博彩服务的措施”(United States-Measures Affecting the Cross-Border Supply of Gambling and Betting Services,以下简称美国在线博彩案或 US-Gambling)中,DSB 专家组和上诉机构认为,美国在服务贸易承诺表中的 10. D 项目中关于“其他休闲服务(运动除外)”作出了允许“跨境交付”的市场准入承诺。[1] 而在线博彩活动是包括在“其他休闲服务”中,意味着美国对于在线博彩也是做出市场开放承诺的。因此,美国禁止安提瓜通过互联网向美国提供在线博彩服务,是违背美国自身关于服务贸易承诺的。

在确定服务模式之后,还应分析成员的措施所涉及的服务部门,才能准确判断其是否违背了自身的贸易承诺。WTO 成员常用的部门划分依据是《联合国核心产品分类》(United Nations Central Product Classification,CPC),

---

〔1〕 WTO Appellate Body Report, United States-Measures Affecting The Cross-border Supply of Gambling and Betting Services, WT/DS285/AB/R, adopted 04 April 2007.

其中与数据有关的产品分类仅有两类。[1] 而当前互联网时代，诸多网络运营服务商所提供的云端处理、社交平台、人工智能等涉及数据流动的产业很难简单归入上述的服务部门中去。

在解决贸易类型、服务模式以及服务部门的类属关系之后，DSB 对于数据跨境流动的问题也只能逐案来分析，通过 GATS 的一般规定来审查成员的措施是否违背 WTO 承诺。可能涉及的条款主要包括 GATS 的最惠国待遇(第 2 条)、国内规则(第 6 条)、市场准入(第 16 条)等基本义务。虽然对于数据跨境流动没有具体条款，但成员在限制数据跨境流动过程中，可以适用 GATS 的一般例外和安全例外(第 14 条)来说明措施的合法性。[2] 一般例外和安全例外，往往是国家规制数据跨境流动最直接的动机和理由。

综上，由于缺乏直接的数据流动规范机制，DSB 在遇到涉及该领域争端的处理方式往往存在诸多不确定性，GATS 的一般条款在援引上也会存在诸多问题，甚至会导致适用困难。目前为止，涉及数据流动问题的争端只能以对 GATS 的一般规定的违反来提起争端解决，而专家组和上诉机构也只能依靠逐案审查的方式，来确定数据跨境流动的争端应适用何种协定与条款解决。

2. GATS 电信服务附件对数据跨境流动的影响

GATS 电信服务附件赋予了电信服务提供商在他国境内使用通信网络的权利，要求 WTO 成员应确保其他成员的电信服务提供商可以在其境内使用公共电信传输网络，以保障服务商开展的境内、跨境数据传输运营

[1] 参见陈咏梅、张姣：《跨境数据流动国际规则的新发展：困境与前路》，载《上海对外经贸大学学报》2017 年第 6 期。

[2] GATS 第 14 条规定：“本协定的规定不得解释为阻止任何成员采用或实施以下措施：1. 为保护公共道德或维护公共秩序而必需的；2. 为保护人类、动物或植物的生命或健康而必需的；3. 为确保服从与本协定规定不相抵触的，包括与下述有关的法律和法规所必需的(1)防止欺诈和欺骗做法的或处理服务合同违约情事的；(2)保护与个人资料的处理和散播有关的个人隐私以及保护个人记录和账户秘密的；(3)安全问题。”

活动。[1] 该条款表明,电信服务商有权在其他 WTO 成员境内或者跨境存储、传送信息数据,该成员应保障电信服务商的这项经营权利。由此可知,如果某一措施限制或阻碍了数据的跨境流动,可能被视为一种限制国际贸易的壁垒措施。

第四节　数据治理模式归类和比较

一、数据治理模式的价值冲突

采取不同的数据治理模式的根源是立法取向和价值理念的不同。这些不同的价值观念可以分为如下几类:一是数字产业竞争力较强的国家希望提升数据跨境流动的程度,而竞争力较弱的国家希望降低流动水平以保护本国市场;二是数据主体权利保护与数据经济价值开发之间的矛盾;三是国家安全、公共利益的需求与数据保护、数据流动之间的冲突。任何一种数据治理模式的采纳都是在综合衡量本国整体利益之后作出的。整体而言,数据治理模式在立法机制中,有以下两种立法取向和价值理念。

(一)放宽数据流动理念下的立法

在数字时代具有强大数字产业竞争力的国家往往希望最大限度地开放数据的跨境流动。其中主要代表国家就是美国。美国并没有过于系统化的联邦立法来调整数据跨境流动问题,其更希望以行业规范和企业自律来保障数据跨境流动的稳定性和安全性。美国主张优先发挥行业规范治理的作用,减少立法对数据流动的干涉。其在联邦层面并无明确的数据保护法,而是以行业政策指导企业开展自我合规,以满足产业自律要求。美国的政策背景主要原因如下:第一,美国数字企业对全球产业的巨大控制力。美国的

---

[1] GATS 第 29 条之电信服务附件 5(a)规定:"每一成员应保证任何其他成员的任何服务提供者可按照合理和非歧视的条款和条件进入和使用其公共电信传输网络和服务,以提供其减让表中包括的服务。"

数字产业占全球比例巨大,新兴科技企业数量众多,宽松的规则环境有益于新兴的互联网经济的发展,维持其全球主导地位。2018 年年底,在全球前十大资产企业排名中,有 4 家企业是来自美国的数字科技企业。与此同时,全球大多数网络供应商、服务提供商都是美国企业,可以说美国基本主导了全球数字产业的发展。第二,通过立法,美国政府可以主动获得企业掌握的数据。美国《澄清域外合法使用数据法》规定美国企业在美国政府调查时有义务提供其掌握的相关数据,即使该数据存储在美国境外。[1] 这些法案都保障了美国对数据获取的及时性和全面性,因此美国倾向采取宽松措施,鼓励数据的跨境流动。第三,美国认同提高技术水平来保障网络安全,而非限制数据跨境流动。美国认为,数据本地化措施并不能解决数据保护的风险问题,也不能提升网络安全。更好的方法是提高存储、传输数据的技术水平,而非让数据固定在某处不进行流动。第四,传统上美国认可行业自律来调节市场。美国认为,行业自律是保护数据权益的重要抓手,国家立法不如商业规范对数字产业能起到更积极的保护作用。

虽然美国原则上鼓励数据跨境自由流动,不希望施加过多的限制措施,但依然采取许多手段来对数据跨境流动进行事后监管。美国商务部屡次采用"272 条款"(国家安全条款)对外国企业和国家进行评估,变相地制造了诸多市场准入壁垒。同时,美国政府也对军事、金融、医疗、高科技行业进行严格管控,对这些领域的数据跨境流动进行严格规制,通过立法严格限制该类数据的跨境流动。[2]

(二)严格数据保护理念下的立法

许多国家和地区基于传统隐私权保护的理念,将数字时代新发展的数据权利保护视为同样具有保护价值的法益。如果为了某些经济产业的发展

---

〔1〕 参见刘维:《跨境数据流动监管措施在 GATS 下的合规性分析》,载《理论月刊》2018 年第 3 期。

〔2〕 参见付伟、于长钺:《美欧跨境数据流动管理机制研究及我国的对策建议》,载《中国信息化》2017 年第 6 期。

而忽视了对个人基本权利的保护,则是这些立法者所不能接受的代价。由此,这些国家和地区逐渐形成了严格个人权利保护的法律体系,在处理数据跨境流动的过程中,优先考虑数据主体的权利保护,再考虑其他商业利益。[1]

欧盟 DPD 95 和 GDPR 两部最重要的数据立法都规定了数据跨境流动的基本要求。国际贸易和国际合作的扩张使个人数据在欧盟以外的国家和国际组织的往来流动成为趋势,数据流动的加剧也给个人数据保护带来了新的问题和挑战。欧盟要求数据从欧盟转移到第三国或国际组织时,不得降低欧盟法在欧盟境内确保的对数据主体的保护水平。只有在外国数据控制者、处理者已经满足欧盟法中有关向第三国或国际组织转移数据的条款中规定的条件且在遵守其他有关规则的前提下,方可发生数据的转移。在评估过程中,需要考虑欧盟成立时所立足的根本价值,尤其是人权保护理念。欧盟委员会在评估某一第三国或第三国境内的特定行业时,应当考虑该第三国遵循法治、司法公正的水平、国际人权规范及标准、该国的一般性和具体产业的法律状况,包括有关公共安全、国防安全、公共秩序和刑法的立法情况。

欧盟采取人权保护理念来规制数据流动问题显然对数据主体的权益提供了强有力的保护,但这也给数字经济的发展造成一定的制约和影响。虽然数据主体的数据权益得到保护,但在一定程度上科技发展会受到阻碍。产业发展、科技进步、伦理道德、权利本位等多种价值的碰撞必然愈演愈烈。随着全球数字经济的蓬勃发展,社会价值多元化的发展,一味地强调个人权利的崇高和唯一地位,难免会受到质疑和挑战。数据跨境流动既涉及国家治理、国际治理能力,也涉及个人权利保护与经济产业发展之间的冲突,还涉及科技进步与伦理道德的均衡考量。

---

〔1〕 参见刘碧琦:《美欧〈隐私盾协议〉评析》,载《国际法研究》2016 年第 6 期。

数据跨境流动与数据权利保护成为多个国家治理过程中所面临的两难选择。[1] 国内和国际治理的善治体现在能有效、充分保护数据主体权益，并且这种保护制度能与经济技术发展相平衡相适应。

二、数据跨境流动限制措施归类

综观世界各国数据跨境流动限制性立法，主要原因就是推定数据流动到本国之外会影响本国国家利益、损害本国数据主体权益，或是认为第三国数据保护水平难以与本国水平一致，存在潜在数据流动风险。但在限制数据跨境流动的同时，世界各国也意识到数据流动对社会发展带来的积极作用，完全禁止数据跨境流动不仅不现实，会增加本国执法成本，而且会对自身社会经济发展产生重大损失。因此，如何制定合适的法律体系来约束、控制、监管数据跨境流动，已成为世界各国开展数据治理的重点内容。总体而言，目前世界各国采取的数据跨境流动限制措施在程序上主要包括充分保护评估模式，数据控制者、处理者保证模式和数据主体同意模式三类。

（一）充分保护评估模式

允许数据跨境流动的一种主要模式就是数据流出国政府对第三国或国际组织的数据保护水平进行评估，当其认为第三国或国际组织能对数据进行充分保护时，数据跨境流动才能成为现实。欧盟是此类模式的主要倡导者，从 DPD 95 指令到 GDPR，都规定了详细的面向数据流入方的充分保护评估措施。GDPR 第 45 条指出，欧盟委员会决定第三国、第三国境内的地区或者一个或多个特定行业、国际组织能够确保充分的保护程度的，可向该第三国或国际组织传输个人数据。如何评估第三国或国际组织是否能提供充分保护，一般要考虑以下几点因素：第一，第三国数据保护法治是否完善，是否尊重人权和基本自由，第三国国内法在涉及国家安全、公共利益、刑事司

---

〔1〕 参见黄宁、李杨：《“三难选择”下跨境数据流动规制的演进与成因》，载《清华大学学报（哲学社会科学版）》2017 年第 5 期。

法、公权力获取个人数据等领域是否有数据保护的基本措施和规则,以及该国的司法审判是否认同数据权利保护,在不合理获取数据之后,国家是否有赔偿机制;第二,第三国是否存在涉及数据保护的独立监管机构,该机构的执法过程是否能不受政府其他机构的影响,具有一定独立性,同时该机构是否能给民众提供数据保护咨询意见,并促进数据保护国际合作;第三,有关第三国是否在国际条约缔结过程中,做出有拘束力的关于执行数据保护义务的国际承诺。欧盟委员会在评估第三国的保护程度的充分性后,可通过颁布实施法案决定第三国、境内特定行业、国际组织是否能够确保对数据的充分保护。欧美国家对于第三国的认定并不是一次性的,在首次认定之后会每隔四年对第三国进行重新审核,要实时地将第三国的数据保护水平的提升或降低作为动态标准进行观察。实施法案应当明确其地域和部门的适用范围,并在适当情况下指明条例中所要求的监管机构。

自欧盟 DPD 95 首次开展充分保护评估以来,鲜有国家和地区获得评估认可。[1] 美国一直积极与欧盟开展谈判,力图在跨大西洋区域实现数据的跨境流动自由化,2001 年双方达成《安全港协议》,基本实现了美国的诉求。在此之后,美国又与欧盟达成《隐私盾协议》,继续维系数据跨境流动的法律体系,但随着欧盟 2018 年 GDPR 的出台,数据流动被进一步严格控制,《隐私盾协议》也面临挑战。

在审理第三国或国际组织是否具有充分数据权利保障措施之外,欧盟还可以允许数据转移企业在能够充分保障数据权利的前提下,从事数据跨境转移活动。此处相关措施和前提包括:(1)政府机关或机构之间具有法律约束力、可强制执行的文件;(2)具有约束性企业规则机制;(3)经欧盟委员会审查程序通过的标准数据保护条款;(4)监管机构通过欧盟委员会的审查程序批准的标准数据保护条款;(5)根据 GDPR 批准的行为准则,以及第三

---

〔1〕 截至 2018 年年底,仅有安道尔、阿根廷、加拿大、瑞士、法罗群岛、根西岛、马恩岛、泽西岛、以色列、新西兰、乌拉圭这 11 个国家和地区。

国境内的控制者或处理者所做适当保障并具有约束力和强制执行力的承诺,包括与数据主体权利有关的承诺;(6)根据 GDPR 认证机制,以及数据控制者或处理者所做适当保障并具有约束力和强制执行力的承诺,其中,最重要的就是约束性企业规则机制(BCR)。[1] 该机制对从事数据跨境流动工作的跨国企业意义重大,其具有法律约束力。当企业建立一套完整的约束性企业规则时,整个企业集团的数据保护能力都会被认可,数据可以在企业集团内部自由流动,尽管这些企业可能分属不同国家,数据从一个成员跨境传输到另一成员时,不需要欧盟进行单独许可。目前,包括埃森哲、宝马汽车、惠普、摩托罗拉等 72 家跨国公司获得了欧盟 BCR 机制的认可。[2]

(二)数据控制者、处理者保证模式

APEC《跨境隐私规则体系》建立了有强制效力的 CBPR 机制。该机制建立了隐私保护执法机构和问责代理机构,对进行数据跨境交易传输的企业采取实际的约束作用,同时也要求 CBPR 体系中成员的数据控制者和处理者要担保其合作的数据流入企业也具有适当的数据保护标准和措施。美国、加拿大、澳大利亚、俄罗斯、新加坡等国作为 APEC《跨境隐私规则体系》的成员,其国内立法也基本沿用了 CBPR 的数据控制者、处理者担保模式。

美国虽然没有在联邦立法中明确数据跨境流动应采取地域性限制,但美国采取行业规范的形式,许多企业被要求遵守相关数据保护标准,制定符合自身要求的数据保护措施。由于美国是 APEC 隐私框架的积极建立者和推动者,APEC 跨境隐私体系带有鲜明的美国行业规范色彩。同时,涉及数据调查取证的美国联邦数据相关立法也借鉴了 APEC 的有关模式。

澳大利亚 1988 年《信息隐私法案》原则上禁止数据的跨境流动,但在 APEC 隐私跨境出台之后,其也逐步调整。2006 年,澳大利亚在修订《信息

---

〔1〕 参见翟志勇:《数据主权的兴起及其双重属性》,载《中国法律评论》2018 年第 6 期。

〔2〕 参见王融:《数据跨境流动政策认知与建议——从美欧政策比较及反思视角》,载《信息安全与通信保密》2018 年第 3 期。

隐私法案》时，要求数据控制者和处理者在向第三国转移数据之前，需要保证第三国具有同等水平的数据保护标准，且第三国数据处理者的行为不违背澳大利亚信息隐私保护的有关法律。[1] 在 2014 年又一次修订《信息隐私法案》时，澳大利亚明确指出，本国数据控制者和处理者有责任和义务去查明并担保第三国数据接受者是否具有适当的数据保护水平。

（三）数据主体同意模式

数据主体同意模式是将数据权利赋予个人，由其来决定自身的数据是否能转移到第三国，而不是由国家、企业来代为决定。这对于数据保护规则尚不成熟的国家来说是一种操作较为便利的管理模式。《中华人民共和国网络安全法》第 42 条规定："网络运营者不得泄露、篡改、损毁其收集的个人信息；未经被收集者同意，不得向他人提供个人信息……"该条款明确了无论是在境内还是跨境进行数据转移，未经数据主体同意，数据收集者无权进行数据传播和交易。日本在《个人信息保护法》中，对境内境外的数据转移作了统一规定，认为将数据转移给第三人时应受到限制。日本《个人信息保护法》第 23 条规定，只有经数据主体的明确同意，个人数据控制者才能将获取的数据提供给第三人。

应该注意的是，上述的三种模式只是一个大概性的分类，世界各国对限制数据跨境流动的立法采用不同的模式来实现对本国利益的保护。与此同时，上述的几种模式也并非完全独立，一国可能采取一种或多种模式，同时对数据跨境流动进行监管。例如，欧盟在第三国充分保护评估的基础上，也会采取企业评估的方式以允许数据转移（如美欧《安全港协议》和《隐私盾协议》）。澳大利亚在采取数据控制者、处理者保证模式的同时，也会将数据主体的同意作为限制数据跨境流动的例外规定。中国在数据主体同意数据转移的情形之外，也加入了数据传输的安全评估机制，对需要转移的个人信息

---

〔1〕 参见张金平：《跨境数据转移的国际规制及中国法律的应对——兼评我国〈网络安全法〉上的跨境数据转移限制规则》，载《政治与法律》2016 年第 12 期。

和重要数据进行评估。多种方式的共同使用，凸显法律的灵活性与合理性，才能实现数据主体权益、国家利益的综合保障。

三、对治理模式的评价

前述关于数据跨境流动的限制监管措施各有利弊：有时标准太低，会提高数据权利损害风险；有时保护条件过于苛刻，会制约数字贸易的良性发展。总体而言，数据跨境流动限制措施有以下几个特点。

（一）限制跨境数据流动措施的优点

整体而言，数据跨境流动限制措施实现了三个主要目标。第一，加强了数据主体在数据跨境流动环节中的权益保障，数据主体的权益在本国受到保护是基本要求，而流动限制措施使这种要求延伸到第三国，这对数据主体的保护更全面完整。第二，数据跨境流动限制措施也是国家数据主权的体现，避免了他国由于立法、执法水平的不同而与本国数据保护标准不一致，从而损害了本国的国家利益，数据跨境流动限制规则一定程度上维护了国家主权。第三，由于数据跨境流动规则的存在，数据主体更倾向参与到国际数据交流中来，更多的跨国经贸活动被激活，人们对数据跨境交易的安全性充满信心，更愿意参与全球电子商务活动。

世界各国采取不同的数据跨境流动模式，也有不同的优点。充分保护评估模式是由政府主导的评估体系，相对更权威，更能充分考虑到本国国民的利益，且立法环节较为透明，便于第三国企业对法律法规进行了解，法律预见性特点鲜明。数据控制者、处理者保证模式的优点是将行业参与数据保护的潜能激发出来，将数据治理问题交由市场来决定，相比政府主导评估更具有灵活性、高效性。数据主体同意模式，最大限度地尊重了数据主体的意思自治，并且降低了政府治理的行政成本，也降低了企业为了达到数据保护标准的合规成本，有利于本国数字企业轻装上阵，提高经营效率。

(二)限制跨境数据转移措施的缺点

世界各国采取各种措施来规范数据跨境流动,本意是保护本国利益,维护数据主体权益。但在实际操作中,由于模式的缺陷和漏洞,限制数据跨境流动措施往往演化成制约数字产业发展的桎梏,某些规定也变成国际贸易壁垒。一国的数据跨境流动限制措施容易落为他国抨击其实施贸易保护主义的口实。具体而言,三种限制跨境数据转移的立法模式的缺点也有所不同。

1. 充分保护评估模式

充分保护评估模式由于其政府主导的评估特性,容易被视为贸易法中的市场准入壁垒。严重地歧视第三国数据保护机制,也有可能违反 WTO 的国民待遇原则。并且,一国在实施充分保护评估的过程中,容易违反 WTO《服务贸易协定》的“一般例外”条款。WTO 在要求成员实施例外规定时,应保证“此类措施的实施不在情形类似的国家之间构成任意或不合理歧视的手段或构成对服务贸易的变相限制”,而适当性评估可能对两个保护水平相似的国家做出不一致的评估结果,从而造成不合理的歧视。虽然 WTO 的争端解决机构尚未审理一起涉及由于数据保护法律而引发的不适当援引“一般例外”的案例,但在“美国在线博彩案”中,WTO 上诉机构指出,GATS 一般例外条款的设立初衷与 GATT 一般例外条款类似,都赋予了 WTO 成员在一定范围内的立法权,即使这些立法与 WTO 规则有所冲突,但只要相关立法内容与前述例外规则的实施前提相一致即可。[1]

2. 数据控制者、处理者保证模式

数据控制者、处理者保证模式将对数据权利的保障责任赋予运营企业,这就造成了数据保护的很多不确定性。由于企业天然的趋利性,交由企业来对数据主体权利进行保护的效果易受质疑,一国企业遵守他国数据保护

[1] WTO Appellate Body Report, United States-Measures Affecting the Cross-border Supply of Gambling and Betting Services, WT/DS285/AB/R, adopted 04 April 2007.

标准的意愿往往并不强烈。而真正对数据保护有自律要求的企业,往往也面临巨大的合规成本,这对中小企业来说是参与国际贸易的重大负担,无形中加大了企业的跨国经营成本。

3. 数据主体同意模式

数据主体同意模式的理想状况是假定每一个数据主体都是一个法律意识强、对数据使用有清晰认知、具有较高数据管理能力的人。但显然这一点难以实现,毕竟数字时代很多参与人是未成年人和老人。数据主体同意模式还存在“虚假同意”的情况,许多企业在给数据主体提供隐私保护条款时,其格式合同规范往往冗长和难以理解,这会消耗数据主体的耐心,在并不认真读取隐私条款的情形下选择“同意”,而这并不是出自数据主体的本意。同样,企业在对数据信息进行新一轮操作时,又要经过数据主体的同意,这也会增加企业的运营成本,降低经营效率。

第三章
数据跨境流动限制措施

第一节　限制措施原因之一——国家安全例外

一、涉及数据的安全问题

数字产业的蓬勃发展，促进了数据在社会各产业中的广泛应用，涉及数据的国际贸易、国际投资行为也日趋主流，成为国际经贸的重要组成部分。在数据跨境流入流出的过程中，各国的安全审查机制也越发严格。跨国企业在进行数据境外收集、传输、交易之后，往往倾向于将其传输到位于本国的母公司进行数据分析、加工和处理。数据收集的东道国往往以安全为由，禁止或严格限制本国数据向境外流出。数据本地化措施和数据出境安全审查机制已越来越成为世界各国进行数据治理的主流举措。

（一）国家特殊敏感数据引发的数据安全问题

随着数字科技的发展，数据的获取和收集日趋简单。数据强国利用自身技术优势，通过大数据、云计算、人工智能等新一代信息技术，无差别地收集他国境内的数据信息，其中也可能包括直接影响一国国家安全的特殊敏感信息。数据在数字信息时代已成为与土地、石油等同等重要的关键资源,特殊敏感信息更是一个国家的重要战略资源。新一轮的国际竞争已从争夺传统资源转变为争夺关键数据资源。一个国家所掌握的关键数据的数量规模以及运用能力是该国国际竞争力的体现。涉及国防军事、高精尖技术领域的特殊敏感数据,更是一国战略竞争力的核心要素。因此,为保护本国关键敏感信息不被轻易转移到境外,各国都注重实行数据本地化保护措施,降低数据安全的风险。当然,源于东道国公民的个人数据也会造成国家安全隐患。个人数据主要是自然人在社会生活中的各种数据信息的总和,大规模的个人数据经过分析处理,可得出更多信息内容,如一国的民族基因特征、人口构成等。这些经过大数据处理的信息同样是国家重要的战略数据,如果轻易传输到境外,也会引起国家安全隐患。

(二)关键基础设施已成为网络战核心战场

随着信息化的持续发展,电子设备和网络计算科技已经深入社会各个层面,现代社会的物理空间与网络空间密不可分,信息科技给人类带来重大机遇的同时,也给人类带来前所未有的挑战。网络空间攻击行为的危害结果不仅存续在虚拟世界,对现实物理世界也同样会造成影响。网络攻击不仅是谍报工作的窃取情报资料,还会通过控制数据信息对全球各国关键基础设施造成重大影响。除军事设施成为网络攻击常见目标之外,各国电信、电力、水利等关键民用基础设施也会遭受网络攻击的巨大威胁。

例如,2010年6月,“震网”病毒作为世界上首个网络“超级破坏性武器”专门定向攻击现实世界中的基础(能源)设施,其感染了全球超过45,000个网络。[1] 2014年12月,德国发生一起IT安全关键基础设施的网络攻击事件,德国的一个钢厂遭受到高级持续性威胁(Advanced Persistent

[1] 参见《关键基础设施成网络攻击对象 敲响我国工控安全警钟》,载搜狐网2016年9月27日,https://www.sohu.com/a/115135310_468736。

Threat, APT)攻击,导致工控系统的控制组件和整个生产线被迫停止运转,给钢厂带来了重大破坏,以致被迫关闭。[1] 2015 年 12 月,乌克兰国家电力公司遭受前所未有的网络攻击,60 余个变电站受到攻击,攻击的主要方式是通过合法的远程连接通道(如 VPN),利用被盗用的内部合法证书,访问电力内部信息系统。攻击过程中,本地工作站操作人员的键盘和鼠标均被锁死,操作人员在控制屏幕上目击攻击者的行动却无能为力,该事件致使乌克兰首都基辅部分地区和乌克兰西部的 140 万名居民用电受到影响。[2]

(三)黑客攻击行为日益猖獗

随着数字技术的普及,各行业的智能化程度逐年提高,数据网络风险问题也逐步加剧。产业中仪器设备数字化程度越高,受到黑客攻击的威胁也就越大。因而近年来,个人网络、政府网络遭到黑客网络攻击的案例层出不穷。据西班牙国家数字安全中心(INCIBE)数据统计,针对学校、医院、电网等在内的多个社会公共机构的网络黑客攻击从 2014 年的 63 次增长到 2016 年的 479 次,短短两年内就上涨了 7 倍。[3] 俄罗斯联邦国家计算机事件协调中心发布消息称,根据信息安全部门初步统计,俄罗斯政府和公共机构的网络平台在 2018 年受到超过 43 亿次的攻击,而在 2017 年这一数字为 24 亿。[4] 2018 年俄罗斯世界杯足球赛期间,俄罗斯基础设施受到 2500 多万次的网络攻击。

---

〔1〕 参见《德国钢厂受网络攻击 受到重大损失》,载安全牛网 2014 年 12 月 22 日,https://www.aqniu.com/news-views/6104.html。

〔2〕 参见《关于乌克兰国家关键基础设施遭受网络攻击的安全研究报告》,载国家信息中心网,http://www.sic.gov.cn/News/251/6905.htm。

〔3〕 参见《近两年西班牙核心基础设施受网络黑客攻击次数上升七倍》,载商务部网,http://www.mofcom.gov.cn/article/i/jyjl/m/201705/20170502583548.shtml。

〔4〕 参见《俄遭受网络攻击主要来自美国和欧盟国家》,载新华网,http://www.xinhuanet.com/world/2018-12/12/c_1123842121.htm。

二、数字时代数据安全的特点

数字时代的数据安全已成为数据治理的重要课题,限制数据跨境自由流动的首要理由就是保障数据安全。数据安全已经演化成一个重要的新兴安全问题,受到全球各国的关注。

(一)数据安全的非独立性

数据自身的特点决定了它并非一种独立权属。传统物权学说强调的是所有权和控制权,将使用权放入从属地位,强调"一物一权"的物权原则。但数据与传统的物权不同,对其保护的安全措施不能孤立实施。个人是个人数据最初的来源和主体,但经过其他数据控制者、处理者的收集、处理、分析后,个人已非完全的数据贡献者和最终占有人,因此应当考虑数据在收集、交易、运输、处理、使用、存储、披露等各个环节可能出现的安全问题。这些安全问题并不完全一致,所执行的安全规则也不尽相同,故保护数据安全并非某一环节的独立措施。

(二)数据安全的综合性

数据安全的综合性体现在其保护法益的综合性和保护手段的综合性。在针对个人数据、企业数据、社会公共数据、国家特殊敏感数据时,安全标准并不相同,保护措施也千差万别。从个人数据转变为大数据过程中,数据安全内容从保护人格权、财产权发展到国家实施主权治理维护公共安全和国家安全的层次。数据安全问题也不仅仅是技术安全、设施保护的问题,其关系一国的整体战略措施,涉及国家政治、经济、社会、军事等方面的综合安全。例如,2016 年美国大选之际,民主党总统候选人希拉里竞选团队的计算机设备遭受黑客连续攻击,导致近 2 万封邮件被披露,该"邮件门"事件折射出数据安全问题已向政治领域渗透。[1]

---

〔1〕 参见齐爱民:《论大数据时代数据安全法律综合保护的完善——以〈网络安全法〉为视角》,载《东北师大学报(哲学社会科学版)》2017 年第 4 期。

(三)数据安全的高风险性

数据安全的高风险性主要体现在,数据风险难以预防,一旦遭到攻击,损害结果较为严重,救济手段效果不明显,并且难以追索到侵权行为主体。例如,在云计算领域中,由于资源获取平台和处理平台的多点式,数据服务者很难对整个云平台的所有数据提供有效保护,其中任意一个云计算点受到攻击,都会对整个网络系统造成严重影响。数据安全的高风险意味着无法对潜在威胁做出提前预防。也正是由于这种分布式存储的方式,同一个云计算机构可能在多个国家建立机构或安置设备。在面对网络攻击之后,国际合作执法不便问题也导致了数据主体的维权行为难度加大。由于科技发展和技术手段的进步,数据跨境流动日趋频繁,而行政法律规制手段往往滞后于技术创新。因此,数据安全的保护制度失位,导致了数据安全高风险的存在。

三、制定数据流动安全例外措施的合理性

随着大数据的发展,国家加大对数据的收集、存储、利用的控制力度,许多国家和地区已将大数据发展视为国家核心战略的内容之一,数据信息已成为国际竞争博弈的重要领域。各国和地区纷纷出台有关数据发展战略,力图提升国际竞争力。如美国的《大数据研究和发展计划》、欧盟的《欧盟开发数据战略》、日本的《创建最尖端 IT 国家宣言》、澳大利亚的《公共服务大数据战略》等,都将数据作为国家战略的重要考量内容之一。

面对国际竞争日渐加剧,一些国家和地区为保障数据安全,保卫国家利益,纷纷出台数据本地化政策。如伊朗、印度等国家采取境内收集的数据禁止出境的措施,施行完全的本国数据本地化存储;俄罗斯要求本国公民的电子通信和社交网络信息本地化收集、存储,未经允许不得流通到境外;欧盟相关数据保护法律规定,数据需要得到当地充分的法律保护或合同约束才能传输到欧盟之外的国家或地区。

基于对数据问题认识程度的加深,在国际数据领域大国竞争日趋激烈的现实背景下,数据安全已成为国家安全的新诉求,数据主权已成为国家主权的新内容。“棱镜门”事件充分暴露出某些数据霸权主义国家利用数字技术优势实施网络监视、监听的事实。凭借技术优势和霸权主义,部分数据强国进一步升级全球数据监控能力,造成他国基础设施和重要机构面临安全威胁。许多国家和地区不得不采取数据流动限制措施来对抗这种数据安全威胁,以实现国家安全的基本目标。

数据主权的确立是提升数据安全保障能力的根本途径,也是防范和减少本国国家机密、商业秘密和公民隐私受到外来力量侵害的根本保障。安全是国家主权的底线,大数据时代数据安全关乎国家安全、经济发展和社会稳定的根本。在国家安全领域中,数据安全应当被置于重要的战略位置,国家应当尽快提升数据掌控力,为大数据时代的国家安全提供保障。

第二节　限制措施原因之二——公共利益保护

一、跨境数据流动中的公共利益界定

为了保护各国的社会公共利益,大多数国际条约、国内法所涉及的跨境数据流动规则中都有公共利益保护原则,确保数据跨境流动活动及相应的执法司法活动不会造成对社会公共利益的侵害。例如,在 OECD 指南中规定,成员国可以制定一些例外规定来豁免对个人数据降低保护水平的做法。这些例外规定包括社会公共利益在内的合法性公共政策目的措施。但 OECD 希望各成员国应在最小范围内采取例外措施,遵循透明度原则,尽量减少可能对数据保护的不利,并及时向本国公民和外国机构公开有可能采取的例外措施。APEC 跨境隐私执法安排(CPEA)第 6 条和第 7 条规定,缔约国基于保护公共安全而采取的政府活动,不应视为对隐私保护义务的违反,并且不能对此类缔约国采取限制措施。欧盟 GDPR 在第 49 条规定了数

据跨境传输在特定情况下的豁免,其中第 1 款(d)项理由就是“出于公共利益的重要原因,有必要进行传输”;第 10 条规定了有关刑事犯罪的个人数据的处理问题,要求“针对刑事犯罪或者相关安全措施的数据处理仅能在政府机关的控制下进行或者经由欧盟或者成员国法律授权”。欧盟国家需要通过有关立法来实现数据主体的权利和自由,政府机关应该主导涉及刑事案件的信息记载工作而不能放之于公共企业。

数据跨境流动虽然主要存在于商业活动中,但由于其特殊性,往往会对一国的社会公共利益造成影响,公共利益的法律保护自然成为政府需要管理的重要目标。由于不同主体对公共利益的认知和发展具有一定的差异性,公共利益的概念会随着不同国际规则、不同国家立法价值的不同而不同。因此,在援引公共利益例外时,应注意其复杂性,需要就个案来进行审议。

(一)公共利益的法律内涵

公共利益是一种典型的社会目的价值的集中体现。它在特定社会群体中,基于文明发展程度,结合社群基本利益,由社会整体做出理性价值判断。各种国际规则、国内法律保护公共利益原则广泛见于各种国际条约和协定中。“公共利益”的表达形式多样,有“社会利益”“公序良俗”“公共秩序”等,虽然旨意大致相同,但解读起来也纷繁复杂。WTO 体系中诸多协议文件涉及公共利益问题。例如,GATT 1994 第 20 条“一般例外”中,就有“公共道德”的内容;《保障措施协议》第 3 条第 1 款规定保障措施的实施应考虑公共利益;〔1〕GATS 第 14 条的“一般例外”中的 a 款规定了公共利益

〔1〕 WTO《保障措施协议》第 3 条第 1 款规定:“各个成员只有在其主管机关根据以往制定的程序进行调查、并按 GATT1994 第 10 条进行公开后,方可实施保障措施,该调查应包括对所有利害关系方作出的合理公告,及进口商、出口商和其他利害关系方可提出证据及其意见的公开听证会或其他适当方式,包括对其他方的陈述作出答复并提出意见的机会,特别是关于保障措施的实施是否符合公共利益的意见,主管机关应公布一份报告,列出其对所有有关事实问题和法律问题的调查结果和理由充分的结论。”

原则;[1] TRIPs 第 73 条“安全例外”a 款也规定了“必要的安全利益”。

公共利益和社会公共道德、社会公共秩序密切相关,它反映了社会群体的集体利益,与“国家利益”有所区别。公共利益和国家利益内涵并不相同,公共利益往往是指一个社会形态中不特定的多数人利益,其往往与个别的私人利益相对应;国家利益是将整个国家、社会、群体作为一个整体,强调的是国家与国家之间的整体利益冲突。公共利益保护原则已经成为国内法与国际条约、国际惯例中常见的基本法律原则,虽然援引该原则往往存在不确定性,但其在法律体系中的合法性不容置疑,甚至这也是一国主权的重要体现。在数据跨境流动背景下,不法行为的侵害对象较为复杂,很难区分侵害的是公共利益还是国家利益,这就需要结合具体情况来进行个案分析。

(二)公共利益的法律地位

在全球各种数据跨境流动规则中,公共利益保护原则广泛存在,因此,合适地界定公共利益对处理数据跨境流动纠纷,确定数据流动限制措施是否为不法行为,具有重要意义。

虽然公共利益是数据跨境流动规则中需要重点维护的价值目标,但是在不同的规则体系中,公共利益的地位和重要性并不相同。一方面,如前文所述,在以美国为主导的国际规则中,将数据跨境最大限度的自由流动作为数据流动规则的基础,而将公共利益保护作为例外,只有在数据流动危害公共利益时,才会限制或禁止数据流动。如在 APEC 隐私框架、TPP 协议中的条款都将公共利益保护作为例外规则。另一方面,以欧盟为主导的数据流动规则要求预先保护公共利益,在保障公共利益不受损害的前提下,才能进

[1] WTO《服务贸易总协定》第 14 条规定:“在此类措施的实施不在情形类似的国家之间构成任意或不合理歧视的手段或构成对服务贸易的变相限制的前提下,本协定的任何规定不得解释为阻止任何成员采取或实施以下措施:(a)为保护公共道德或维护公共秩序所必需的措施……”

行数据的跨境流动。[1] 由此可见，如果法律授权为执行公共利益而行为，则构成数据跨境流动的合法理由，此时公共利益成为一项基本原则而非例外规定。

二、公共利益规则的适用

在涉及公共利益规则的法律体系中，公共利益有时以基本原则形式存在，有时又以例外规则存在。作为一项基本原则时，公共利益规则最主要的问题就是适用领域的不透明、适用手段的模糊性，现实中最棘手的问题就是确认公共利益的边界，以及如何恰当适用公共利益规则。由于公共利益概念的模糊性和解释的宽泛性，在适用公共利益规则时，必须注意以下几个问题。

（一）必需性原则

必需性原则，是指为了保护本国的公共利益一国所采取的措施是必要的，没有其他可替代措施，或者存在其他可替代措施但实施成本巨大。

（二）适当比例原则

为了避免保护公共利益的国家任意解释公共利益，滥用自由裁量权，适当比例原则要求该国在采取措施时，应注意维持要保护的本国的公共利益体量与采取措施之后对他国的损害影响之间的正当比例。不能为了维护一个较小的本国公共利益，而给他国带来远超比例的损失和侵害。一国为保护本国公共利益所采取的措施，应将给他国带来的损失降到最低。

（三）透明度原则

一国应将涉及本国公共利益规则的有关措施和政策及时全面地公布，预防可能发生的危害公共利益的行为发生。公共利益的法益往往十分巨大，一旦公共利益受到侵害，会对一国的整个国家利益产生严重影响。因

[1] GDPR 第 6 条规定："当且仅当以下各项中国至少有一项获得满足的情形下，数据处理方为合法：……(e)数据处理是为执行公共利益领域的任务所必需或是为行使控制者被赋予的公务职权所必需的……"

此,及时公布本国公共利益政策,也利于国与国之间交流的可预期性和稳定性,降低发生公共利益侵害事件的系统性风险。

三、涉及公共利益规则行业的特殊规定

从数据跨境流动角度来看,公共利益原则一般适用于政府公共服务,如司法、金融、医疗、教育、税收、海关等社会特殊行业中。针对这些行业的数据流动规则往往更加严格,一般以限制甚至禁止为常态,而将单独授予流动许可作为例外。例如,CPTPP 的数据跨境流动协议除规定一般数据流动规则之外,还将金融领域的数据传输规则另起章节,作了例外规定。而欧盟对特殊领域中公共利益保护问题则作出较为详尽的规定,主要规则包括如下几个方面。

(一)司法或刑事领域的公共利益规则

司法机关或执法机关为防范、调查、侦查、起诉犯罪行为或执行刑事处罚而处理个人数据时,对当事人的保护以及该等信息的自由流动属于特定的法定管辖范围,一般数据跨境流动规则并无涉及。欧盟 GDPR 规定,条例不适用于为司法目的而进行的信息处理活动,但政府机关基于司法目的在本条例项下处理个人数据时,应遵守《欧洲议会和欧盟理事会 2016/680 号指令》。为了执行有关司法活动,欧盟各成员国可委托定义下的有权机关办理。司法机关在 GDPR 范围内处理个人数据的,各成员国可以保留或制定更为具体的条款以配合 GDPR 相关规定的适用性。成员国可依照自身宪法、组织和治理架构,利用该等条款更明确地规定司法机关为其他目的进行的个人数据处理时应遵守的具体要求。GDPR 规定成员国可以在特定条件下通过法律对部分义务和权利加以限制,只要该等限制构成民主社会用于保障特定重要利益的一项必要适当手段,此处特定重要利益应包括防范、调查、侦查、起诉犯罪行为或执行刑事处罚等。

GDPR 在一定程度上适用法院及其他司法机关的部分活动,但欧盟成员

国仍然可以制定法律来规范法院及其他司法机关处理个人数据的具体操作和程序。为保障司法机关在履行司法职责时的独立性,法院行使其司法职能时监管机构的管辖权不应涵盖对个人数据的处理。监管机构可以将该等数据处理操作的监管职能委托给成员国司法体系中的特定机构,该机构应确保遵守 GDPR 的有关规定,增强司法体系成员对其在条例项下所负有义务的理解,并处理与该等信息操作有关的申诉。

欧盟及其成员国在 GDPR 出台之前也颁布了涉及司法活动的法律安排。[1] 这些公约和立法要求数据处理者,尤其是网络运营商,在涉及刑事司法案件时,有义务为了公共利益而配合政府的调查取证活动,包括但不限于数据的跨境提交与取证。

美国较早制定法律规定网络产业服务商有义务协助政府的通信监管活动,但在已有的 1986 年《存储通信法案》、1994 年《通信协助执法法》中没有规定网络产业服务商有将其存储在境外的数据信息提交给美国政府的义务。经过"微软公司诉美国"案后,微软公司拒绝向美国政府提供其存储在欧洲的数据,美国由此出台了《澄清域外合法使用数据法案》,初步解决了美国在执法领域内数据跨境流动的监管障碍。

(二)海关、税务、金融监管领域的公共利益规则

海关、税务机关、财务调查机构、负责监管证券市场的金融市场机构等政府机关为履行公职而根据法定义务获得个人数据,若接收个人数据是根据有关特别法规定,并且是为公共利益进行特定收集的,则这些单位一般不被视为个人数据的收集者。政府机关对个人进行信息披露的要求应始终以书面形式发送、内容合理且针对具体场合,并且其不得涵盖整个个人数据整理汇集系统或导致各系统互相连接。该等政府机关对个人数据的处理应按照数据处理的目的,并遵守适用数据保护规则。一般而言,数据转移的前提

---

〔1〕 参见张舵:《刍议跨境数据流动的公共利益保护》,载《河北法学》2018 年第 5 期。

是数据主体已经作出明确同意或转让基于偶然情况,如根据某一合同或法律请求权而必须进行转移。如果是按照法定公共利益要求转移,或从为征集公众或有正当利益的个人的意见而依法设立的登记册中转出,也可以进行数据转移。而这种情形应全面考虑数据主体的利益和基本权利。上述这些情况也适用于海关、税务管理机关、金融监管机关等基于重大公共利益而进行的国际数据交换。虽然数据主体没有直接作出同意表示,但为了保护包括数据主体在内的社会多数人的切身利益(包括保护身体健全或生命安全)而必须转移个人数据的,在该等情况下进行的数据转移应视作合法转移。在欧盟,成员国法律可基于重大的公共利益明确设定向第三国或国际组织转移特定种类数据的限制。例如,为履行《日内瓦公约》项下的应尽义务,或为遵守适用于武装冲突的国际人道主义法律而向国际人道组织转移由于身体条件限制或法律上没有能力作出同意表示的数据主体的个人数据,可视为基于重大公共利益而必须作出的转移,或以关乎数据主体切身利益为由而进行的转移。

(三)医疗健康、科研领域的公共利益规则

欧盟基于公共利益性目的实施的特殊种类数据处理,特别是在社会保障(包括养老金和健康安全)、监控和警示目的、防控传染病及其他严重危害健康情形领域的特殊种类数据处理,一般在欧盟成员国法律有所规定且已设定适当防范措施保护数据权益及其他基本权利的,应当允许这些处理行为以公共利益目的为由不受禁止处理特殊种类数据规定的约束。同时应注意,在公共健康领域,有可能出于公共利益性目的需要在未取得数据主体同意的情况下对特殊种类的数据进行处理。该等处理应采取适当具体的措施保护自然人的权利和自由。根据《欧洲议会和欧盟理事会 1338/2008 号条例》,"公共健康"即所有与健康相关的要素,包括患病及残疾、医疗保健需求、医疗保健服务的提供和普遍获得性、医疗保健支出和资金支持以及死亡原因。为公共利益原因处理健康相关数据的,不得因此影响第三方为其他目的处理个人数据。

第三节　限制措施原因之三——个人权利保护

在数字时代,随着互联网技术的迅猛发展,包括个人数据在内的数据在收集、传输、交易、存储、处理、应用等过程中的国际化特征越发明显,数据跨境流动超出了各国领土范围,呈现全球流通的情形。但由于全球各国法制水平发展不一,涉及数据治理的规则千差万别,数据在跨境流动过程中极有可能从数据权利保护水平高的法域流向保护水平较低的法域。在此过程中,数据流动带来的风险加剧,侵害数据权利的行为也层出不穷。而由于管辖权问题,很多国家难以在本国领土外实施域外法治,因此面对本国国民数据权利在境外受到侵害,其往往只能通过消极地限制或禁止数据流动的方式来保全国民数据权利。因此,保护数据主体的个人数据权利,成为全球跨境数据流动限制措施的重要理由之一。而各个国家或地区基于自身的立法理念和法治水平,在保护个人数据权利上的措施也不尽相同。

一、个人数据权利的法律基础

个人数据权利是自然人依法对其个人数据所享有的控制和支配并排除他人侵害的权利。[1] 个人数据权作为一种新型权利,其融合了财产权和人格权,同时又派生出新的权利属性。个人数据权利与人格权紧密相关,对个人数据权利进行保护也是法制体系关怀数据主体人格及精神利益的集中体现,也是在社会塑造独立、平等、自由的人的理念的重要法治探索。个人数据权也与财产权紧密相关,个人数据权利的塑造为个人数据的合理流通及有效利用奠定了权利基础,提升了经济效益。个人数据在流通过程中,往往

〔1〕 参见郃江丽:《关于 APP 收集个人信息实务及规范研究》,载《北京航空航天大学学报(社会科学版)》2019 年第 4 期。

会受到窃取或盗用而超出数据主体的认识判断，这样会导致数据主体不愿意将个人数据交给他人进行收集处理，从而影响了数据的合理流动和正常使用，降低了数据的使用效能。个人数据权的权利确认不仅能提升数据主体对数据控制者、处理者的信任，使其更多地提供个人数据内容，而且能监督、敦促数据控制者、处理者合理合法地收集、传输、处理个人数据，形成良好的市场态势，促进数字产业的积极有序发展。

个人数据权的法律基础也是个人数据权在不同法域的法律渊源，世界各国往往在现行法上直接或间接规定了这种权利。

美国《宪法》第 4 条规定了公民具有反对不合理搜查与没收的权利，公民可以拒绝执法者未经授权而收集公民个人数据信息的行为，公民的个人数据权利不得被随意侵犯。同时，美国在《隐私法》中确立了隐私权的概念，个人数据权的保护往往参照隐私权保护来进行，根据《隐私法》中的数据信息使用原则，数据的收集者、控制者不得在未经当事人同意的前提下，将数据主体为特定目的所提供的数据资料移为他用。

欧盟认为自然人的个人数据应受到保护是公民的一项基本权利，任何组织机构都不能非法剥夺个人的基本权利。[1] 欧盟 GDPR 第 2 条规定“本条例保护自然人的基本权利和自由，尤其是自然人的个人数据保护权”，一旦被视为基本权利，个人数据权利的保护就不应因为数据主体的国籍或居所的不同而被差别对待，数据保护法的基本原则应当尊重每个人的基本权利和人身自由。个人数据权利得到保护，将有助于打造自由、安全、公平的社会空间和经济环境，推动经济和社会的进步，促进各个经济体的壮大融合，增进人类福祉。欧盟成员国在立法上也认可数据权利。例如，德国在《基本法》中规定了人格尊严基本权利，德国宪法法院的判决中也逐渐形成数据自主权的概念。

---

〔1〕 European Commission, EU Charter of Fundamental Rights, 2012/C 326/02, 26 October 2012.

二、个人数据权利的一般特征

个人数据权是一项积极的权利，是个人对其本人的数据信息控制的直接体现，个人可以查询、更正、删除这些数据。这与传统隐私权只能消极防御的特性不同。一方面，个人数据权也包括数据主体的权利受到损害而请求赔偿的内容，个人数据权在受到损害时，可以通过公权力或私权利来获取救济。个人数据权保障了数据主体在数据权益受到损害时，可以向侵权行为人提出损害赔偿的要求。另一方面，个人数据权不能放弃或约定限制。个人数据权的人格权性质具有属人性、不可转让性、不可剥夺性，这就决定了个人数据权利不能被放弃，也不能被他人非法占有。数据主体不能通过合同等商业行为将数据权转让给他人，但个人数据权也不是绝对权，其还受到其他权利的影响。一般而言，个人数据权会因国家安全、公共利益等情况而受到限制，因为个人数据所蕴含的内容有时会超出个人利益，直接影响他人利益、社会利益、国家利益，此时，数据主体在行使权利时就应受到限制。欧盟在个人数据权保护立法时指出，个人数据处理应以服务人类为要旨，个人数据保护权不属于绝对权利，应结合其社会功能考虑并根据比例原则与其他基本权利相互权衡。欧盟认为，对“个人保护”的立意必须作全面的理解，必须在保护个人基本权利和自由的意义上理解其目的，不能将立法的目的仅仅理解为保护个人数据，而应理解为保护个人所应当享有的所有基本权利和自由，个人数据保护权是保护人的尊严派生出的个人自治（自由）、身份利益（正确识别）、不歧视（平等）利益。[1]

三、个人数据权利的主要内容

数据主体的数据权利内容丰富，权利体现具有多样性，世界各国对于权

---

〔1〕 参见高富平：《个人信息保护从个人控制到社会控制》，载《法学研究》2018年第3期。

利内容的认识也不尽相同。各种权利内容纷繁复杂,主要集中为以下几点内容。

(一)使用知情权

在数字时代,任何数据主体的个人数据在收集使用前,都需要先经过数据主体个人的同意许可,这已成为世界各国在立法层面和实践层面上的共识。而数据主体在进行同意许可之前,必须要对数据的使用目的和程序有所了解,做到知情。数据控制者、处理者在进行数据收集处理之前,必须以明示条款告知数据主体个人数据的用途,增加透明度。知情同意是个人数据权的核心,是最能够体现个人价值的原则,数据主体本人的知情同意是对数据进行收集、处理和使用的基础,没有当事人的知情同意,除非法律强制规定的情况以外,任何的收集行为都是没有合法基础的。[1]

诸多法域在立法中都规定了当事人知情同意原则。欧盟 GDPR 规定,数据运营的一方在向数据主体收集数据时,应采取适当的方式,或直接或间接地获得相应数据信息。此时的收集方式应使用清晰、简洁的语言,以一种准确、透明、易于理解、易于获取的方式进行表达。GDPR 第 13 条规定了数据控制者的告知义务,该种告知应以书面或者其他适当方式提供。[2] 德国《联邦数据保护法》第 4 条第 3 款细化了数据控制者和处理者在知情权环节

〔1〕 参见王利明:《论个人信息权在人格权法中的地位》,载《苏州大学学报(哲学社会科学版)》2012 年第 6 期。

〔2〕 GDPR 第 13 条规定:"当数据控制者向数据主体收集其个人数据时,控制者应当在获得数据主体个人数据同时,向数据主体提供以下信息:(1)控制者的身份和详细联系方式,适当时还要提供数据控制者代表的身份和详细联系方式;(2)适当时提供数据保护专员的详细联系方式;(3)个人数据处理的目的以及处理的法律基础;(4)当处理过程是依据第 6 条第 1 款的规定进行时,应当说明控制者或第三方追求的合法利益;(5)个人数据接收方或者接收方的种类;(6)在适当的情况下,还应向数据主体告知数据控制者会将个人数据向第三国或者国际组织进行传输的意图、欧盟委员会是否作出第三国或国际组织数据保护充分与否的决议以及第 46 条、第 47 条或者第 49 条中提情形的相关信息。此外还包括所采取的个人保护个人信息的合理安全措施、获取安全措施副本的方式以及可以获得相关副本的地点。"

中的告知义务。[1] 加拿大保护个人隐私的法律——《个人信息保护和电子文件法》(PIPEDA)规定,政府机构或者企业采集、使用或披露个人信息,应当获得当事人的同意。[2] 当事人同意可以通过明示认可或是默示认可,具体要根据个案结合当事人的合理预期和被收集的信息类型来综合判断,如要收集当事人的医疗、税务等敏感领域信息,则需要当事人直接、明确地表示同意。

(二)数据访问权

数据在被收集之后,数据控制者与数据主体之间的联系并未中断,数据主体的权益不因其个人数据被收集而一次性终结。数据主体有权访问被收集的个人数据,以了解其个人数据被处理的过程是否合法。例如,数据主体有权访问其健康相关的医疗数据,如其医疗记录中有关诊断检查结果、主治医生的评估及提供的任何治疗或诊疗方式等。数据主体有权知晓其个人数据被处理的目的、处理的主体、使用的期限、任何与个人数据处理的相关的内容以及处理后的结果。数据控制者应尽可能地保证数据系统远程访问渠道的有效稳定,便于个人数据的拥有者可以便捷化地获得上述信息,但不得对他人的权利或自由(如企业的知识产权或商业秘密,其他自然人的个人数据权)产生不利的影响。数据处理者不能以有可能泄露他人个人数据为借口拒绝向数据主体提供有关信息。数据控制者处理大量数据主体相关信息的,应能够要求数据主体在交付信息以前对相关信息或处理活动进行说明。

数据主体的访问权体现在允许被收集数据的权利主体可以通过某种特定的方式再次审阅自己的数据,以便判断真伪,为后续相关数据权利,如更

〔1〕 德国《联邦数据保护法》第4条第3款规定:如从数据主体处收集个人数据,数据控制者应当向其告知:(1)数据控制者的身份;(2)收集、处理或使用数据的目的;(3)如依据当时的具体情形使数据主体无法预知数据会传输给何种数据处理者,应当告知数据处理者的类型,除非数据主体已从其他途径处知晓。

〔2〕 参见《加拿大跨境电子商务相关法律法规》,载商务部网,http://www.mofcom.gov.cn/article/i/dxfw/nbgz/201602/20160201262189.shtml。

正权、删除权、可携带权的运用提供条件。

德国在《联邦数据保护法》中规定,为了实现数据主体的访问权,数据控制者应主动反馈有关信息:“……在保护商业秘密不会获得重大影响的情形下,数据控制者应提供有关数据的出处和接受者的信息,即使相关细节并未被存储。”德国法不仅规定了数据主体审阅自身相关数据的审阅权利,还强调了控制者面对数据主体进行反馈时的反馈义务,从而做到权利义务的复合性规定,能更好地保护数据主体的访问权。

欧盟 GDPR 第 15 条规定,数据主体有权知道数据控制者处理数据的种类、数量和政策,以及获知、收集途径。[1] 数据主体的访问权也存在一定范围的限制,其访问数据的权利不能影响其他人权利和自由的实现。在数据主体提出要访问被记录的个人数据时,数据控制者可以根据其数据掌握程度,提供相应副本;但如果依然不能满足数据主体要求时,数据控制者可以根据成本管理的需要,要求数据主体给付一定费用。

(三)更正删除权

更正删除权,是指个人数据在被不当获取、记录或使用时的一种救济权利。当数据主体发现其个人数据被不正确地记载时,可以要求记载者进行纠正,同时数据主体有权要求数据控制者对其存储的个人数据进行删除。[2] 在欧盟法体系内,删除权又被称为“被遗忘权”(the right to be forgotten)。数据主体在适当情况下,可以要求数据运营者更正或删除其被收集的个人数

---

〔1〕 GDPR 第 15 条第 1 款规定:“数据主体有权要求访问与其相关的个人数据,并获知以下信息:第一,数据控制者处理数据的直接目的;第二,哪些类型和内容的数据被处理;第三,信息处理的主体包括数据拟流向的数据接收方;第四,在可以确定的情况下,提供个人数据将要存储的时限,如果上述具体时限不可确定,应提供确定该时限的标准;第五,要求禁止数据控制者处理个人数据信息,或者纠正、删除错误记录的个人信息;第六,向监管机构提起诉告的权利;第七,如果个人数据的收集是间接途径收集,则应告知数据主体其收集渠道;第八,数据主体有权掌握数据控制者处理数据的决策机制,以及该机制可能带给数据主体的影响和后果。”

〔2〕 参见姚前:《数据隐私保护新思路:从依赖他方到自主可控》,载《中国信息安全》2019 年第 1 期。

据。数据更正删除权也有限制，当数据控制者、处理者为以下目的需要进一步保留个人数据的，应属合法，个人数据权会受到限制："为行使言论和信息自由、为遵守法定义务、为履行法定职权或公共利益、为了公共健康领域的公共利益、为公共利益进行档案管理、科学或历史研究或统计目的，或为提起、行使或抗辩法律诉求的目的。"〔1〕根据欧盟 GDPR 对于遗忘权的规定，〔2〕数据控制者在被数据主体告知应删除其收集处理的数据时，还有义务告知他将数据转移给的其他运营方删除数据的这一要求。

美国对于个人数据公开之后的数据主体删除权的规定较为严苛，不允许随便使用删除权，这一点与欧盟规则存在差异性。美国法认为一旦个人数据被公开之后，就从私人领域进入公众领域，不可以再撤回有关数据。但并不是说数据在公开之后，数据主体对任何情况都无能为力。美国《消费者隐私权利法案》规定了消费者在隐私保护的过程中，有权要求企业纠正不准确信息甚至删除相关信息，但这种数据可删除权是有限的，只有在企业不需要掌握消费者信息的情况下，才允许消费者申请删除该类信息。

(四)可移植权

可移植权，是指数据主体有权要求数据控制者将自己的个人数据直接传送给另一个数据控制者。可移植权体现了数据主体对数据的操控能力，有效提高数据在控制者之间流动的效率，是数据私人自决理念的又一表现。可移植权是个人数据权的隐私权属性之外的一种财产属性的体现。欧盟

---

〔1〕 刘文杰：《被遗忘权传统元素、新语境与利益衡量》，载《法学研究》2018 年第 2 期。

〔2〕 GDPR 第 17 条规定："数据主体有权要求控制者对其个人数据进行删除，并且在下列情形下，控制者有义务及时地删除个人数据：(1)就收集或以其他方式处理个人数据的目的而言，该个人数据已非必要；(2)数据主体根据条例规定撤回同意，并且在没有其他有关数据处理的法律依据的情况下；(3)数据主体反对对数据进行处理，并且没有有关数据处理的压倒性合法依据，或者数据主体根据第 21 条反对处理；(4)个人数据被非法处理；(5)为遵守欧盟或控制者所属成员国法律规定的法定义务，个人数据必须被删除；(6)个人数据是根据条例第 8 条为提供信息社会服务而收集的。"

GDPR 第 20 条规定了个人数据的移植权,[1] 同时,可移植权必须让位于以公共利益为目的的行动,并且不能损害其他主体的权利和自由,不能影响数据控制者依法赋权所进行的数据处理活动。

第四节 数据跨境流动限制措施与国际贸易规则

由于数字信息技术的全面发展,以数据跨境流动为核心的数字应用、互联网产业深刻影响全球政治、经济、社会等多个方面,但基于国家安全利益、社会公共利益、个人数据权利保护、网络安全等原因而限制数据流动,逐渐形成全球共识。数据跨境流动限制措施已成为世界各国对数据国际治理的一种普遍模式。而这些不同类型的数据跨境流动限制措施,是否是一种新类型的贸易壁垒?是否与现有的国际经贸规则相冲突?这些问题已经成为国际经济法的重要研究内容。鉴于 WTO 法律体系在全球经贸活动中所承担的举足轻重的作用,数据跨境流动限制措施与 WTO 法律体系的关系,是研究数据流动限制措施合法性的重要内容之一。研究数据跨境流动限制措施与双边、区域、多边贸易协定的合规性与制度模式,对国家制定该类限制措施和抗辩该类限制措施都有积极作用和重要启示。

一、数据跨境流动限制措施及争议

数字经济是指以数字化的知识和信息作为关键生产要素、以现代信息网络作为重要载体、以信息通信技术的有效使用作为效率提升和经济结构

---

[1] GDPR 第 20 条规定:"当发生以下情形时,数据主体有权以结构化的、通用的、可以机读的方式接收其提供给控制者的与其相关的个人数据,并且有权将该等数据传输至其他控制者而不受此前已经获得该等数据的控制者的妨害:(1)数据根据数据主体的同意,或根据有关合同的达成所进行的处理;(2)数据以自动方式进行处理。数据主体有权以技术上可行的方式将个人数据从某一控制者直接传输至其他控制者。"

优化的重要推动力的一系列经济活动。[1] 数字技术的特点决定数据跨境流动过程的低成本性。信息技术在贸易领域中的应用不断加强,数据跨境流动的现状广泛存在于货物贸易和服务贸易的各个环节中,数据跨境流动的基本态势也已经通过电子商务跨境交易等模式覆盖全球各国。[2] 数字全球化的趋势,便于数据在全球范围内的收集、储存、运输、交易、使用和分享。这些特征也使一国政府意图控制和掌握本国数据变得困难。为了更广泛深入地控制和掌握数据,充分参与全球数字经济市场竞争,政府采取某种类型的数据跨境流动限制措施,是其规制全球数据的重要手段。

(一)数据跨境流动限制措施的结构与内容

数据跨境流动限制措施,将制约全球数字经济的发展,但是在保障限制措施实施国的国家利益和法律制度方面有积极影响。从立法结构看来,数据跨境流动限制措施往往采取“原则 + 例外”的方式。有些国家将允许数据的跨境自由流动作为基本原则,将合法政策目的(如国家安全、公共利益、个人权利保护)作为流动的例外;有些国家将数据本地化存储、限制数据自动出境、敏感数据流动审查作为基本原则,将数据主体的同意或主管部门允许作为例外。在第一类情形中,以美国法为代表的规则并不要求数据本地化存储,但要求本国企业将存储在国外的数据视为在美国境内存储,受美国法律调整。美国认为,个人数据跨境自由流动将促进科学技术的发展,并促进社会进步。贸易自由是全球贸易发展的主要目标,数据跨境流动的自由将有助于贸易自由化。在第二类情形中,俄罗斯联邦立法认为,数据跨境流动应受到限制,数据应进行本地化存储;印度的《信息技术法》严格限制将敏感特殊数据传输出境,除非得到监管部门允许或数据主体的明确同意;法国提

---

〔1〕 参见《二十国集团数字经济发展与合作倡议》,载中国 G20 网,http://www.g20chn.org/hywj/dncgwj/201609/t20160920_3474.html。

〔2〕 See McKinsey Global Institute, *Digital Globalization: The New Era of Global Flows*, https://www.mckinsey.com/business-functions/digital-mckinsey/our-insights/digital-globalization-the-new-era-of-global-flows/digital-globalization-the-new-era-of-globalflows.

出“主权云”战略,将数据通信网络建设作为国有企业介入的产业,提出以政府为主导开展数据基础设施建设。

从统计数据来看,全球采取以数据跨境流动限制为原则,允许适当跨境传输为例外的立法模式较多,但同样是以数据跨境流动限制作为数据治理的核心规则,各国由于立法思路和规制目标的不同,所采取的限制措施从形式内容到管辖范围等各个方面的差异都很明显。数据跨境流动限制措施逐步呈现多样性的特征。

部分国家的数据跨境流动限制措施的规制内容范围较窄,规制措施的目标重点关注数据主体的数据权利和隐私权利。例如,澳大利亚 2012 年《个人控制电子健康记录法》(PCEHR)第 77 条第 1 款规定了个人数据保护的基本原则,[1] 该条第 2 款规定了例外,即如果相关记录未包含“与消费者有关的个人信息”或“可识别的个人或实体信息”,则相关数据可在澳大利亚境外传输、加工和处理等。[2] 马来西亚 2010 年颁布的《个人数据保护法》(Personal Data Protection Act 2010)的立法模式与澳大利亚有所相似,数据跨境流动限制措施的目的是保护数据主体的隐私和安全。[3]

部分国家的数据跨境流动限制措施范围较广,限制措施的目标法益较多,不仅包括数据主体的数据权利保护,还包括国家安全、社会公共秩序、执法便利性等公共目标。《中华人民共和国网络安全法》第 37 条规定了重要数据境内存储规则。[4] 俄罗斯规定本国用户的个人数据应在本地复制存储。印度不仅将政府机构数据,还将印度公民的数据进行本地化存储,所有

---

〔1〕 PCEHR 第 77 条第 1 款规定:“禁止那些基于 PCEHR 系统而持有记录的系统运营者、登记注册的储存运营者、登记注册的门户运营者或登记注册的合约服务提供者在澳大利亚境外持有或取得相关记录,或者在澳大利亚境外加工或处理与该记录有关的信息。”

〔2〕 参见彭岳:《数据本地化措施的贸易规制问题研究》,载《环球法律评论》2018 年第 2 期。

〔3〕 马来西亚《个人数据保护法》第 129 条。

〔4〕 《中华人民共和国网络安全法》第 37 条规定:“关键信息基础设施的运营者在中华人民共和国境内运营中收集和产生的个人信息和重要数据应当在境内存储。因业务需要,确需向境外提供的,应当按照国家网信部门会同国务院有关部门制定的办法进行安全评估……”

在印度产生的数据都要放在印度的服务器中，所有服务器都应放在印度境内。[1] 维护国家网络安全也成为与保护个人数据权利并重的数据限制措施重要目标。

(二)数据跨境流动限制措施引发的规制争议

数据跨境流动限制措施是一项较为普遍的数据治理手段，而对一国某个限制措施的评价往往褒贬不一，各国基于不同的立场和角度，对他国的限制措施认可度也不尽相同。对于限制措施的评价，基于不同的立法考量、规则解释，则可能得出不同的"好坏"判断，任何规制措施的适当与否，应与规则的实现目的、操作手段、规制风险与成本的分析相结合。[2] 大致上，评价一项数据跨境流动限制措施的正当性，一般要从以下三个方面来进行判断。

1. 措施是否为达成合理目的性

判断一项限制措施的正当性，首先要考虑这项措施是否能实现规制数据流动的根本目的。保护数据主体的基本权利，保护国家安全、公共利益，已成为大多数限制措施的共同目的。但有些限制措施的目标不能得到所有国家的一致认可。例如，有些国家为了便于本国执法便利化，对数据跨境流动进行限制，来降低本国执法机关调取、收集数据的成本，这可能在一定程度上引起争议。部分国家的限制措施要求数据存储本地化，目的是保障网络安全，也会引起他国的质疑(如美国认为网络安全的维护应该是提高网络数字保护技术手段，而不在于将数据强制存储在境内服务器中)。此外，对于公共安全、公共利益范围和内容的解读，各国存在较大差异，这也是引起纷争的主要原因之一。

2. 措施是否具有必要性

若数据跨境流动限制措施具有适当目的性，则要研究该措施是否是必

---

〔1〕 参见李海英：《数据本地化立法与数字贸易的国际规则》，载《信息安全研究》2016 年第 9 期。

〔2〕 See Robert Baldwin, Martin Cave and Martine Lodge, *Understanding Regulation: Theory, Strategy and Practice*, Oxford University Press, 2012.

要的,即是否有可替代的措施或方案同样能实现预期目的。“棱镜门”事件暴露出美国政府在全球范围的监视、监听行为,事件被揭露之后全球多个国家纷纷出台相应措施,限制数据跨境流动,来防止某些国家非法获取本国的数据。但有些观点认为,限制数据跨境流动的措施并不是适当的措施,一方面,监视、监听主要属于行政手段,为减少监视、监听的行为,各国应开展政府间的国际合作,因为部分国家甚至对获得的数据信息进行共享;[1] 另一方面,由于各国在监视、监听与反监视、监听方面存在技术差异,如果完全隔离数据的跨境流动,则技术水平较高的国家更容易窃取监控技术水平较低国家的有关数据。

3. 措施是否符合比例性要求

若数据跨境流动限制措施的目的是正当的、选择也是唯一的,则一国实施该项措施应符合比例性要求,即不能为了保护一个法益而牺牲更大的法益或多个法益,带来更大的负面效应。许多国家之所以放松对数据跨境流动的限制,是因为数据流动能带来巨大的经济效益,促进数字产业的发展,帮助国家在全球数据经济市场取得竞争优势。例如,美国政府的数字产业发达,全球主要的互联网、人工智能公司大半来自美国,所以美国不愿限制数据在全球的自由流动,也力图让他国减少限制数据流动的措施。一国在实施数据跨境流动限制措施时,还要考虑产业利益、社会效应,关注国内就业情况和有关企业的成长发展。如果一项数据跨境流动限制措施给一国经济带来巨大影响,限制本国企业参与全球产业发展、降低国内市场竞争水平、阻碍国内消费者享受国际服务,则数据跨境流动的限制措施的整体效益往往弊大于利,得不偿失。

综上,数据跨境流动应适当采取限制措施,但如何采取制度设计、落实规则条款,全球各国往往存在争议。允许数据跨境流动为原则的机制与限

---

〔1〕 其中,典型代表是美国、英国、加拿大、澳大利亚、新西兰五国实施的“五眼”(5 - Eyes)数据分享计划。

制数据跨境流动为原则的机制相互协调和融合,也是制度发展在实践中所面临的问题。在综合整体法益价值,在最大限度上达成合作一致,也是数据国际治理的核心目标。

二、数据跨境流动限制措施与 WTO 框架下的义务

在国际法层面上,数据跨境流动法制框架的融合主要通过国际条约机制的制定。鉴于 WTO 在国际经贸法律体系中的重要地位,一国制定的数据跨境流动规则在 WTO 法律框架下的适法性就显得尤为关键。WTO 主导的乌拉圭回合谈判发生在 20 世纪 80 年代末 90 年代初,彼时数字产业发展方兴未艾,数字技术的应用也远未像今时一般普及,WTO 的法律条文中极少有直接涉及数字经济、数字贸易的内容。即使在 1998 年 WTO 设立了电子商务工作组,也迟迟达不成成员的一致认可,立法进展缓慢。但这并不意味着数字贸易、数据跨境流动的纠纷,在 WTO 框架下无法可依。

WTO 的三个主体协定——《关税和贸易总协定》(GATT 1994)、《服务贸易总协定》(GATS)和《与贸易有关的知识产权协定》(TRIPs)已经较为完整、全面地涵盖了全球贸易体系,由于协定具有生命力,可以不断进行新的解释,WTO 规则可以解决多数涉及贸易领域的新问题。当争端解决机构(DSB)在处理涉及数据跨境流动有关的贸易争端时,争端解决机构的专家组和上诉机构可以通过解释现有协定的条款来处理争端。全球数字贸易中部分内容是以货物贸易的形式存在,如电子游戏、音像制品,这些商品的贸易规则与普通货物的规则相同,并不需要重点解释;而数字贸易中的很大比例是以服务贸易的形式提供,如社交网络、数字金融等,此时数字贸易需要通过服务贸易规则来调整,数据跨境流动限制措施在 GATS 等框架下的适法性问题将是研究重点。WTO 的服务贸易规则由 GATS 和其他相关 8 个附件构成,其中主要涉及数据跨境流动的内容包括 GATS 第 1 条(范围和定义)、第 2 ~ 15 条(一般义务和纪律)、第 16 ~ 18 条(特定义务和具体承诺)以

及第29条中的“电信服务附件”“关于基本电信服务谈判附件”等。

(一)数据跨境流动限制措施与影响服务贸易的措施

一国采取的数据跨境流动限制措施是否是GATS第1条中规定的服务贸易措施,是决定GATS是否适用的先决条件。根据WTO的争端解决机构在“加拿大汽车案”和“美国在线博彩案”中的论述,如果要判定成员的一项措施是否是影响服务贸易的措施,必须考虑以下两个方面:一是相关措施调整的活动是否属于GATS第1条中列明的服务贸易方式;二是该措施是否会影响该服务贸易。

关于第一个方面,GATS在第1条中没有对国际服务贸易直接下定义,而是规定了国际服务贸易的四种方式。[1] 数据跨境流动往往是数据从一国境内进入另一国境内,实现服务的交付,这与第一种方式的内容较为相符,也就是说大多数据跨境流动可以视为服务贸易的跨境交付。另外,由于服务贸易类型的复杂化和多样化,GATS没有直接对国际服务贸易下定义,而是将国际服务贸易分为12个部门种类、155个分类,但由于技术发展缘故,彼时并没有明确涉及人工智能、云计算的数据流动部门分类。因此,关于新技术产生的新兴服务贸易项目还能否受GATS的调整,WTO争端解决机构认为,GATS是一项动态发展的协定,应遵循“技术中立”的原则,对于新兴类型的贸易措施也应归类在GATS框架下予以调整,除非成员明确在具体市场准入的承诺中,限制跨境服务交易方式,否则其不能以新技术没有预期性而拒绝接受GATS的管辖。因此,数字时代下的跨境数据流动除非被WTO成员明确承诺排除,否则应视作GATS框架内的服务贸易。

---

[1] GATS第1条第2款规定:(1)跨境交付,是指从一成员境内向任何其他成员境内提供服务——服务产品跨境流动(如跨国远程教育、通过卫星跨国传输节目信号等);(2)境外消费,是指在一成员境内向任何其他成员的消费者提供服务——消费者跨境流动(如出国旅游、自费出国留学等);(3)商业存在,是指一成员的服务提供者通过在任何其他成员境内的商业现场提供服务——服务者跨境流动且设立机构(如一国银行在他国设立分行、一国学校在他国设立分校);(4)自然人流动,是指一成员的服务提供者通过在任何其他成员境内的自然人提供服务——服务者跨境流动但不设立机构(如境外劳务派遣等)。

关于第二个方面,关于如何理解成员的贸易措施是否影响到服务贸易,WTO 上诉机构在"欧盟香蕉案(Ⅲ)"认为,是否影响服务贸易应作广义解释,只要对服务贸易起到一定作用,都可以视其影响到服务贸易。数据跨境流动限制措施往往导致数据服务者只能在限制措施实施国国内进行数据的存储和处理,显然这种措施影响了数据服务者实施国际数据贸易的能力和预期效果。而 GATS 规定的跨境交付的特点就是服务的跨地域性,因此数据跨境流动限制措施确实影响了服务贸易的开展。

(二)数据跨境流动限制措施与 GATS 的一般原则义务

GATS 的一般原则义务是指所有成员普遍承担的义务,适用于服务业的各个部门,这类义务规定在 GATS 的第二部分(第 2 ~ 15 条),包括最惠国待遇、透明度规则、发展中国家更多参与、经济一体化、紧急保障措施和一般例外等。[1] 其最核心条款就是最惠国待遇原则和透明度原则。

1. 最惠国待遇原则可能面临的冲突

成员实施数据跨境流动限制措施的形式差异较大,有些是对数据向境外流动采取一并禁止或限制措施,不区分数据流入国家或地区的类别;有些措施是有针对性的,数据流动只能流向数据保护水平与本国等同或者高于本国保护水平的第三国。对于后者,可能违反 GATS 的最惠国待遇原则。最惠国待遇原则是 WTO 法律体系中最重要的基本原则之一,其目的是要求各成员平等对待其他成员,在不同成员之间实施非歧视待遇。[2] 主张最惠国待遇原则的理论认为,如果一国允许其国内数据自由流向某个第三国,也应立即、无条件地将该种允许实施于其他 WTO 成员,不能存在歧视性待遇。GATS 第 2 条明确了成员最惠国待遇义务。[3] WTO 成员也可以采

---

〔1〕 参见王传丽主编:《国际经济法》,中国政法大学出版社 2012 年版。

〔2〕 参见孔庆江:《入世背景下的中国与国际经济法》,北京大学出版社 2008 年版。

〔3〕 GATS 第 2 条规定:"关于本协定涵盖的任何措施,每一个成员国对于任何其他成员的服务和服务提供者,应立即和无条件地给予不低于其给予任何其他国家同类服务和服务提供者的待遇。"

取与最惠国待遇原则不一致的措施,只要成员在某个贸易部门领域作出了最惠国待遇的保留,并满足《关于第2条豁免的附件》中的条件。最惠国待遇条款也考虑到毗连国家之间的贸易便利化问题,并具有普遍性、相互性、自动性和同一性的特点。因此,如果一国实施的数据跨境流动限制措施,将其他成员根据数据保护水平的高低而作出不同区分,导致对不同国家和地区适用不同的贸易限制或禁止措施,则有可能与最惠国待遇原则相冲突。

2. 透明度原则可能面临的冲突

透明度原则要求成员的政策法律应透明,满足及时公布、通知的要求:各成员应公布所指定和实施的贸易措施及其变化情况(增、改、废等),没有公布的措施不能直接施行,并将政策法律变化情况及时通知WTO。此处的贸易措施应作广义解释:贸易包括各种类型的贸易;措施包括法律、法规、政策、有影响的司法判决或行政裁判以及对外签订的相关协议等。GATS第3条规定了透明度原则,其中规定成员应及时答复其他成员就本国政策法律的普遍适用措施的具体问题。但在现实中,WTO成员的措施的不透明性往往受到其他成员的质疑。例如,欧盟规定,需要采取"充分保护评估机制"来评估第三国是否具有足够的数据保护水平。由此,针对欧盟的评估过程,欧盟以外的国家认为欧盟的评估机制缺乏透明度,欧盟外第三国虽然知道评估机制的基本条款,但无法得知主管当局是如何进行实际评估的,实践中评估过程不透明,以及最终评估结果没有反馈机制,评估失利的第三国也无渠道进行申诉抗议。

(三)数据跨境流动限制措施与具体承诺

GATS法律框架有比较宽泛的自由空间,各成员可以根据本国的不同情况作出具体承诺,因此数据跨境流动限制措施除受制于一般原则之外,还受制于各个成员的具体承诺。

1. 市场准入规则

市场准入即市场开放，GATS 第 16 条规定了市场准入规则。[1] 市场准入规则包括两方面内容：第一，针对 GATS 的四种服务贸易的市场准入，每个成员给予其他任何成员的服务和服务提供者的待遇不得低于其承诺表中同意和明确的规定、限制和条件；第二，除非在承诺表中明确规定，原则上禁止包括数量限制在内的歧视性市场准入限制措施。一国对已经作出市场准入的部门，除非减让表另有表明，否则一律不得采取限制贸易服务的措施。

在一国实施限制数据跨境流动的措施时，首先，要审查其限制数据跨境流动的部门是否有在市场准入的部门中单独作了承诺；其次，如果存在某种承诺，则要考察这种承诺是否违反了 GATS 第 16 条的禁止性规定。在"美国在线博彩案"中，面对美国对在线博彩服务商的市场准入限制措施，WTO 上诉机构认为，美国没有在该服务贸易部门的市场准入减让表中单独作出承诺，所以视为美国同意开放所有部门的市场准入，因此美国政府对限制在线博彩服务提供的措施违反了其对 WTO 的承诺。[2] 在"中国电子支付案"中，WTO 上诉机构进一步解释成员对市场准入承诺的规范，某个成员若作出针对一特定服务部门的"所有承诺"（包括减让表提及的部门或次级部门），则范围应该涉及该部门领域内的所有活动，无论这个活动是否明确在

---

〔1〕 GATS 第 16 条规定："1. 对于通过第 1 条确认的服务提供方式实现的市场准入，每一成员对任何其他成员的服务和服务提供者给予的待遇，不得低于其在具体承诺减让表中同意和列明的条款、限制和条件。2. 在作出市场准入承诺的部门，除非在其减让表中另有列明，否则一成员不得在其一地区或在其全部领土内维持或采取按如下定义的措施：(a) 无论以数量配额、垄断、专营服务提供者的形式，还是以经济需求测试要求的形式，限制服务提供者的数量；(b) 以数量配额或经济需求测试要求的形式限制服务交易或资产总值；(c) 以配额或经济需求测试要求的形式，限制服务业务总数或以指定数量单位表示的服务产出总量；(d) 以数量配额或经济需求测试要求的形式，限制特定服务部门或服务提供者可雇用的、提供具体服务所必需且直接有关的自然人总数；(e) 限制或要求服务提供者通过特定类型法律实体或合营企业提供服务的措施；(f) 以限制外国股权最高百分比或限制单个或总体外国投资总额的方式限制外国资本的参与。"

〔2〕 WTO Appellate Body Report, United States-Measures Affecting The Cross-border Supply of Gambling and Betting Services, WT/DS285/AB/R, adopted 4 April 2007.

该部门或次级部门中被列出。[1]《联合国核心产品分类目录》在第84项下规定了数据处理服务(843)和数据库服务(844)涉及数据流动的问题。因此,如果一成员不对目录中该部门作出保留,则电子商务、人工智能、社交网络等线上、线下的数据处理产业都应在承诺开放的范围之内。

如果一国对相关数据处理的服务部门作出了限制性承诺,则要考虑这种承诺是否构成GATS第16条所禁止的情况。尤其是数据跨境流动限制措施,其主要目的是限制数据处理服务商仅能在成员境内存储、处理有关信息,而不能转移到服务商本国处理,该限制措施有可能被视为一种数量配额限制,因为其造成了数据跨境转移的"零配额",而这正是GATS第16条c款所禁止的内容。此时,实施限制措施的成员可能有违反GATS承诺义务的风险。

2. 国民待遇规则

允许外国服务进入本国服务市场,并不意味着给予他们与本国服务相同的待遇。GATS国民待遇,是指各成员应在承诺减让表所承诺的服务部门、限制条件范围内,给予其他成员服务和服务提供者不低于给本国服务和服务提供者的待遇。[2] 国民待遇是以市场准入为前提,服务贸易比货物贸易具有更大的灵活性,各国可以较为自主地进行本国服务贸易安排,并且只在承诺的部门领域实施市场准入,对外国服务和服务商实施国民待遇标准。如果一国在某个领域部门作出涉及市场开放或准入的保留,则该部门自然

---

[1] WTO Panel Report, China-Certain Measures Affecting Electronic Payment Services, WT/DS413/R, adopted 16 July 2012.

[2] GATS第17条规定:"(一)对于列入减让表的部门,在遵守其中所列任何条件和资格的前提下,每一成员在影响服务提供的所有措施方面给予任何其他成员的服务和服务提供者的待遇,不得低于其给予本国同类服务和服务提供者的待遇。(二)一成员可通过对任何其他成员的服务或服务提供者给予与其本国同类服务或服务提供者的待遇形式上相同或不同的待遇,满足第五款的要求。(三)如形式上相同或不同的待遇改变竞争条件,与任何其他成员的同类服务或服务提供者相比,有利于该成员的服务或服务提供者,则此类待遇应被视为较为不利的待遇。"

也不适用国民待遇标准。

国民待遇规则不要求给予来自其他成员的服务和服务提供者的待遇与给予本国相同服务和服务提供者的待遇在“形式”上相同，而要求这两种待遇应该是一种“实质”上的平等。[1] 因此，仅以数据跨境流动的限制措施在形式上对境外数据处理服务商有不同规定，不足以认定其没有受到国民待遇；反而应在实践中进行具体分析，判断这些措施是否造成了其他成员的服务提供者在实质中受到损失或增加负担。具体而言，数据跨境流动限制措施从表面看来，都要求本国企业和外国企业都在本国境内收集、存储和处理数据，形式上并无二致。但在实践中，外国企业要将数据进行本地化处理，需要加大投资力度、购置当地设备及软硬件、增加雇佣职员、增添数据处理外包业务，进而加大了外国企业的经营成本，减低了其产业竞争优势，可以视为数据跨境流动限制措施构成了对外国相同服务提供商的不利待遇。在“中国出版物案”中，DSB 专家组认为，如果外国服务者被附加了额外的竞争条件，或被限制了与本国国内同类服务者进行竞争的机会，则构成不利待遇。外国科技企业意图将数据传输回本国进行数据处理加工，但由于数据跨境流动的限制，使外国企业只能在东道国内部进行数据存储和处理，企业处理数据的能力可能有所影响，只能通过建立本地数据中心或采取数据处理外包的形式，运营成本可能要远大于东道国国内同类企业，这就造成了不公平竞争局面。[2] 因此，在某些情况下，数据跨境流动限制措施可能违反 GATS 国民待遇规则。

（四）数据跨境流动限制措施与例外条款

GATT1994、GATS 都有例外条款，允许成员援引例外规则豁免其与协定

---

〔1〕 参见杨帆：《国际经济法》，中国政法大学出版社 2017 年版。

〔2〕 将缺少同等竞争机会视为构成较为不利待遇的观点，可参见 Peter Van den Bossche & Werner Zdouc, *The Law and Policy of the World Trade Organization*, Cambridge University Press, 2013, p. 406。

不符的措施。成员可凭 GATS 第 14 条的一般例外条款,为其被质疑的贸易政策进行抗辩。一般例外条款共列明了 5 种情形,为各成员在贸易体制下追求非贸易政策目标确定了相关条件。其中与数据跨境流动限制措施最为密切的主要是 c 项:保护与个人信息处理和传播有关的个人隐私及保护个人记录和账户的机密性。[1]

在分析某项数据跨境流动限制措施是否能被一般例外条款所豁免时,一般要经过两个步骤的论证:第一步需要论证,限制措施所实施的目的确实是保护一般例外条款中所列举的利益,而且为实现这种利益保护而采取的措施是合理、必要、适当的。如果 WTO 成员意图实施数据跨境流动限制措施,其不能只凭"声称"该项措施是为了保护个人隐私或维护安全就能得到豁免,而是需要其本国的政策、法律有明确义务性规则来说明这些措施确实能保护个人数据、保护隐私安全、保护公共安全等,采取该项限制措施是必要且合理的。这表明,一般例外的采取不能"空口无凭",必须结合国内政策法律的相关规定,因此,不同国家在要求豁免其数据跨境流动规制措施时,WTO 争端解决机制会给出不同的法律评价。第二步需要论证,在限制措施合理必要的基础上,该措施在实际履行过程中是否保持一致性,是否对不同国家存在"差别对待"从而构成武断和不合理的歧视。如果一国实施数据跨境流动限制措施的理由是保障本国安全,但其实际意图是本国相关产业的发展稳定,则很容易被争端解决机构认定为一种不合理的歧视或构成对贸

---

[1] GATS 第 14 条"一般例外"规定:"在此类措施的实施不在情形类似的国家之间构成任意或不合理歧视的手段或构成对服务贸易的变相限制的前提下,本协定的任何规定不得解释为阻止任何成员采取或实施以下措施:(a)为保护公共道德或维护公共秩序所必需的措施。(b)为保护人类、动物或植物的生命或健康所必需的措施。(c)为使与本协定的规定不相抵触的法律或法规得到遵守所必需的措施,包括与下列内容有关的法律或法规:(i)防止欺骗和欺诈行为或处理服务合同违约而产生的影响;(ii)保护与个人信息处理和传播有关的个人隐私及保护个人记录和账户的机密性;(iii)安全。(d)与第 17 条不一致的措施,只要待遇方面的差别国在保证对其他成员的服务或服务提供者公平或有效地课征或收取直接税。(e)与第 2 条不一致的措施,只要待遇方面的差别是约束该成员的避免双重征税的协定或任何其他国际协定或安排中关于避免双重征税的规定的结果。"

易的变相限制。

(五)数据跨境流动限制措施与国家安全例外

由于国家安全的特殊性和重要性,WTO在GATT和GATS中都规定了贸易领域的国家安全例外。WTO成员可以基于国家安全的原因,减损甚至免除其在WTO下的承诺和义务。GATT以列举的方式,规定了国家安全的内容,而涉及数据跨境流动的内容也在列举范围之中。GATT第21条规定了资料公开与国家基本安全利益的关系。[1] 可见,成员在认为有些数据信息资料对国家基本安全利益有影响时,可以不予公布。这里的"公布"应该包括收集、传输、交易、使用、披露等一系列数据应用手段,因此自然包括限制数据的跨境流动。而涉及数据跨境流动的内容,同样出现在GATS的国家安全例外条款中,认可成员可以为了保护国家基本安全利益而不公开资料。[2] 因此,根据GATS的国家例外规定,一国也可以在服务贸易领域中限制数据的跨境流动。

国家安全例外引发的另一个重要问题就是,有WTO成员认为,主张国家安全例外的措施是国家的政治行为,其主要依据是国家主权,而非国际法。因此WTO的国家安全例外条款只是说明性条款,并没有赋权作用,而且国家安全例外措施是WTO争端解决机构不可裁的内容。国家有权利对其为保护国家安全的措施进行范围定义。而这种国家自由裁量权的大小,以及是否存在滥用的情况,往往成为争论的焦点。基于国家安全理由的特殊性,WTO专家组和上诉机构通常很难判断数据跨境流动限制措施是否得

[1] GATT第21条a款规定:"本协定不得解释为,要求任何缔约国提供其根据国家基本安全利益认为不能公布的资料。"

[2] GATS第14条之二a款规定:"1.本协定的任何规定不得解释为:(a)要求任何成员提供其认为如披露则会违背其根本安全利益的任何信息;或(b)阻止任何成员采取其认为对保护其根本安全利益所必需的任何行动:(i)与直接或间接为军事机关提供给养的服务有关的行动,(ii)与裂变和聚变物质或衍生此类物质的物质有关的行动,(iii)在战时或国际关系中的其他紧急情况下采取的行动;或(c)阻止任何成员为履行其在《联合国宪章》项下的维护国际和平与安全的义务而采取的任何行动。"

当,是否符合必要性、适法性、合比例性等要求。但在 2019 年 4 月 5 日,WTO 发布“乌克兰诉俄罗斯运输限制措施案(DS512)”专家组报告,该报告首次对 GATT 第 21 条安全例外条款适用问题做出裁决,认为俄乌间的紧张关系构成“国际关系中的紧急情况”,俄罗斯在此期间采取的涉案措施符合第 21 条第 2 款第 3 项的规定,并未违反相关世贸规则及俄罗斯入世承诺。[1] DSB 认为,WTO 成员有权自行判断本国“基本国家安全利益”的范围,以及为了保护“基本国家安全利益”的措施是“合理、适当且必需”的;但这种判断标准的依据应基于“善意原则”(good faith),一国不能滥用自主判断权,同时 DSB 专家组有权对成员是否遵守“善意原则”来进行判断。在该案中,专家组最终支持了俄罗斯援引国家安全条款的主张,没有驳回俄罗斯的申请,这是 DSB 首次将国家安全作为审理范围的案件,推动了相应领域的发展和变化。

综上,国家安全例外在自我评判上的程度是一个敏感和悬而未决的问题,安全例外自我判断的滥用会带来严重的风险,甚至破坏整个 WTO 制度,对第 21 条安全例外可以通过三个角度进行解释:完全的自我决定、附加诚信要求的自我决定、受司法审查的自我决定。[2]

第五节　数据跨境流动限制措施与国际投资规则

联合国发布的《世界投资报告(2018)》中,重点介绍了数字经济、数字公

---

〔1〕 WTO Panel Report, Russia-Measures Concerning Traffic in Transit, WT/DS512/7, adopted 29 April 2019.

〔2〕 关于国家安全自决权问题,孔庆江教授认为可从三方面进行解读:“第一种解释,一个成员方可以自行决定是否一个措施对其安全利益至关重要,并涉及列举的其中一项;第二种解释,承认自我判断是成员方的特权,自行确定安全例外是否适用,但会施加诚信标准,而且成员方在对安全例外的判断是否符合诚信原则,应受到司法审查;第三种解释,一个成员国可以自行决定一项保护其基本安全利益所必需的措施,但是否符合第 21 条所列举的条件,须受到司法审查。”参见孔庆江:《国家经济安全与 WTO 例外规则的应用》,载《社会科学辑刊》2018 年第 5 期。

司的跨国投资情况以及相关的投资政策。2016 年至 2018 年,数字产业公司资产增长了 52%,公司规模和营收增长了 61%,数字经济公司的产业发展远快于其他传统行业。与此同时,数字产业公司的跨国全球性业务也是最好的,有 20% 的公司有一半以上的资产和销售额都是在本国以外的全球公司中。数字经济已经是推动全球经济发展的一个重要组成部分,数字产业也在全球产业链中起到举足轻重的作用。

国际投资领域一直在不断革新,投资协定也在随着经济结构的变化而不断调整,但就目前而言变化还是不大,一直保持较为传统的结构。投资协定往往关注与投资有关的问题,如可持续发展等,但对数字经济产业发展和数据跨境流动等问题关注较弱。但部分数字产业发达的国家也较早地意识到数据跨境流动与国际投资关系重大,并在其国际投资政策中对数据跨境流动问题做了一定阐述。美国在 1983 年发布了一份针对国际投资政策的声明,美国政府将在 OECD 内部推动"数据保证"(Data Pledge)项目。[1] 这项计划意图保证 OECD 其他成员不会针对数据跨境流动进行限制,避免产生新的投资壁垒,美国意图在 OECD 中普及其自身的数据治理思路,要求其他成员在数据跨境流动问题上与美国保持一致,从而实现美国一直致力于建立的更加开放和宽松的全球数据跨境流动环境。[2] 另一大经济体欧盟也在数字经济蓬勃发展的背景下,逐渐认识到跨境数据流动的重要性,在传统的个人基本权利保护的基础上提出要加强对数据的经济利用。2018 年 4 月,欧盟委员会提出了涉及数据跨境流动和个人数据保护的"水平线条款"(horizontal provisions),该条款意图在国际投资和贸易领域中,以平衡个人数据保护和有关数据跨境流动平衡的方式对数据进行规制,该系列条款也

---

〔1〕 参见张生:《国际投资法制框架下的跨境数据流动:保护、例外和挑战》,载《当代法学》2019 年第 5 期。

〔2〕 See Ronald Regan, *Statement on International Investment Policy*, 9 September 1983, http://www.presidency.ucsb.edu/ws/index.php?pid=41814.

将普遍适用于欧盟所签署的贸易投资协定中,从而在数字经济时代,通过加强对数据的利用而促进贸易投资的快速增长。“水平线条款”的主要内容包括在协定中以列举的方式对限制数据跨境流动的措施进行逐一说明,更加明确数据跨境流动限制措施,并对其中不合理的措施进行排除和限制。

数字产业对数据跨境流动的要求特别高,因此数据跨境流动与企业海外投资息息相关。在多边、区域或者双边的贸易协定中,往往会设立电子商务章节对数据跨境流动进行规范,如 CPTPP 第 14 章就是电子商务章节,该章第二部分就是数据跨境流动。双边投资协定(BITs)通常不涉及数据跨境流动条款,但在国际投资领域中,数据与数据流动依然是投资规则调整的法律问题。数字产业发展带来的结果之一,就是数据往往作为一种具有财产属性的产品而在投资协定的某个协定项下被规定和调整,投资的定义被进一步扩大解释,数据也在投资协定中受到了保护。因此,东道国基于公共安全的考量针对数据跨境流动而制定的措施,可以视为对上述保护的例外限制。这种限制往往引发涉及投资者和东道国之间的投资仲裁等问题,这也表明数据的跨境流动与国际投资协定之间存在一定内在联系。

一、数据跨境流动对国际投资规则的挑战

数据跨境流动作为组成国际投资的一种新的要素,甚至其本身就是国际投资一种新的内容。它一方面促进了全球经济的普遍性增长,另一方面也给国际投资领域带来了诸多挑战。

(一)数据跨境流动对国际投资在概念和定义上有了新的突破

传统的国际投资关注的是诸如基建、工厂等实体经济的投资行为,而数字经济的发展使数据的跨境流动重要性与资金、生产设备的跨境重要性趋同。许多数字产业公司开展跨国业务时,并不需要在海外投资建厂,也不需要设立子公司、分公司来开展业务。“投资”这个词语的定义本身就是一个复杂的经济学、法学、社会学的综合性问题。正是因为“投资”的复杂性和多

样性,《ICSID 公约》就没有关于“投资”的明确定义,《ICSID 公约》的成员方意图规避这个问题,而把它交给实践中的国际投资协定中去明确,抑或交由国际投资仲裁庭进行逐案分析,来确定“投资”的范围。因此,从广义上讲,除非某个投资协定中明确表明“投资”必须以实体形式出现,否则数据跨境流动也是广泛的,甚至是抽象“投资”的一种表现形式和内容。因而,跨境数据流动作为数字时代一项重要的经济活动形式,将重构对国际投资基本概念的解读,也会对国际投资领域的法律制度造成冲击。

（二）数据跨境流动对投资争端解决机制有所影响

数据跨境流动对国际投资协议中的安全例外条款有较大的影响,很多双边投资协定中并没有涉及类似 GATT 第 14 条或 GATS 第 20 条、第 21 条的例外条款,即使有所提及,也很难涵盖目前数据跨境流动所衍生的种种情况。一般而言,国际投资协定中关于安全条款的规定只是泛泛而谈,并不做具体的列举式描述,主要目的还是想把安全的界定问题交由当事方自己来判断。但往往正是这种陈述不清会导致在仲裁环节中,不同审判庭的不同当事方对此问题有不同的解读。数据跨境流动广泛应用于新兴产业中,但对于这些产业的范围和标准难以界定,这也是安全审查或市场准入审查的一个难题。数据跨境流动广泛应用于电讯通信、电视广播和游戏娱乐等文化产业,这些行业容易在市场准入环节受到东道国严格的安全审查,导致市场准入困难。各个国家的产品行业分类标准不一也导致了产品部门划分不统一,遇到争议问题时,当事方往往无法达成合议。即使双方都采用了统一标准的产品行业分类,但由于技术发展速度远快于分类标准的更新,许多新兴行业难以在目标表中找到位置,传统分类表的标准也难以适应数据跨境流动的发展要求。《联合国核心产品分类》主要涉及计算机、数据库的服务部门,新兴的人工智能、云计算、社交网络服务这些大量需要数据跨境移动的产业,很难在传统行业分类中找到合适位置。因此,在诉诸 WTO 的案件中,专家组和上诉机构往往通过个案具体情况分析,对涉及跨境流动的行业行为进行部门的划分。在WTO争端解决机制审理的案件中,“美国在线博彩案”的上诉机构认为境外提供的在线博彩业务属于“其他娱乐服务”,“中国出版物和视听产品案”的上诉机构认为案件所涉及的应是“录音设备传输服务”。个案审查对于解决涉及数据跨境流动的问题虽有所帮助,但过于技术化、专业化的问题给仲裁员或法官增加了专业领域以外的技术压力。同时,这种归类的不确定性和不稳定性会引起连锁反应。数据跨境流动内容的不同会导致包含其产业类型的部门划分不同,进而引发各国不同的监管措施、贸易投资承诺,对各国依据安全理由采取措施造成极大的不确定性和差异性,也无法给予投资人海外投资的稳定预期,使整个投资行为处于不稳定状态。

二、数据跨境流动与国际投资规则的内在联系

(一)数据作为投资内容

从产权角度来看,企业进行数据处理消除了个人可识别性之后的大数据往往构成一种财产,而各国纷纷以物权的形式对其进行保护。众多企业尤其是跨国企业将数据作为企业资产的重要组成部分,数据的安全保存是企业的重要产业维护内容之一。同时,数据作为可以构成专利、版权、商业秘密等知识产权的重要元素,也时常受到知识产权法的有关规则的调整。因此,在当前国际投资协定中投资的定义越发宽泛,数据既可以作为传统协定下的“物”的投资,也可以作为知识产权投资,甚至发展为具有其本身特性的投资而包含在各种国际投资协定中。

数据具有流动广泛性和跨境便捷性的特点,往往和传统的投资定义有所不同。不少投资协定中规定,“投资必须主要在东道国境内进行”,ICSID在“萨利尼诉摩洛哥”(Salini v. Morocco)一案中提出了适格投资的审查标准。仲裁庭认为适格的投资应满足四个标准:资本的投入、持续一定期限、

有风险的预期、对东道国经济发展有所贡献。[1] 但数据跨境流动意味着其在东道国存续的时间并不长,数据往往收集后会运输到母公司进行处理加工,甚至在东道国境内不存在实体公司或其他物理存在,并不符合上述标准。在实践中,ICSID 仲裁庭往往会根据个案的情况来判断整个投资行为的性质。在 SGS 公司诉菲律宾案(SGS v. Philippines)中,SGS 是一家瑞士公司,主营业务为对客户提交的产品进行认证服务,大部分认证服务工作只需要在瑞士母公司进行即可,因此 SGS 公司在菲律宾开展的绝大部分业务并没有在菲律宾境内进行,其也未在菲律宾开设分公司和子公司。仲裁庭据此认定该联络办公室在 SGS 公司提供服务的整个环节中充当了必不可少的作用,其行为不能被割裂看待,因此 SGS 公司的服务符合瑞士和菲律宾投资协定下的投资定义要求。[2] 在该案中,SGS 在菲律宾的联络办公室并没采取实际业务,只是将数据跨境传输给瑞士的母公司,但这种数据的跨境流动构成了提供服务整个环节中的重要一部分,也属于双边投资中的规定。

(二)数据跨境流动与投资行为的市场准入

由于国际投资的安排基本由东道国主导,东道国基本可以自主决定外资进入的条件。传统投资协定一般调整的内容为已在东道国设立投资之后的权利保护问题,但涉及市场准入问题的投资自由化条款也在当前的国际投资协定中频繁出现。[3] 美国、欧盟、日本、加拿大等国家或地区逐渐在签署的投资协定中加入投资自由化内容。[4] 数据跨境流动的限制措施可以视

---

〔1〕 参见张生:《国际投资法制框架下的跨境数据流动:保护、例外和挑战》,载《当代法学》2019 年第 5 期。

〔2〕 SGS v. Philippines, ICSID Case No. ARB/02/6, Decision of the Tribunal on Objections to Jurisdiction, 29 January 2004, paras. 102 – 103.

〔3〕 See Dolzer and Schreuer, *Principles of International Investment Law*, Oxford University Press, 2008, p. 81.

〔4〕 See Axel Berger, Marta Bengoa, Blanca Sanchez-Robles and Yochanan Shachmurove, *Do Trade and Investment Agreements Lead to More FDI? Accounting for Key Provisions Inside the Black Box*, 10 International Economics and Economic Policy 247 (2013).

为一种配额限制,如果缔约方采取数据跨境流动规制,则可能发生“数据跨境流动”这种“投资行为”在东道国被禁止的情形,导致规制措施违背了协议中的市场准入条款。

(三)数据跨境流动与投资协定中的履行要求

投资协定中往往存在履行要求条款,禁止东道国政府对外国投资者设立履行要求措施,以减少投资壁垒的发生。[1] CPTPP 第 9 章“投资”中就规定了禁止履行要求等系列条款。[2] 若投资东道国要求外资企业在进行商业活动时,强制要求数据本地化或者限制数据跨境转移,则有可能涉及违反上述条款。因此,除了个别协定中允许的合法性公共目的政策,对数据流动进行规制的情况或限制数据跨境流动的措施可能被视为投资协定中禁止的履行要求。

(四)数据跨境流动与投资待遇保护

一旦数据问题被认定为适格的国际投资,数据的跨境流动就会受到国际投资协定的调整与规范。东道国对数据跨境流动的各种限制措施,也会面临被视为违反国际投资协定下的各种义务而受到挑战。虽然当前投资协定种类繁多,不同国家之前签订的双边投资协定也由于利益的千差万别而缺乏统一性,但公平公正原则和非歧视原则基本上还是贯彻在众多投资协定中。一国如果出台了涉及数据跨境流动的立法或者行政措施,改变了本国原有的数据流动相关法律,影响了投资者的投资预期,往往会被视为违反公平公正原则而被诉诸于国际投资仲裁。此外,如果一国出于国际政治考虑,对于某个或某几个特定国家采取数据跨境流动限制,则可能违反非歧视

---

〔1〕 参见《国际经济法学》编写组编:《国际经济法学》,高等教育出版社 2019 年版。

〔2〕 CPTPP 第 9 章第 10.1 条规定:“任何一方不得就另一方在其境内的投资者涉及投资的设立、收购、扩张、管理、经营、经营、出售或其他处置,施加或强制执行任何要求,或强制执行任何承诺或保证。”载新西兰外交商务网,https://www.mfat.govt.nz/en/trade/free-trade-agreements/free-trade-agreements-in-force/cptpp/comprehensive-and-progressive-agreement-for-trans-pacific-partnership-text-and-resources/#chapters。

原则和最惠国待遇原则。

（五）数据跨境流动与争端解决

一旦数据跨境流动被视为投资协定所囊括的投资活动，对于数据跨境流动的限制或禁止措施，往往会被视为违反了东道国对数据跨境流动的承诺和义务，当事方可通过国际投资仲裁解决。类似的仲裁规则已在多个国际协定中有所体现，如 CPTPP 等。东道国针对跨境数据流动的限制措施可被视为不公平的贸易行为，外国投资者可以根据“投资者—东道国”投资条款将数据流动限制措施提交投资仲裁来解决。但数据跨境流动的争端解决途径是投资者与东道国之间的争议还是国家间的贸易争端，各国理解存在差异。并非所有国家和地区在制定数据跨境流动争端解决机制时，都设计以投资仲裁的形式对投资纠纷进行裁决。

三、数据跨境流动限制措施与投资规则例外规定

数据流动性强、跨境传输便利等特点，往往导致监管的困难，进而影响一国的安全利益。因此，多数国家限制数据跨境流动的理由之一就是保护公共安全。欧盟一直对数据跨境流动秉持很强的限制立场，在其签署的区域、双边经贸协定中都有所体现，并且在 GDPR 中也进一步规范了基于安全原因限制数据转移的措施。

因此，在国际投资协定中，越来越多的国家制定了例外条款，在保证投资自由化、便利化的基础上，作了公共利益、国家安全的保留。此时，WTO 协定中的例外条款模式往往会被引入其中。这样做的原因，一方面，是为了维护东道国的公共安全，进而营造一个更加稳定、可预期的投资环境；另一方面，也是意图解决近年来投资者和东道国在法律关系上一定程度上的失衡问题，因为随着国际投资仲裁的不断发展和扩张，仲裁庭的案例裁决对于投资者的投资保护在一定程度上已经严重挑战了东道国政府的规制权，投资协定给一国的主权行使也造成了一定层次上的挑战。因此，多数国家通

过在投资协定中增加例外条款，豁免其为维护国家利益而对投资行为做出的限制类措施。

（一）数据跨境流动与“一般例外”

国际投资与国际贸易在制度设计上息息相关，国际投资协定中的一般例外规则从结构设计和实践操作中受国际贸易法中的一般例外规则影响深远。大多数国际投资协定在制度设定上，与 WTO 的 GATT 第 20 条和 GATS 第 14 条中的一般例外规则有很高的相似度。WTO 争端解决机构援引一般例外条例是处理国家（或地区）与国家（或地区）之间的纠纷，虽然国际投资争端解决机制是针对东道国与投资者的，其主体并不一致，但 WTO 的一般例外条例的援引对其有极大的影响作用。因此，与贸易法中的一般例外规则类似，投资协定中的一般例外规则也有条件限制，并非不加限制。第一，东道国援引一般例外条款时，需要举证证明自己的措施属于条款中的具体哪项例外情形；第二，东道国需要说明为了实现例外条款的内容，自身采取的措施是否合法、适当及必要；第三，东道国也要说明自己在实施这项措施时，并没有存在武断、歧视性的差别待遇情形；第四，东道国要说明自身采取的措施是经过综合考虑，并说明为了保护相关利益不会造成更大利益的损失；第五，东道国实施这些措施并没有滥用行政权力，而是在善意（good faith）原则下进行的。

当东道国援引例外条款来为其限制投资的措施进行辩护时，国际投资仲裁也会综合考量实际情况，仔细审查个案中的限制措施是否符合投资协定中的例外规定。ICSID 仲裁庭在 ADC 公司诉匈牙利案（ADC v. Hungary）中的观点就是，东道国如果以保护社会公共利益为原因要求豁免其相关措施，需要证明该公共利益是明确记载在投资协定之上，并且其实施的措施与公共利益存在必要、合理的联系，如果缺乏真实联系，措施与公共利益关系不大，或只是简单提及，则很难以例外条款来豁免这种措施对投资带来的破坏。[1] 这样的规定要求东道国要谨慎、合理地援引例外条款，最大限度上平衡东道国治理权与投资者保护问题。

（二）数据跨境流动与“安全例外”

在数字产业企业谋求全球发展的过程中，数据跨境流动问题是东道国安全审查的重要对象。因此，数据的跨境流动所引发的安全问题也直接反映在跨国企业在他国进行国际并购投资的过程中，而其中所涉及的内容主要包括事前和事中的两部分：投资并购准入前的安全审查，以及双边投资协定（BITs）中的安全例外规定。投资者和东道国之间面临的主要问题就是安全审查，一方面，投资者母国和东道国会在双边投资协定中规定安全例外条款，对于影响安全的投资行为，东道国可以豁免对投资者投资行为的阻止或限制。另一方面，即使双边投资协定中并没有明确规定安全例外条款，东道国也可以基于对安全的考量，通过行使国家主权的方式，豁免其在投资协定中规定的义务。[2] 当前，各国都是尽量在保障安全利益的前提下，保持投资环境的稳定性和包容性，进一步吸引外资，从而促进经济的全面发展。安全一旦受到威胁，那必然就失去了良好的营商环境和稳定的商业预期，投资者所设想的良好经济收益就无从谈起。

在此背景下，在对外资进行安全审查过程中，可以基于安全的理由对某项投资行为进行约束甚至拒绝，安全例外对保障东道国的国家社会稳定具有一定的重要性和必要性。但现实中，主要的问题纠纷在于个别东道国将安全作为制止他国进行国际投资的“万金油”理由，在安全问题上滥用自由裁量权，不制定或公布明确的安全审查标准和程序，直接武断地阻碍外国投资者在本国的投资行为。因此，谁来决定安全例外的合理性变成一个重要的问题。美国作为积极采用安全例外条款来对各种外国投资进行安全审查

---

〔1〕 ADC v. Hungary, ICSID Case No. ARB/03/16, Award, 2 October 2016, para. 432.

〔2〕 参见李寒玉：《论中美 BIT 谈判中国家安全审查制度和根本安全例外条款的设置》，载《法制与社会》2016 年第 21 期。

的国家,也经历了安全例外条款从东道国对该条款无自判性到有自判性的发展。美国与多个国家较早的双边投资协定中都涉及了安全例外条款。1991年美国与阿根廷签署的双边投资协定规定了以公共秩序和安全为理由的排除条款,“本协定不应阻止任一缔约方在必要时为维持公共秩序,履行有关维持和维护国际和平或安全,或保护其自身根本安全利益而适用相关措施”[1]。由于条款中只是描述“必要时”采取相关措施,并没有突出东道国是否独自进行情势确认,仲裁庭往往不认可东道国可以单独决定是否措施与公共利益相关。而在美国2012年的投资协定范本中,美国加入了“缔约方认为”这样的判断性描述,可以视为缔约国将是否影响到公共秩序、安全的判断权交予东道国来自行处理和认定,此时,东道国对安全例外条款具有自判性。

由于国际交往程度的加深,安全问题越发引起世界各国的重视。各国涉及安全保护为目标的“国家安全”立法解释日趋增多。《中华人民共和国国家安全法》第2条规定国家安全的定义。[2] 国家安全可以阐释为,从外来因素影响角度理解的国家政治经济社会发展的可持续性以及政府为实现其发展目标所具有的资源调动和决策能力,经济发展的可持续性取决于经济发展模式的转变,增强“国家能力”或“国家自主性”意味着容许政府调动资源、发展经济,做出必要的决策。[3] 国家实力的强弱并不必然决定国家安全保护力度的高低,如果将国家安全等同于国家能力,则无法避免政府干扰市场经济行为的发生。明确国家安全界限、划清政府管理边界、尊重市场规律,是一国在实施国家安全例外规则时应注意的问题。

---

[1] 张生:《国际投资法制框架下的跨境数据流动:保护、例外和挑战》,载《当代法学》2019年第5期。

[2] 《中华人民共和国国家安全法》第2条规定:“国家安全是指国家政权、主权、统一和领土完整、人民福祉、经济社会可持续发展和国家其他重大利益相对处于没有危险和不受内外威胁的状态,以及保障持续安全状态的能力。”

[3] 参见孔庆江:《国家经济安全与WTO例外规则的应用》,载《社会科学辑刊》2018年第5期。

第四章
数据主权治理研究

第一节 数据主权的提出

主权问题一直是国与国交往的重要内容，也是国际法体系重要的研究对象。随着数字时代的到来，数据在全球范围内的政治、经济、社会、军事等多个领域都起着举足轻重的作用，而数据主权的重要性也越发明显。在维护国际秩序与保障国家利益之间及强调国家发展与保护国家安全之间，掌握数据主权的全球竞争越来越激烈。同时，数据主权作为新兴理论，其概念和理论也在不断发展，与传统的国家主权治理的界限日趋模糊。分析数据主权治理理论既要尊重传统主权理论的已有内容，又要结合新技术创新和数字产业发展，研究数据主权的新特征、新理论。

数据主权已得到各主权国的普遍重视，各国通过国内立法、国家政策、司法判决和行政实践等多种形式，打造符合本国国家利益的数据主权治理体系。一方面保护本国数据主权不受他国的恶意侵害，另一方面在数字时代抢占数据主权话语权。因此，数据主权战略是结合了顶层设计、规划发展路径、部署权责部门、协作执行机构的国家一体化数据战略体系。

一、数据主权的兴起背景

传统主权的概念,往往与国家领土等问题息息相关,进而发展到领海、领空,主权理论的阐释与现代领土国家的诞生是同步的。[1] 数据主权正是这种主权理论扩展到数字空间的产物。由于虚拟空间与现实领土之间的巨大差异,新技术发展给传统主权理论带来极大挑战。传统主权向数据主权的演进,对数字时代下的国际关系和国际法都产生了深远影响。数据主权的兴起,具有复杂的时代成因。

(一)数字科技与数据流动促进数据主权的形成

国家主权的内涵和外延随着社会发展而不断变化。主权是国家固有的权利,正如人类的基本权利并非来自某个宪章或公约,而是与生俱来的;国际法中的国家主权原则只是对国家的主权予以确认和保护,而非国家主权来自国际法。数字科技的快速发展,促进了互联网革命,网络空间也拓宽了国家疆域的新空间。数字科技和数据流动的不断发展,使得国家主权概念的内涵与架构不断更新。互联网的兴起,带来了新一轮的工业革命。数据跨境流动使数据信息成为新的生产力。国家主权的概念也从领土、领海、领空等实体空间,扩展到虚拟空间,国家有权对数字网络空间的问题实施管辖。

(二)网络安全问题已成为数据主权的治理核心

网络安全已成为影响全球安全的重要问题。联合国在 2004 年至 2013 年的 10 年间,三度成立信息安全专家组就数据信息安全对国际社会的隐患和威胁进行实证研究分析,主张通过加强国际合作来应对数据安全威胁的

---

〔1〕 参见翟志勇:《数据主权的兴起及其双重属性》,载《中国法律评论》2018 年第 6 期。

挑战。[1] 2015年，中国公布《中华人民共和国国家安全法》，首次以法律形式确认了网络空间的主权，2016年，中国颁布《中华人民共和国网络安全法》，使维护网络空间主权有了法律基础，随后中国又陆续颁布《国家网络空间安全战略》《网络空间国际合作战略》，都将维护网络空间主权作为保护网络安全的首要问题。[2]

（三）技术不平衡导致数据主权威胁风险加剧

由于科学技术发展水平的高低，数据强国与数据弱国在数据治理上存在较大的能力差距。随着这种差距的拉大，数据霸权可能作为一种新的国际霸权主义出现。数据霸权主义国家依托其技术优势，强制推广其制度理念，积极争夺全球数据资源，不断挑战主权界限，威胁其他主权国家的数据主权，进而导致网络战此起彼伏，数据主体面临严重的挑战风险。2013年4月、2017年2月，北约分别发布《可适用于网络行动的国际法塔林手册》（Tallinn Manual on the International Law Applicable to Cyber Operations，以下简称《塔林手册》）1.0和2.0版本。《塔林手册》提出主权原则适用于网络空间的三层次内容。[3] 编写《塔林手册》的国际专家组并不接受网络空间是"全球公域"的主张，原因是这种主张忽视了网络空间和网络行动那些牵涉主权原则的地域属性。[4] 2013年6月，美国"棱镜门"事件被曝光，造成

---

〔1〕 例如2013年6月，第6次联合国大会通过联合国"从国际安全的角度来看信息和电信领域发展政府专家组"（UNGGE）所形成的决议的第20条规定"国家主权和源自主权的国际规范和原则适用于国家进行的信息通讯技术活动，以及国家在其领土内对信息通讯技术基础设施的管辖权"。参见联合国裁军事务厅：《从国际安全角度看信息和电信领域的发展》，载联合国官网，https://www.un.org/disarmment/zh/。

〔2〕 参见邵国松：《国家安全视野下的网络治理体系构建》，载《南京社会科学》2018年第4期。

〔3〕 "主权原则涉及网络空间的物理层、逻辑层和社会层。物理层包括物理网络组成部分（即硬件和其他基础设施，如电缆、路由器、服务器和计算机）。逻辑层由网络设备之间存在的连接关系构成，包括保障数据在物理层进行交换的应用、数据和协议。社会层包括参与网络活动的个人和团体。"参见［美］迈克尔·施密特主编：《网络行动国际法塔林手册2.0版》，黄志雄等译，社会科学文献出版社2017年版，第57页。

〔4〕 See Schmitt M. Tallinn, *Manual* 2.0 *on the International Law Application to Cyber Operations*, Cambridge University Press, 2017, p. 12.

全球各国对数字强国滥用科学技术对他国的主权进行肆意践踏的广泛批评。“棱镜门”事件曝光了数据弱国在数据控制领域的脆弱性,在数据跨境流动的过程中,国家安全、个人隐私面临极高的风险。数据主权问题又一次成为国际关系瞩目的焦点,捍卫本国数据主权,完善数据治理体系已成为数字时代世界各国的普遍认识。

二、数据主权的概念与特征

(一)数据主权的概念

数字时代的发展凸显了数据治理的重要性,以数据跨境流动为核心的数字技术的瞬息万变,也造成数据管理和监管的复杂性。随着新的数字科技不断升级,通信技术逐渐普及,各种数字终端产品深入社会生活的每个环节,数据的应用反馈在社会经济发展的方方面面。各国也注重数据的开发和利用,最大限度地实现数据价值:美国的工业互联网战略、德国的工业4.0理念以及中国“互联网+”行动等,都是世界各国面对数字时代迅猛发展的积极反馈。

正是由于数据跨境流动带来的经济产业的变化和政府执政环境的改变,各种涉及数据安全、网络安全的风险加剧。各国出于治理的需要,进而在传统主权上催生出数据主权的概念。

数据主权一般是指国家对其政权管辖范围内的个人、企业、社会机构、政府部门和相关组织所产生的所有数据信息资料在生产、收集、存储、传输、交易、使用、披露等各个过程中所享有的最高管理权和控制权,数据主权具有排他性、独立性和自主性,体现在一国对境内数据和跨境流动数据的所有权、控制权、管理权,是一种集中管辖的权力体现。[1] 数据主权是主权理念在网络空间的延伸和发展,数据作为网络空间的核心存在,已上升到国家关

---

[1] 参见杜雁芸:《大数据时代国家数据主权问题研究》,载《国际观察》2016年第3期。

注层面。数据主权成为一种新型的国家主权,在全球数据洪流中维护和捍卫国家数据主权已成为各国在大数据时代不可回避的核心问题。

(二)数据主权的特征

第一,数据主权包括数据控制权。网络空间是由数据构成的,数据主权是网络空间治理的核心。随着人类社会的发展,网络空间逐渐成为各国发展的新疆域。大数据时代数据控制权的掌握与否将成为主权国家在国际上是否具有话语权的关键因素。未来一个没有数据主权的国家,其国内社会的数据资源将会难以掌控,极其容易被其他数据国家侵犯或控制,由此带来的数据安全问题甚至会威胁到国家主权安全。

第二,数据主权包括数据立法权。当国家享有数据控制权后,要通过在数据领域制定相应的法律法规,维护本国的数据安全,这个立法权就是数据立法权。数据立法权代表一个国家在数据管理上是独立自主的,意味着一个国家可以在不受外来强权干涉的前提下,独立自主地制定本国数据发展战略,制定本国数据法规和制度,并对本国主权数据领域内的相关事务享有管辖权,在国际法允许的范围内,不受任何国家约束和干涉。对本国数据管理拥有充分自主选择的权利,是大数据时代国家主权的重要体现。

第三,数据主权包括发展数据产业和数据技术的自主发展权。随着大数据的发展,一种新的霸权主义即数据霸权极有可能出现。一直以来高端信息技术被发达国家所掌控,发展中国家已经或多或少地对发达国家的高端信息技术形成依赖,而且数据发达国家会不断强化这种依赖,在全球实施数据霸权主义。数据主权体现在对数据技术的掌控力和数据产业的自主发展权。数据主权属于一个国家的内部事务,其他国家不得随意干涉和侵犯。

第四,数据主权也有相对性。主权平等理念已成为国际共识,数据主权平等也将是世界各国实施数据主权战略的首要条件。因此,一国的数据主权并非完全不受限制,其也会受到国际法、他国数据主权的影响与制约。这反映在数据主权方面为对内享有最高管辖权,对外与各国享有平等管辖权。

三、数据主权面临的挑战

(一)数据跨境流动加剧导致监管困难

科学技术的发展,使数据跨境流动变得更加便利。从事跨国经营的企业机构基本上都涉及数据跨境流动业务。数字技术在各个行业的广泛应用,如云计算、人工智能、大数据处理等工作方式,使数据跨境流动更加简便。这也导致数据流动中可能产生的风险概率更高、更具隐蔽性。政府对于数据流动的监管难度增加,执法成本也远超之前。

(二)数据跨境流动无统一规则

数据跨境流动作为全球普遍现象,各国对其立法措施并不一致。以美国为主的数字强国主张鼓励数据跨境流动,减少对数据流动的限制;以欧盟为代表的国家主张人权保护、尊重个人隐私,在一定范围内限制数据流动;俄罗斯、印度等国家,主张数据流动刚性禁止,加强对敏感数据跨境流动的审批和监管。对于数字时代的数据流动问题,WTO 并没有单独的条例来进行约束,其成员对数据流动问题产生争议时,只能援引 WTO 的基本原则来进行抗辩。

(三)数据跨境流动涉及的主权管辖重叠问题严重

数据跨境流动涉及数据主体、数据控制者和处理者、数据监管部门等多个行为主体,而一个数据在产生、收集、交易、传输、存储、使用、披露等一系列过程中,可能经过多个行为主体的处理。因此,各个主体在跨境数据流动纠纷发生时,都主张相应的权利义务,这样必然导致多个国家的管辖重叠问题。与此同时,美欧等国近些年通过立法及司法行为,不断扩大其管辖范围,导致域外管辖扩张情形层出不穷。管辖权的交叉与重叠也增加了各主权国实施数据主权行为的负担。

(四)数据霸权侵犯他国数据主权

数据主权也遵循传统主权理论的基本原则,其中包括主权平等原则。

但在实际国际关系中,由于科学技术发展水平的高低,数据强国与数据弱国在数据治理上存在较大的能力差距。随着这种差距的拉大,数据霸权可能作为一种新的国际霸权主义出现。一些数据霸权主义国家假借贸易自由化的旗帜,单方面推广数据流动自由化,但其实是利用自身的高精技术,一方面获得数据流动带来的政治经济利益,另一方面转嫁和降低本国的数据流动风险。数据霸权主义直接导致数字技术的垄断和国际数据资源的不合理占有。与此同时,数据霸权主义国家还会用自身的技术优势影响他国社会经济生活的稳定,造成新的主权危机和国家安全风险。

四、数据主权治理模式分析

由于数字科技和互联网技术的蓬勃发展,数据跨境流动导致的网络信息安全风险加剧,全球各国纷纷强化数据的国内、国际治理观念。数据主权战略包括了国家安全、社会公共利益、个人权益保护等多重法益的叠加。加强数据主权治理、维护国家利益,已经成为全球共识。国际竞争的热潮也涉及了数字网络空间。但纵观各国践行数据主权的实践活动就会发现,基于不同的治理理念和国家发展水平,各国的数据主权治理模式不尽相同,对数据主权论的解读也有所差异。鉴于各个国家主张数据主权强弱的不同,数据主权治理模式大致可分为以下两类。

(一)完全独立的数据主权模式

完全独立的数据主权模式强调一国对其管辖范围内的数据信息具有完全的所有权和控制权,一国完全可以自由决定数据是否能在本国和其他国家地区之间流入与流出,而不受他国政策的制约和影响。根据《联合国宪章》第2条的规定,联合国建立的一个重要原则的基础就是“各会员国主权平等”。“主权平等”理论表明一国的数据主权也应独立自主,不受其他条件的制约,国家可以自由制定数据管控和处理标准,以体现国家的完全控制力。

完全独立的数据主权模式虽然可以极大地降低数据国际交流导致的安全风险,但有时在一定程度上也制约了数据产业的发展,无法发挥数据的经济效能。而且随着数字技术的发展,数据跨境流动越来越便利,国家很难通过以数据主权的名义完全约束数据的流入流出。一国虽然极力想控制数据的流向,但现实中困难重重,应然与实然之间的鸿沟越来越大,这将会大大增加国家的治理成本。

(二)相对独立的数据主权模式

相对独立的数据主权模式承认国家对数据有控制力和管理权,但国家在实施主权时应以"善意"为由,同时要尊重社会公共利益和人民福祉。

相对独立的数据主权模式是社会契约论的产物,国家的数据主权是所有公民让渡的权利内容。国家代表公民行使主权,根本落脚点是要保障公民的权利,数据主权的内容应符合社会的集体利益。国家行使数据主权来管理、控制数据的跨境流动,是基于公民的授权,因此国家的公权力应受到监督和限制,并且要符合公民的基本利益。相对独立的数据主权模式从结构框架上将国家权力与公民权利进行了有效统一,体现出国家治理的善治,但由于个人权益与社会基本利益之间毕竟不能完全等同,相对独立的数据主权模式在实践中的可操作性较低。

综观当前数据主权理论与各国制度实践,数据主权是国家主权理念进一步在数字时代演变,向数据、互联网方面涉及的基本价值追求。数据主权体现了国家对数据所有、使用、管理的至高权力。数据主权力求解决国家数据管控与数据自由跨境流动带来的经济产业价值之间的矛盾,以及协调国家利益与社会公共利益、个人权利之间可能引发的冲突。以此为基准,便于解读全球各国的数据治理模式选择以及所追求的核心价值。

第二节 美国数据主权战略

自20世纪80年代数字技术开始急速发展,美国数据主权战略也逐步完善。1998年,美国发布《保护美国关键基础设施总统令》,以行政命令的方式强调对数据主权的关注;2000年,美国颁布《美国国家安全战略报告》,首次将数据安全、网络安全作为国家安全的组成部分;2001年,美国《爱国者法案》在"9·11"恐怖袭击事件后出台,加强了对企业和公民个人的信息监控和管制;2003年,美国颁布《网络空间国家安全战略》,强调数据流动监管的必要性和重要意义;[1]2018年,美国发布《澄清域外合法使用数据法案》,赋予政府执法权用于调取本国企业在境外存储的数据信息。时至今日,美国数据主权战略已成为国家战略中的重要环节。

一、美国数据主权立法成效——以CLOUD法案为例

由于搜查海外存储的数据面临种种困难,美国借由"微软公司诉美国案"(Microsoft Corp. v. United States),出台了《澄清域外合法使用数据法案》(Clarifying Lawful Overseas Use of Data Act,以下简称CLOUD法案)。[2]该法案对解决境外数据的搜查取证建立了合法途径。CLOUD法案规定,无论所涉及的信息、数据、记录、资料是存储在美国境内还是境外,只要这些内容的所有者、控制者是美国的数据控制者和服务提供者,这些机构就有义务按照法案规定的义务保存、提供、披露上述内容。CLOUD法案力图修订之前数据主权立法中涉及数据跨境流动监管的空白,弥补数据存储在境外时监管困难的安全风险,实现维护美国利益为导向的重要目标。

二、CLOUD法案的内容与解读

CLOUD法案对美国现有的SCA作了详细的补充,解释了之前法案在

---

〔1〕参见《美国国家网络安全战略发展演变》,载安全内参网2019年12月27日,https://www.secrss.com/articles/16252。

〔2〕参见洪延青:《美国快速通过CLOUD法案　明确数据主权战略》,载《中国信息安全》2018年第4期。

执法过程中的语焉不详,明确规定了美国政府境外获取数据信息的权力。法案实质内容包括以下几点。

(一)CLOUD 法案的立法考量

CLOUD 法案是一部以执法目的跨境访问数据(cross-border access to datafor law enforcement purposes)的法案。其立法考量主要是提升美国政府的执法便利性,同时加强国际执法合作。[1] 法案主要处理两种场景:一是美国执法机构的目标数据存储在境外;二是外国执法机构需要收集的数据存储在美国境内。CLOUD 法案分别规定了这两种形式的数据获取渠道,赋予美国政府直接要求企业提供境外存储数据信息的权力。

(二)数据控制者的义务与抗辩权利

CLOUD 法案重点强调了数据控制者提供数据的义务。[2] 数据控制者在特殊法定情形下,也有抗辩的权利,从而"撤销或修正法律流程的动议"拒绝提供其掌控的数据信息。法定情况包括两种:"一是目标对象不是美国人(the United States Persons)且不在美国居住;二是披露内容的法律义务将给服务提供者带来违反适格外国政府(qualifying foreign government)的有关立

[1] CLOUD 法案第 102 条规定:"(1)及时获取通信服务提供商持有的电子数据是政府保护公共安全和打击包括恐怖主义在内的重大犯罪的关键;(2)因无法获取境外储存的数据,政府打击重大犯罪的努力受到阻碍,而监管、控制或拥有这些数据的通信服务提供者本身受到美国法律的管辖;(3)为了打击重大犯罪,他国政府也越来越多地要求获取美国通信服务提供者的数据;(4)当他国政府要求通信服务提供者提供美国法律可能禁止披露的数据时,通信服务提供者面临着潜在的法律义务冲突;(5)按照美国法典第 18 卷第 121 章(通称为《存储通信法》SCA)的规定,美国要求披露他国法律禁止数据通信提供者披露的电子数据时,同样可能会造成类似的相互冲突的法律义务;(6)美国与相关外国政府对法治和保护隐私作出相同承诺和达成国际协定中,包含了解决潜在冲突的法律义务机制。" See United States Congress. H. R. 4943 – CLOUD Act, https://www.congress.gov/bill/115th-congress/house-bill/4943.

[2] CLOUD 法案第 103 条规定:"无论通信、记录或其他信息是否存储在美国境内,服务提供者均应当按照本章所规定的义务要求,保存、备份、披露通信内容、记录或其他信息,只要上述通信内容、记录或其他信息为该服务提供者所拥有、监护或控制。" See United States Congress. H. R. 4943 – CLOUD Act, https://www.congress.gov/bill/115th-congress/house-bill/4943.

法的实质性风险。"[1]

当数据控制者拒绝政府执法要求,转向法院申请"撤销或修正法律流程的动议"时,政府应对收集信息数据的要求提出解释。法院将综合案情分析,判决数据控制者是否可以拒绝向政府提交数据。若满足以下条件,政府的执法决议会被撤销:"一是数据披露义务将会导致数据控制者违反'适格外国政府'的立法;二是基于个案的综合情况考虑,公平正义理念原则规定该法律流程应当被撤销或修改;三是数据主体不是美国人且不在美国居住。"

（三）外国政府获取数据的条件

CLOUD 法案提供了美国政府和外国政府双向获取彼此境内数据资料的渠道。但值得注意的是,该法案虽然同样允许外国政府可以跳过双边司法协助的方式,直接要求美国企业提供存储在美国的数据资料,但条件十分苛刻,外国政府必须是适格外国政府,而"适格"与否由美国当局做出判断。[2]

虽然美国在立法上考量了有可能的获取境外信息的"国际平等模式",但分析外国政府获取美国境内数据信息的条件时可见,美国对外国政府的"适格"标准有严格的限制,达标与否完全取决于美国政府的意见,美国政府在此问题上具有很大的自由裁量权。而且,美国政府保有对该要求行为的审查权力。美国政府借此也宣传了自己数据跨境自由流动的制度理念,在 CLOUD 法案中输出了其数据主权的价值观。

---

〔1〕 洪延青:《美国快速通过 CLOUD 法案 明确数据主权战略》,载《中国信息安全》2018 年第 4 期。

〔2〕 这种"适格"的认定可以参考该国是否做到以下几点:外国政府在网络犯罪和电子证据方面,是否拥有足够的实质性和程序性法律,是否加入了《布达佩斯网络犯罪公约》,或其国内法与公约第 1 章和第 2 章相吻合;外国政府是否遵守国际人权义务或展现出对国际基本人权的尊重,包括保护隐私免于非法干涉、公平的庭审权利、表达结社和平游行的自由、避免肆意逮捕和监禁、避免酷刑和残酷的非人道或贬低人格的待遇和惩罚;外国政府是否表现出对全球数据自由流动和维护互联网开放、互联的决心和承诺。

三、美国数据主权战略的特征

美国作为数字技术强国,其数据主权战略目标明确,涉及的各个行为机构权责分明,规则灵活,具有可操作性,并不断吸收新技术发展带来的变化。从整体上来看,美国数据主权战略体现了美国扩展主权管辖范围、抢占国际数据资源、提升数据产业国际竞争力的利益需求。

(一)以美国利益为核心,不断加强域外管辖能力

以 CLOUD 法案为代表的一系列美国数据治理立法,提升了美国对数据案件的执法效率,从而根本上保障了美国的国家利益。美国通过不断修正法案,逐一弥补立法漏洞,解决不断出现的新主权问题。与此同时,美国国内法的域外效力越发加强,管辖权扩张的趋势越发明显。CLOUD 法案允许美国政府在满足条件的情况下,从世界上任何地方调取所需要的数据信息,而不需要数据信息所在国的同意。在数据跨境流动争议中,以保障美国利益为重心,减轻自身获取数据的执法负担,反而给他国跨境调取数据信息设置了障碍。

以 CLOUD 法案为核心的美式数据主权立法,其实质是数据强权主义。形式上的跨国数据执法的渠道平等,不能掩盖实际操作中的实质不公。

(二)建立程序障碍,限制他国的数据主权主张

从 CLOUD 法案可见,美国在拓展数据主权域外管辖、增加自身从外国调取数据信息渠道时,并没有以“平等”的态度对待他国意图调取美国境内的数据信息。从条文中可知,虽然 CLOUD 法案也规定了“互惠原则”,但他国若想满足“适格外国政府”的要求极为不易,该标准的条件过于苛刻,并且赋予了美国政府很大的自由裁量权。从条文数量来看,涉及美国获取外国境内的数据,需要满足的条件较为简单,条款并不多;但当外国政府调取美国境内数据资料时,条文数量明显增加,CLOUD 法案规定了详细复杂的限制条件。显然,从法案规则来看,美国政府和外国政府都可以要求从对方处

获取想要的数据,但需要满足的条件和审核方式却千差万别。借助 CLOUD 法案,美国有关境外数据的获取取得了法律基础,数据主权治理效率大大提升;而 CLOUD 法案却导致外国政府获取美国数据的程序烦琐复杂、难以实现,从中反映出的美国限制他国数据主权管辖的特征十分明显。

四、对美国数据主权战略的评价

以 CLOUD 法案为代表的美国数据立法是了解美国数据主权治理的重要范例,对探析美国实施数据主权的理念和模式,具有重要的意义。在数字产业化与产业数字化发展的当下,作为数据大国的美国,其数据主权战略无疑对本国乃至全球数据市场产生了举足轻重的影响。

(一)强化战略布局,重视顶层设计

通过美国 CLOUD 法案等相关规则不难看出,美国的数据主权战略强调整体布局,在顶层设计上较为全面,并没有只关注诸如互联网平台监管等个别问题,而是打造了涵盖虚拟空间宏观整体以及微观具体规则兼而有之的整体数据主权战略体系。其中,包括对内治理数据流动、网络空间的规则方案,对外涉及他国立法差异而形成或融合或对峙的特定化措施。不难看出,在全球数据资源颇为紧张的当前,可能的数据治理路径就是围绕本国数字产业的发展和政府对数据流动的控制力,开展涉及数字问题的宏观布局,通过顶层设计,形成系统的数据主权战略框架和相应的法制体系。

(二)完善数据立法,提升域外管辖效力

CLOUD 法案带来的一个重要法律效果就是使美国可以监管领土以外的数据流动问题,这是美国法实施域外效力的一个典型事例。一国国内法是否具有域外效力是一个争议性很强的问题,但由于数据具有天然的流动便利性,对其的监管和把控如果仅限缩在国内视野可能导致监管缺位。在网络空间,数据治理管辖权扩张已经逐渐成为一种普遍趋势,无论是基于属地属人原则还是最密切联系原则,多国都试图建立各种连结点,对域外的数

据进行掌控和管辖。欧盟 GDPR 通过分析数据来源的属地原则和属人原则,确定了欧盟法可以管辖欧盟境内机构处理数据的行为以及欧盟境外机构处理欧盟境内数据的行为。与之对比,美国 CLOUD 法案在管辖权问题上更进一步,摆脱了数据来源不同可能导致的属地原则和属人原则的冲突,转而关注数据控制者处理者的身份,只要是美国的服务提供商,其掌控的数据资料都应受到美国政府的监管。由此可以看出,有效的数据主权立法路径不能仅局限于一国境内的管控,必须考量国际交往中的数据流动问题。

(三)重视数据安全,注意风险防范

美国数据立法的重要目的之一,就是维护国家安全,解决数据流动过程中可能存在的产业破坏、恐怖袭击、情报窃取等活动。美国 CLOUD 法案成为便于美国打击犯罪、预防不法行为的重要执法依据。数据主权下的数据流动法律规则必然要以数据安全、网络安全、国家安全为目的,在尽可能满足数据双向自由流动的基础上,加强数据流动的风险评估和实时管控。同时,应通过提升行政执法能力,提高对数据流动的监测、分析、预警和响应能力,保障关键信息数据的安全流动与全面追踪。在数据出境入境过程中,应进行安全监测、定期审核和风险评价,对敏感特殊信息流动进行单独分级分类立法,为数据流动建立一个安全稳定的交易环境,进而维护网络空间安全,提升数据主权实力。

第三节 欧盟数据主权模式

一、欧盟数据主权立法——以《一般数据保护条例》为例

GDPR 作为欧盟新的数据保护条例,凝结了其几十年来在个人数据保护领域的丰富实践成果,也体现了欧盟对个人数据权利的持久关注和对其日

趋严格的保护倾向。[1]

第二次世界大战之后，欧洲国家就开始致力于个人数据权益的保护。欧洲理事会 1950 年制定的《欧洲保障人权和根本自由公约》就包含了隐私权条款(第 7 条)，隐私权虽与现在的个人数据权相差较大，但通过扩大解释，欧洲人权法院在判决中将隐私权条款延展到对个人数据处理的保护中。1970 年，德国出台了史上第一部保护个人数据的法律。欧洲理事会部长会议在 1973 年和 1974 年分别通过私营部门和公共部门数据保护的决议。欧洲委员会在 1981 年颁布了《个人数据自动化处理中的个人保护公约》，由于其对成员国并没有强制力，所以执行效果并不好。1990 年欧洲委员会发布一系列指令草案，其中，《数据保护指令草案》吸取了 1981 年《个人数据自动化处理中的个人保护公约》中过于宽泛的规定无法实现预期效果的教训，增加了很多具有操作性的规定，并在 1995 年以"指令"形式通过欧洲数据保护法历史上重要的 DPD 95。DPD 95 作为数据保护的指令性规则，在欧洲没有统一数据保护法律的情况下，以最低保护限度为要求，协调了欧洲各国在数据保护上的一致性，基本在欧洲范围内做到了数据权利的平等保护，起到了初步统一的作用。

但随着数字经济持续发展，欧洲各国基于不同的立法价值制定了不同保护标准的个人数据保护制度，导致欧洲范围内数字市场保护标准不统一、不一致，个人数据权益得不到统一保护，同时增加了商业活动的交易成本、提高了商业风险，严重阻碍了经济活动的发展。由于个人信息实际上也涉及公共利益，政府对个人信息的管理是必要的。保护也是一种管理的模式，是治理无序状态的最佳选择。[2] 在此背景下，欧盟为了平衡各成员国数据

---

〔1〕 European Parliament and Council of EU, Regulation (EU) 2016/679 of the European Parliament and of the Council, 27 April 2016.

〔2〕 参见王利明：《论个人信息权的法律保护——以个人信息权与隐私权的界分为中心》，载《现代法学》2013 年第 4 期。

保护的差异,采取立法整合,通过制定新的数据保护法律——GDPR 来统一欧盟内部数据保护环境。GDPR 不需要各国通过国内立法进行落实,而是作为法令直接在成员国内适用,确保欧盟各成员国相关经济活动标准的一致性以及数据处理过程中个人权利保护规则的一体化。与此同时,随着数据跨境流动活动的迅猛增长,数据保护的域内和域外界分越来越模糊,[1] GDPR 也通过立法,逐渐将管辖权扩张到域外范围,其域外适用的倾向变得十分明显。GDPR 与 DPD 95 之间有明显的承继关系,但 GDPR 更有丰富的创新性,能够通过规制个人数据处理行为,促进个人数据的自由流动,加强对个人数据主体的权利保护,建立统一的欧盟数据保护的法律环境,对数据保护具有里程碑意义。

二、欧盟数据立法域外适用扩张分析

根据联合国国际法委员会的观点,一法域内的成文法进行域外适用的过程其实是一种国家在其境外行使主权或权威的体现。[2] 域外适用的前提是存在域外管辖,域外适用是域外管辖的表现结果。GDPR 在第 3 条中规定了其管辖的地域范围,并明确应综合数据主体、数据控制者、数据处理者等实体与数据处理行为性质等多个要素来考虑一项行为是否应接受 GDPR 的管辖,这也是立法机关对个人数据收集、处理和跨境流动的日益频繁所带来的管辖问题作出的现实回应,[3] 从而形成了以属地原则为主、辅之以效果原则的综合管辖模式。

(一)管辖权扩张——GDPR 的特征

GDPR 虽然是欧盟内的立法,但其立法者的野心不只局限于在欧盟境内

---

〔1〕 See Scott, *The New EU "Extraterritoriality"*, 51 Common Market Law Review 1343, 1345 (2014).

〔2〕 联合国大会第六十一届会议正式记录,补编第 10 号,A/61/10,第 390 页。

〔3〕 参见张建文、张哲:《个人信息保护法域外效力研究——以欧盟〈一般数据保护条例〉为视角》,载《重庆邮电大学学报(社会科学版)》2017 年第 2 期。

适用。通过扩大了其地域管辖范围，GDPR域外适用的广泛性特点呼之欲出。虽然GDPR第1条规定的立法目的是“保护个人数据自由流动”“保护自然人的基本权利和自由”，但该条也宣誓了欧盟的数据主权，说明欧盟将数据主权的理论基础建立在对个人权利的保护之上。[1] GDPR中有关数据主权的规定，主要体现在第1章第3条“地域范围”和第5章“向第三国或国际组织传输个人数据”中。GDPR的地域管辖规定主要集中在正文第3条以及序言[2]第23条、第24条、第25条、第26条、第27条的解释说明中，其中最主要的法律规定和创新点是正文第3条。

GDPR第3条前两款规定了管辖的两个标准：“设立机构标准”[3]和“目标意图标准”[4]。此外该条第3款还规定了数据处理行为“根据国际法规定而适用欧盟成员国法律”的情况，GDPR也将适用。

之前，DPD 95第4条地域管辖中规定了在何种情况下可以适用欧盟成员国的国内法来对数据处理活动进行管辖，并且规定在欧盟外设立的实体接受DPD 95指令管辖的前提条件是在欧盟内“使用设备”。与之相比，GDPR的立法思路明显放宽，其第3条规定了直接适用的地域范围，无论实体是否在欧盟境内、无论数据主体是否是欧盟公民、无论处理行为是否发生在欧盟内，都有可能引起GDPR的管辖。这是GDPR的一个十分重要的变化，它在承继了DPD 95成果的基础上，将部分欧盟成员国立法和欧盟法院有关司法判例融入其中，使其管辖权成为具有鲜明特征的创新点和改革点。

---

〔1〕 参见翟志勇：《数据主权的兴起及其双重属性》，载《中国法律评论》2018年第6期。

〔2〕 在GDPR正式条款之前列举的条文，虽不是正式法律条文，但建设性地帮助解读了GDPR的立法背景和正文条款，尤其是在面对新生问题与挑战而需要更新数据保护制度时，意义重大，以下简称Recital或序言。

〔3〕 GDPR第3条第1款规定：“本条例适用于设立在欧盟内的数据控制者或处理者根据其设立机构的背景下对个人数据的处理行为，而不论该处理行为是否是发生在欧盟内。”

〔4〕 GDPR第3条第2款规定：“本条例适用于在欧盟外设立的数据控制者或处理者对在欧盟内的数据主体的个人数据的处理行为。”而且，规定了该“处理行为”的两个形式要件。

(二)"设立机构标准"的法律适用

依据 GDPR 第 3 条第 1 款"设立机构标准"来判断管辖权时,应该考虑三个问题:什么是欧盟数据保护法律制度意义上的"设立机构"(establishment),什么是"根据其设立机构的活动背景下的数据处理行为",以及无论该处理行为是否发生在欧盟内都将导致 GDPR 适用。

1. GDPR 体系中"设立机构"的概念

GDPR 本身在正文条款中没有规定"设立机构"的概念(虽然在第 4 条第 16 款规定了"主要设立的营业场所"的内容),但在 GDPR 的序言第 22 条中说明"设立是指通过稳定的安排来实施有效和真实的活动工作,而这种稳定的安排是由何种形式——如法人的分支机构或者附属机构等——并不影响该安排的性质"[1]。

该条款的描述与 DPD 95 中第 19 条等相关条款类似,同时,欧盟法院的几项判决也扩大了对"设立机构"一词的解释。[2] 这样逐渐将"设立机构"的概念延伸为:"通过稳定的安排来实施的任何真实和有效的活动,即使只是最低程度的活动。"这与传统民商法上的设立某个实体的形式要件主义不同,不单单考虑是否在所在地登记注册这一种情况。为了确定设在欧盟之外的实体是否在欧盟内设立了机构,必须根据这些实体的经济活动和所提供的货物或服务的具体性质来考虑该实体在欧盟内进行的安排的稳定性和有效开展活动的程度。而负责数据处理的非欧盟实体在欧盟内没有设立分支机构或子公司,并不妨碍其在 GDPR 框架内"设立机构"条件的成立。同时,"稳定安排"的门槛又相当低,例如,对涉及通过互联网提供服务的企业来说,虽然该企业本身不是在欧盟内注册,但当企业通过欧盟内的雇员或代理人提供在线服务时,如

---

〔1〕 GDPR 序言第 22 条。

〔2〕 CJEU 系列案例,Google Spain SL, Google Inc. v. AEPD, Mario Costeja González, C-131/12, 13 May 2014, Weltimmo v. NAIH, C-230/14, 1 October 2015 and Wirtschaftsakademie Schleswig-Holstein, C-210/16, 5 June 2018。

果该雇员或代理人的行为具有足够的长期性、稳定性,则该企业的雇员或代理人的聘用和设立就足以构成“稳定安排”的要求,从而导致 GDPR 的管辖适用。

2. 数据处理行为应与“设立机构”的业务性质存在联系

一旦判定数据控制者或处理者是在欧盟内设立的,下一步应具体分析数据处理行为是否是在“设立机构”的业务背景下开展的,即个人数据的处理行为是否与该实体在欧盟境内所设立的机构的目的具有关联性。GDPR 第 3 条第 1 款表明,有关处理行为不必由这个设立在欧盟的机构本身操作,只要是在其“设立机构”本职工作背景下开展相关行为即可。而这种行为的判断应根据具体的标准来进行个案分析,根据每个不同案件的自身特点和具体事实来加以评估。

在分析某个数据处理行为与处理实体在欧盟的设立机构的目标是否存在一致性或者关联性时,需要考虑其数据处理行为是否属于该机构本身真正业务。一方面,为了实现确保有效和完全保护的目标,“在设立机构的背景下”的含义不能被过多限制性地解释,这样会导致许多管辖行为外溢出 GDPR 的管辖范围。可能欧盟境内所设立的机构表面上并没有进行任何数据处理行为,但其本身的工作与境外实体处理数据的行为有直接的关系,或者经过事实分析表明欧盟境内机构的活动与欧盟外实际控制方所采取的数据处理行动之间存在不可分割的联系,那么该非欧盟实体的数据处理行为将同样受到 GDPR 的管辖。在维尔提莫案(Weltimmo)中,法院认为,之所以对管辖的地域范围进行扩大解读是为了“对于隐私权这项基本权利,能提供更好、统一的保护渠道”[1]。另一方面,也不能对该条款进行过于宽泛的解读,导致在欧盟内任何形式存在的机构的任何行为,甚至是与非欧盟实体的真正数据处理业务几乎没有关系的数据处理行为也受 GDPR 的管辖。“设立机构”概念的广泛性并不意味着它是没有限制的,根据欧盟法院的判例,

---

[1] Weltimmo v. Nemzeti, CJEU C – 230/14, 1 October 2015, para. 25.

不可能仅仅因为企业网站在欧盟中是可访问的，就断定非欧盟实体在欧盟内设立了机构。[1] 非欧盟实体在欧盟某一成员国内设立的机构的某些活动可能实际上与该实体处理个人数据的本质业务相去甚远，不足以将该数据处理行动纳入 GDPR 的法律范围内来。

3. 不论数据处理行为是否发生在欧盟内

在确定 GDPR 的地域管辖范围时，相关地理位置确实可以帮助分析设立机构是否受 GDPR 管辖。一旦认定数据控制者或处理者在欧盟境内，那么在何处处理数据、被处理数据的主体在何地就不重要了。这一立法宗旨也在序言第 14 条得到印证："本条例所给予的保护应适用于自然人，不论其国籍或居住地如何，只要涉及其个人数据的处理。"

4. "设立机构"标准在数据控制者和数据处理者中的不同适用

数据控制者和处理者是数据保护的重要参与方。[2] 这是欧盟数据保护委员会（European Data Protection Broad，EDPB）根据相关的欧盟法院判例和欧盟工作组 WP29（EU Article 29 Working Party，制定并负责解释 DPD 95 的工作组，现已被 EDPB 所取代）的指导意见逐步演化和凝练的。此外，区分一个实体是 GDPR 下的数据控制者还是数据处理者，对评估 GDPR 在相关数据处理行为中的管辖适用有十分重要的作用。

数据控制者或处理者在欧盟"设立机构"的情况存在一定的差异性。二者如果处于不一致的地理位置（在欧盟境内外的不同），将会导致法律适用的不同，以及权利义务内容的差异，因此应该区别看待每个实体。GDPR 中规定了适用于数据控制者和数据处理者的不同的专用规定或义务，因此，如果数据控制者或数据处理者是因为第 3 条第 1 款而受到 GDPR 的约束，则相

---

〔1〕 Verein für Konsumenteninformation v. Amazon EU Sarl, CJEU C－191/15, 28 July 2016, para. 76.

〔2〕 根据 GDPR 第 4 条第 7 款的规定，数据控制者是指能单独或联合决定个人数据的处理目的和方式的自然人、法人、公共机构、行政机关或其他组织。第 4 条第 8 款规定，处理者是指能代表数据控制者来处理个人数据的自然人、法人、公共机构、行政机关或其他组织。

关义务将分别地适用于它们。此时应注意的是,欧盟内的数据处理者不应仅仅因其处理数据的行为而被视为第 3 条第 1 款中数据控制者在欧盟内所设立的机构。如果数据处理者是在欧盟中建立的,则需要遵守 GDPR 对数据处理者的相关规定(GDPR 数据处理者义务);如果指示数据处理者的数据控制者也是在欧盟建立的,则该控制者也应遵守 GDPR 对控制者施加的义务(GDPR 控制者义务)。

(1)数据控制者设立于欧盟境内,而数据处理者不在欧盟境内

根据 GDPR 第 28 条的规定,数据控制者必须聘用能提供充分合规保证的数据处理者,以便在处理数据的过程中能够全面保护数据主体的权利。另外,如果欧盟内的数据控制者聘用设立于欧盟外部且不受 GDPR 管辖国家的数据处理者,则该数据控制者就有义务通过合同等法律行为的形式将 GDPR 义务给予数据处理者。因此,那些虽然不受 GDPR 直接管辖的数据处理者,也会因数据控制者与之签署的合同而被动地接受 GDPR 的规定要求。

(2)数据控制者不在欧盟境内,而数据处理者设立于欧盟境内

如果数据控制者本身并不在欧盟境内,也没有在欧盟境内设立机构,除非其他因素起作用(如其控制的数据的主体是欧盟内的主体),则该数据控制者将不受第 3 条第 1 款规定的管辖约束。反观数据处理者,如果处理者是在欧盟内设立的实体,则当然受到 GDPR 管辖,但这不会导致欧盟外的数据控制者也当然受到 GDPR 的约束。也就是说,非欧盟的数据控制者将不会仅仅因为它选择使用欧盟境内的数据处理者而受 GDPR 管辖。

(三)“目标意图标准”的法律适用

在欧盟以外的数据控制者或数据处理者虽然没有在欧盟境内直接设立机构,并不一定意味着其行为会被排除在 GDPR 管辖范围之外。[1] 数据主

---

〔1〕 GDPR 第 3 条第 2 款规定:“本条例适用于由未在欧盟内设立的数据控制者或处理者处理欧盟内的数据主体的个人数据,其中处理活动涉及:(一)提供商品或服务,而不论数据主体是否需要支付费用;(二)对上述数据主体在欧盟境内的行为进行监测。”

体是否在欧盟境内，对于阐述 GDPR 是否有管辖权十分重要。因此，在评估适用“目标意图标准”时，首先要确定被处理的数据是否是在欧盟中数据主体的个人数据；其次要确定数据处理行为是否存在提供商品或服务，或是否是监测数据主体在欧盟境内发生的行为。

1. 何为“欧盟境内”的数据主体

GDPR 措辞是指“数据主体在欧盟境内”（subjects who are in the Union），显然这是一个十分宽泛的描述，其排除了以公民国籍、身份、居住地等惯常连结点来进行定义，从而扩大了数据主体的范围和内容，数据主体即使和欧盟有很小的关系也可以视为“在欧盟境内”。这样的解释也在 GDPR 序言第 14 条得到了验证：“本条例所提供的保护应适用于自然人，不论其国籍或居住地，只涉及个人数据的处理有关。”[1]

2. 是否存在向欧盟中的数据主体提供商品或服务，或监测数据主体在欧盟内的行为

仅处理存在于欧盟境内个人数据的行为不足以触发 GDPR 的适用，这种数据处理行为必须是为了向数据主体提供商品或服务，或者存在监测数据主体在欧盟的行为。[2]

（1）向欧盟内的数据主体提供商品或服务

触发适用“目标意图标准”的首先是“提供商品或服务”，而哪些活动是提供商品或者服务由欧盟法律和判例法进一步解释。数据控制者或处理者提供商品或服务时，不论数据主体是否支付对价，都将适用 GDPR。运营商在提供商品或服务的过程中，获得个人数据应得到数据主体的同意，在没有同意的情况下，数据主体可以向数据保护机构提出申诉、对数据控制者或处理者进行诉讼，监管机构将对数据控制者或处理者进行调查并处罚其违规

---

〔1〕 尽管数据主体在欧盟境内的位置是“目标意图标准”适用的决定性因素，但 EDPB 认为数据主体的国籍或居住地的法律地位并不应该制约或限制 GDPR 的地域适用范围。

〔2〕 但 GDPR 并不适用欧盟公民或居民在欧盟外产生的个人数据被处理的情形。

行为。[1]

触发适用“目标意图标准”的另一个关键因素是，商品或服务提供的目标是否针对欧盟境内的数据主体。[2] 只因欧盟外的数据控制者、处理者的网站在欧盟内具有可访问性，或者没有国际代码的电话号码或者电子邮件等联系方式具有可接通性，都不是确定提供商品或服务意图的有效证据。反之，数据控制者或处理者在商业活动中使用一种以上的欧盟国家通常使用的语言或货币，使欧盟公民有可能以该语言和货币订购商品服务并支付价款，或者在商业活动所面向的群体中提及欧盟内的客户或用户等，可以视为具有向欧盟内的数据主体提供货物或服务的意图。

(2)监测数据主体发生在欧盟内的行为

触发适用“目标意图标准”的第二类活动是数据控制者或处理者监测数据主体发生在欧盟内的行为。结合 GDPR 第 3 条第 2 款 b 项与 GDPR 序言第 24 条的有关规定，被检测的行为必须是欧盟内的数据主体发生在欧盟内的行为。同时，EDPB 也解释了什么是属于行为检测的数据处理行为：“为了决定一个处理活动是否可以被视为是对数据主体的行为监测，应该评估自然人是否在网上被追踪，包括使用或潜在存在对个人数据处理的技术，例如对自然人的侧写，尤其是那些为了判断、分析、预测他的个人行为偏好和态度的技术操作。”除了网络追踪是一种关于数据主体行为的监测之外，通过某些物理设备的使用来处理信息也应该被视为一种对数据主体行为的监测，如一些可穿戴的智能设备等。

一方面，与前一款相比，行为监测条款并没有要求数据控制者或处理者

---

[1] See Jacob M. Victor, *The EU General Data Protection Regulation: Toward a Property Regime for Protecting Data Privacy*, 123 Yale Law Journal 513, 520－523(2013).

[2] GDPR 序言第 23 条解释了数据控制者或处理者的行为是否表明他们有明确“意图”向位于欧盟内的数据主体提供商品或服务：“为了确定这样的控制者或处理者是否向在欧盟中的数据主体提供货物或服务，应当确定他们是否明显地设想向在欧盟中的一个或多个成员国的数据主体提供服务。”

在监测活动中引入必要程度的主观意图，但是“监测”一词的使用本身就意味着数据控制者或处理者具有特定的目的——用于收集和处理这些数据；另一方面，EDPB 也不认为任何对欧盟个人数据的在线收集和分析都会自动算作“监测”，必须考虑他们处理数据的目的，特别是是否存在收集数据之后的行为分析或剖析技术，而这也是认定某种数据处理行为是否是监测行为的重要考虑因素。

（四）根据国际法而适用欧盟成员国法的情况

GDPR 第 3 条第 3 款规定根据国际法而适用欧盟成员国法律的情形，一般是指欧盟成员国的驻外外交使团和领事馆。[1] 该条款的法律基础源于 1961 年《维也纳外交关系公约》和 1963 年《维也纳领事关系公约》中有关外交使团和领事馆的规定。[2] 作为数据控制者或处理者的外交使团或领事馆将受 GDPR 所有相关规定的约束，包括涉及数据主体的权利、与控制者和处理者有关的一般义务以及向第三国传送个人数据规则。

虽然 GDPR 的地域范围条款阐述了其管辖范围，但也应该意识到，该条例并不排斥成员国某些自身数据保护的特别规定。部分规定还允许欧盟成员国在某些领域或特定情况下，可以在 GDPR 基本框架内，在国内数据保护立法中引入一些高于 GDPR 保护要求的附加条件，从而形成本国的数据保护框架文本。[3] 此时，经营范围涉及欧盟地区的数据控制者、处理者，应该考虑和遵守这些成员国国内法，以确保其行为不会违背某成员国或欧盟的要求。

---

〔1〕 EDPB 认为 GDPR 适用于欧盟成员国在他国的大使馆和领事馆进行的个人数据处理。

〔2〕 参见龚刃韧：《国家豁免问题的比较研究——当代国际公法、国际私法和国际经济法的一个共同课题》，北京大学出版社 1994 年版。

〔3〕 GDPR 授权每个成员国在其框架下制定本国不同保护措施的条款主要包括：第 8 条（规定儿童在通过信息社会服务处理其数据时可以给予有效同意的年龄可以在 13～16 岁变化），第 9 条（关于处理特殊类型数据的规定），第 23 条（限制）和关于 GDPR 第九章的规定（言论和信息自由；公众查阅官方文件；国家身份号码；就业情况；为公共利益、科学或历史研究或统计目的进行归档处理；安全；教会和宗教协会）等。

三、对欧盟数据立法域外适用扩张的评价

GDPR 的管辖扩张,大大增加了其域外适用的可能性,这背后的原因是多方面的。首先,欧盟各成员国对个人数据保护的意识不断增强,数据权利在欧盟范围内已经被视为基本人权;其次,在 GDPR 生效之前,欧盟法院的几次判决结果也从司法角度认可了针对数据权利保护的管辖权扩大,相关判例法也对本次 GDPR 的立法有所影响;最后,在以数据处理为核心的互联网蓬勃发展的时代,欧盟自身的互联网企业发展较为弱势,本次 GDPR 的管辖扩张,对于在欧盟内建立一个针对欧盟市场的同一公平竞争环境有所帮助。

(一)欧盟对个人数据权利愈加重视

随着数字时代的蓬勃发展,数据权利作为一项结合了人身权利和财产权利的复合型权利,越发得到社会的重视,欧盟作为对个人权益保护十分积极的法域,在数据权利的保护上一直走在最前端。《欧洲人权公约》规定了通信权利和自由应受到尊重;《欧盟基本权利宪章》规定了个人数据受保护的权利;2009 年生效的《欧洲联盟运作条约》(Treaty on the Functioning of the European Union,TFEU)第 16 条规定了对个人数据权利应加以保护。从隐私权到数据权,欧盟不断加大保护力度,并将其视为一项人的基本权利。在围绕个人数据这一稀缺资源的保护中,为自然人的权利提供防御性保护,并在因个人数据被违法收集、使用而侵害自然人既有民事权益时提供救济,既有利于保护自然人的合法权益,又能充分尊重数据活动的合理自由。[1]欧盟认为,对基本权利的保护应该极尽管辖的最大化,不仅涉及欧盟公民,还意图延伸至欧盟以外。

(二)司法判例对 GDPR 的立法影响

在 GDPR 生效之前的 DPD 95 本身严格将适用范围局限在欧盟内的当

---

〔1〕 参见程啸:《论大数据时代的个人数据权利》,载《中国社会科学》2018 年第 3 期。

事者,但是欧盟法院在判例中,对其管辖权的解读,也存在扩大其地域范围的趋势。在2014年谷歌案(Google)的判决中,欧盟法院认为,为了能使个人数据权利得到最大保护,应扩大解释DPD 95的管辖适用条款,不应将DPD 95第4条严格局限为在欧盟境内设立的企业必须直接从事个人数据处理行为才具有管辖前提,从而扩大欧盟对于数据保护的管辖范围,进而更全面完整地保护个人数据权利,[1]最终判决谷歌集团公司(成立于美国)以及谷歌西班牙公司(成立于欧盟)都应接受欧盟数据法律的管辖。

在2015年维尔提莫案(Weltimmo)和2016年亚马逊案(Amazon)中,欧盟法院进一步巩固了其对数据权利保护扩大管辖的这一立场,不论经营实体在某一欧盟境内成员国领土上设立了多么小的一个机构,只要其是稳定安排并实施真实有效的活动,那么数据处理行为就会受到东道国法律的管辖。同样,该标准也推广到欧盟和非欧盟国家。在判决中,法院都认为通过扩大化解释管辖权,对于更全面、更好地保护个人数据权利有十分充足的必要。此时,从司法判例角度来看,欧盟的数据保护法律的管辖范围已经远超DPD 95在制定时字面上所局限的含义了。

(三)建立统一保护水平的欧盟数据市场

从欧盟数据立法发展的历程来看,数据立法动机源自保护基本权利,是隐私权进一步发展的派生。但随着数据权利从隐私权发展到个人信息权,从基本权利中的对数据控制权和私法中的支配权的相互交叉发展为以功能为导向的权利概念。这样的权利理论的变迁也极大地影响了欧盟在数据保护上的制度进路,正如GDPR序言第4条所言,保护个人数据的权利不是一个绝对的权利,必须考虑它的社会功能和它与其他基本权利相平衡的关系。欧盟对于个人数据保护并没有采取绝对权保护的模式,而是将其作为一种必须与其他基本权利相平衡比较来决定保护水平的一项基本权利,通过一

[1] Google Spain SL, Google Inc. v. AEPD, Mario Costeja González, CJEU C – 131/12, 13 May 2014, para. 53 – 54.

种功能规制路径来解构数据保护的层次和特点。这就导致了欧盟在制定GDPR时，一方面，在数据过于滥用的商业背景下，加强对个人数据权利这一基本权利的保护；另一方面，通过保护的一致性在欧盟内部形成单一的数据市场，保障数据在该市场中能安全自由流动，产生效益，最终影响和推动其他国家和地区一并提高数据保护标准和条件，从而达到数据全球治理目标。[1] 这样的立法路径就自然会导致条例在管辖权方面的极度扩展性和广大覆盖面。

从产业发展角度来看，欧盟对数据处理和应用的技术水平发展落后于中美等互联网大国，在发展互联网数据处理技术方面更趋于保守。当前数字时代，以中、美两国为主的数据处理企业占据欧盟市场的相当比重，而欧盟企业很少有与之抗衡的实力。美欧之间针对数据跨境流动保护问题分别在2000年和2016年签署了《安全港协议》《隐私盾协议》，在通知、选择、转送、安全、资料完整、渠道和执行等几个方面严格管控数据从欧盟流向美国的行为。[2] 从这个意义上讲，欧盟的数据处理企业所承担的对数据权利加以保护的法律义务要高于外部企业，这就导致了竞争市场的不公平。在此背景下，欧盟加大数据保护法律的管辖扩张性，在输出其保护价值的同时，约束来自中美等国的互联网企业，加大了这些企业在欧盟市场内所承担的法律责任，维护了这些企业与欧盟的企业之间的竞争平衡，保护了欧盟的相关企业。

---

〔1〕 See Bradford, *The Brussels Effect*, 107 Northwestern University Law Review 25, 28 – 32(2012).

〔2〕 参见张平：《大数据时代个人信息保护的立法选择》，载《北京大学学报（哲学社会科学版）》2017年第3期。

第五章
中国数据治理的路径研究

第一节　中国数据治理的法治现状

一、中国数据立法的既有规则

数字的蓬勃发展开启了一次重大的时代转型，社会将经历类似的“地壳运动”，法律体系的变革也将与时俱进。[1] 中国作为数据产业发展大国，逐步向强国迈进，数据法治一直是中国开展数据治理的重中之重。1994 年，《中华人民共和国计算机信息系统安全保护条例》颁布，开创计算机安全领域的立法先河。2000 年全国人民代表大会常务委员会《关于维护互联网安全的决定》发布，第一次较为全面地梳理和规定了各类网络违法犯罪活动，确定了四大类、十五小类网络违法犯罪行为。2011 年，中国人民银行颁布《关于银行业金融机构做好个人金融信息保护工作的通知》，明确了个人金融信息的存储、处理和分析只能

---

〔1〕 参见［美］维克托·迈尔－舍恩伯格、［英］肯尼思·库克耶：《大数据时代：生活、工作与思维的大变革》，盛杨燕、周涛译，浙江人民出版社 2013 年版。

在境内进行,对向境外提供这些信息做了约束性的规定。2012 年,《全国人民代表大会常务委员会关于加强网络信息保护的决定》要求“国家保护能够识别公民个人身份和涉及公民个人隐私的电子信息。任何组织和个人不得窃取或者以其他非法方式获取公民个人电子信息,不得出售或者非法向他人提供公民个人电子信息”[1]。这是中国在制度上第一次对信息数据提出保护的要求。

在这之后,数据信息保护的理念体现在新法制定、旧法修订的过程中。2013 年,《中华人民共和国消费者权益保护法》第 14 条规定消费者的个人信息应得到保护;[2]第 29 条规定消费者同意是经营者收集信息的前提。[3]2015 年,《中华人民共和国国家安全法》第 25 条要求实现网络和信息核心技术、关键技术设施和重要领域信息系统及数据的安全可控,同时明确了维护国家网络空间主权、安全和发展利益的要求。[4] 同年颁布的《中华人民共和国反恐怖主义法》第 19 条规定要阻断恐怖主义在互联网上传播。同年国务院发布《关于印发促进大数据发展行动纲要的通知》,要求在大数据领域,对数据采集、传输、存储、使用、开放等环节的边界进行明确,同时对涉及国家利益等的信息加强保护。

根据我国现行法律规定,信息主体对信息享有控制权,他人应依法取得信息主体的同意来使用、收集、传输他人信息,并依法对取得的信息加以保护,对个人数据信息的侵犯应该承担相应的法律责任。其中的法律责任应该是多维度的,包括刑事责任、行政责任和民事责任。2009 年《中华人民共和国刑法修正案(七)》增加了第 253 条侵犯公民个人信息罪;2017 年,最高

---

[1] 《全国人民代表大会常务委员会关于加强网络信息保护的决定》第 1 条。

[2] 《中华人民共和国消费者权益保护法》第 14 条规定:“消费者在购买、使用商品和接受服务时,享有人格尊严、民族风俗习惯得到尊重的权利,享有个人信息依法得到保护的权利。”

[3] 《中华人民共和国消费者权益保护法》第 29 条规定:“经营者收集使用消费者个人信息,应当遵循合法、正当、必要的原则,明示收集、使用信息的目的、方式和范围,并经消费者同意。”

[4] 《中华人民共和国国家安全法》第 25 条。

人民法院、最高人民检察院发布《关于办理侵犯公民个人信息刑事案件适用法律若干问题的解释》,其中第2条对侵犯公民个人信息罪进行了司法解释。[1] 2021年1月实施的《中华人民共和国民法典》第111条规定应对自然人的个人信息给予保护。[2] 通过进一步剖析涉及侵犯公民个人信息的司法案例,其中行政案件和刑事案件较为普遍,但少有民事案件。可见,中国在个人信息司法保护方面,行政、刑事发展先于民事。

我国关于网络安全、数据安全、个人信息安全的统一立法时间较晚,直到2016年《中华人民共和国网络安全法》的出台,才有了第一部保障网络空间安全的基本性立法。[3] 《中华人民共和国网络安全法》初步形成涉及网络安全、信息保护在内的统一立法体系,基本涵盖网络空间各层面可能发生的法律问题。虽然《中华人民共和国网络安全法》在条款规定上有待细化,但不可否认的是,其在我国数据治理法治化进程中具有里程碑式的意义。在此之后,2021年9月,《中华人民共和国数据安全法》实施,该法明确要求保护个人、组织与数据有关的权益,鼓励数据依法合理有效利用,保障数据依法有序自由流动,促进以数据为关键要素的数字经济发展。同年11月,《中华人民共和国个人信息保护法》正式实施,该法强调自然人的个人信息受法律保护,任何组织、个人不得侵害自然人的个人信息权益。上述三法都体现了在信息技术和人类生产生活交汇融合,各类数据迅猛增长、海量聚集的背景下,国家立法者对数据规则建设重要性的解读与对策。不可否认,推

---

[1] 最高人民法院、最高人民检察院《关于办理侵犯公民个人信息刑事案件适用法律若干问题的解释》第2条规定:"违反法律、行政法规、部门规章有关公民个人信息保护的规定的,应当认定为刑法第二百五十三条之一规定的'违反国家有关规定'。"

[2] 《中华人民共和国民法典》第111条规定:"自然人的个人信息受法律保护。任何组织或者个人需要获取他人个人信息的,应当依法取得并确保信息安全,不得非法收集、使用、加工、传输他人个人信息,不得非法买卖、提供或者公开他人个人信息。"

[3] 《中华人民共和国网络安全法》的总则部分解释立法目的:保障网络安全,维护网络空间主权和国家安全、社会公共利益,保护公民、法人和其他组织的合法权益,促进经济社会信息化健康发展。

动互联网、大数据、人工智能和实体经济深度融合，是对经济发展、社会治理、人民生活的重大而深刻的一场变革。

二、中国立法探索的解读与评价

早期的中国数据治理规则的制定，更多地考虑网络安全和信息内容的安全，对个人数据信息保护的回应较少；重点关注涉及公共安全和社会安全的网络违法犯罪问题，较少涉及私领域的数据权益保障问题。

（一）具有较为全面的信息犯罪规则

我国对于数据信息系统安全与公共利益的关系早有认识。1994 年出台的《中华人民共和国计算机信息系统安全保护条例》第 7 条规定，任何组织或者个人不得危害计算机信息系统的安全。该条例可以视为我国立法针对计算机系统犯罪的滥觞，此时制度保护的重心还是放在涉及硬件内容的计算机系统，并没有直接涉及数据信息本身。

2000 年《全国人民代表大会常务委员会关于维护互联网安全的决定》，[1] 规定了涉及四大类、十五小类的利用网络从事的违法犯罪行为。该决定针对的是利用互联网从事的违法犯罪行为，此时互联网依然是犯罪的手段而非犯罪行为的客体。

《中华人民共和国刑法》几经修正，规定了涉及计算机系统和数据信息的犯罪，第 285 条规定了“非法侵入计算机信息系统罪，非法获取计算机信息系统数据、非法控制计算机信息系统罪，提供侵入、非法控制计算机信息系统程序、工具罪”；第 286 条规定了“破坏计算机信息系统罪”。《中华人民共和国刑法》虽然对计算机信息及信息系统的犯罪规定不多，但涵盖较为全面，既包括针对计算机系统的“硬件”为客体的犯罪行为，也包括针对数据信息这些“软件”为客体的犯罪行为。同时，《中华人民共和国刑法》第 287 条

---

〔1〕《全国人民代表大会常务委员会关于维护互联网安全的决定》第 3 条、第 4 条、第 5 条，国务院公报，2001 年第 5 号。

也规定了利用计算机为手段的犯罪行为,按照有关规定定罪处罚。

(二)强调网络安全重要性

我国数据治理在当前的核心关注点是保障网络空间安全,这与我国数字产业发展和国家利益有紧密关系。2016 年,我国颁布《中华人民共和国网络安全法》,较为全面地覆盖了网络空间治理的多领域法律问题,初步形成协调统一的网络安全治理体系。由于社会经济发展与网络信息技术息息相关,单行法很难将多领域、多层次的网络安全问题进行统一规范。《中华人民共和国网络安全法》将之前散见在各单行法、法规、规章的条款进行整合,以统一立法的方式确定了保障经济社会信息化健康发展的部门法。《中华人民共和国网络安全法》通过系统性规定,将网络空间涉及的安全问题逐个细化,分别作了独立的规则安排,重点关注网络运行安全和网络信息安全,通过制定战略和体系,鼓励全社会促进、支持网络空间安全的实现。此外,《中华人民共和国网络安全法》还规定了事前监督预警和应急措施,弥补了之前法规中只能事后监督的不足,将网络安全的保护重心放在事前的风险防范,降低事件发生的可能性和范围,减少风险危害。

(三)探索制定个人数据信息保护规则

数字技术的应用,促使公民参与社会的能力和范围逐步增大,公民的数据信息权利逐渐成为一项公民基本权利。

2012 年全国人民代表大会常务委员会《关于加强网络信息保护的决定》全面系统地对公民个人信息保护作出规定,明确提出国家保护能够识别公民个人身份和涉及公民个人隐私的电子信息。该决定要求任何组织和个人不得窃取或者以其他非法方式获取公民个人电子信息,不得出售或者非法向他人提供公民个人电子信息。[1]

2015 年,《中华人民共和国刑法修正案(九)》增加了“侵犯公民个人信

---

〔1〕 参见马宁:《我国网络安全的法治化进程:从诸法分立到协调统一》,载《人民法治》2019 年第 19 期。

息罪”。[1] 此次修订取消了之前列举式的犯罪主体规定，扩大了主体的范围，任何人或机构都有可能成为本罪的犯罪主体。同时，此次修订进一步扩张了侵犯公民个人信息犯罪行为的范围，只要违法出售或提供个人信息都有可能受到刑法处罚，从而进一步提高了对个人信息的保护水平。

2017 年 4 月，国家互联网信息办公室发布《个人信息和重要数据出境安全评估办法（征求意见稿）》，初步建立了适用于所有网络运营者的个人信息和重要数据出境安全评估制度。2019 年 6 月，国家互联网信息办公室又发布《个人信息出境安全评估办法（征求意见稿）》，该办法将个人信息出境与重要数据出境区别处理，制定了不同的跨境流动规则。由此以加强个人信息权利为核心的个人信息出境规范渐成体系。

2021 年 1 月，《中华人民共和国民法典》正式实施，该法第 111 条规定应对自然人的个人信息给予保护，继续将个人信息权益作为一项基本民事权利加以保护。

2021 年 9 月，《中华人民共和国数据安全法》正式实施，明确要求保护个人、组织与数据有关的权益，鼓励数据依法合理有效利用，保障数据依法有序自由流动，促进以数据为关键要素的数字经济发展。该法强调数据是国家基础性战略资源，没有数据安全就没有国家安全。因此，应当按照总体国家安全观的要求，通过立法加强数据安全保护，提升国家数据安全保障能力，有效应对数据这一非传统领域的国家安全风险与挑战，切实维护国家主权、安全和发展利益。

2021 年 11 月，《中华人民共和国个人信息保护法》正式实施，强调自然人的个人信息受法律保护，任何组织、个人不得侵害自然人的个人信息权

---

[1] 《中华人民共和国刑法》第 253 条之一规定：“违反国家有关规定，向他人出售或者提供公民个人信息，情节严重的，处三年以下有期徒刑或者拘役，并处或者单处罚金；情节特别严重的，处三年以上七年以下有期徒刑，并处罚金。违反国家有关规定，将在履行职责或者提供服务过程中获得的公民个人信息，出售或者提供给他人的，依照前款的规定从重处罚。窃取或者以其他方法非法获取公民个人信息的，依照第一款的规定处罚。”

益。在保护个人信息权益的同时,该法还是促进数字经济健康发展的重要举措。当前,以数据为新生产要素的数字经济蓬勃发展,数据的竞争已成为国际竞争的重要领域,而个人信息数据是大数据的核心和基础。因此,统筹个人信息保护与利用,通过立法建立权责明确、保护有效、利用规范的制度规则,在保障个人信息权益的基础上,促进信息数据依法合理有效利用,推动数字经济持续健康发展,是数字经济时代发展的当务之急。

三、中国数据主权战略的内容和特点

(一)中国数据主权战略概述

2015 年出台的《中华人民共和国国家安全法》首次提出并规范了我国法律上的"网络空间主权"的概念。[1] 2016 年出台的《国家网络空间安全战略》,阐述了我国的数据主权原则,[2]表明我国维护国家网络安全和数据主权的坚定决心。[3] 2017 年颁布的《中华人民共和国网络安全法》第 1 条就指出立法目的之一是"维护网络空间主权",[4]继续巩固保障网络空间安全的重要地位。[5] 《中华人民共和国网络安全法》是我国关于网络安全基础性、大纲性的法律,代表着我国网络和信息安全保护法律体系发展到一个新

---

〔1〕《中华人民共和国国家安全法》第 25 条规定:"……维护国家网络空间主权、安全和发展利益。"

〔2〕《国家网络空间安全战略》提出,网络空间是国家主权的新疆域,国家主权拓展延伸到网络空间,网络空间主权成为国家主权的重要组成部分。尊重网络空间主权,维护网络安全,谋求共治,实现共赢,正在成为国际社会共识。

〔3〕《国家网络空间安全战略》要求,要以总体国家安全观为指导,贯彻落实创新、协调、绿色、开放、共享的发展理念,增强风险意识和危机意识,统筹国内国际两个大局,统筹发展安全两件大事,积极防御、有效应对,推进网络空间和平、安全、开放、合作、有序,维护国家主权、安全、发展利益,实现建设网络强国的战略目标。

〔4〕《中华人民共和国网络安全法》第 1 条规定:"为了保障网络安全,维护网络空间主权和国家安全、社会公共利益,保护公民、法人和其他组织的合法权益,促进经济社会信息化健康发展,制定本法。"

〔5〕《中华人民共和国网络安全法》第 4 条还指出,国家需要"制定并不断完善网络安全战略,明确保障网络安全的基本要求和主要目标,提出重点领域的网络安全政策、工作任务和措施"。

阶段。[1] 数据治理的网络安全战略已成为国家宏观治理战略的重要组成部分。

从数据主权治理在国内外的发展现状来看,提出积极参与数据治理和国际法治的中国方案,在以下几个方面有着难得的机遇和有利条件。第一,我国在数据领域已经拥有较为可观的"硬实力",这为相关"软实力"的提升创造了良好的条件。[2] 中国互联网的快速发展和"硬实力"的增长,使我国积极参与网络空间国际治理、赢得更大的国际话语权和制度性权利成为可能。第二,中国政府和社会各方面对数据网络空间治理问题高度重视,这为我国积极参与数字空间治理、推进数据国际法治营造了良好的外部环境。第三,数据治理主题在全球方兴未艾,尚有较大发展前景,中国在发展前期深度参与和积极影响,是难得的契机。在网络主权、管辖权到网络攻击的国家责任、网络空间的人权保护等一系列问题上,相关国际法规则和制度尚未成型,网络空间规则制定停滞不前、"治理赤字"和"规则赤字"不断加大等问题,更是加大了国际社会对网络空间治理新主张、新理念和新方案的需求。因此,我国应尽可能地使本国的主张以"全球公共产品"的形式表达出来,真正成为规则制定者和方案主导者。

当前,中国数据主权的表现形式主要体现在网络空间主权,网络空间安全战略是国家数据主权战略的重要内容。[3] 中国数据主权战略任务重大,

---

〔1〕 参见黄海瑛、何梦婷:《基于 CLOUD 法案的美国数据主权战略解读》,载《信息资源管理学报》2019 年第 2 期。

〔2〕 参见方兴东:《中国互联网激荡 20 年》,载《互联网经济》2016 年第 12 期。

〔3〕 《国家网络空间安全战略》强调四个基本原则:"(一)尊重维护网络空间主权,各国有权自主安排网络发展路径、网络空间政策和治理模式,任何国家的网络空间主权不容侵犯;(二)和平利用网络空间,各国应遵守不使用或不威胁使用武力的原则,尊重网络空间的安全利益,防范网络空间冲突事端,不能以牺牲他国利益换取自身安全;(三)依法治理网络空间,保障网络空间的合理利用,促进网络数据信息合法有序自由地流动,保护个人隐私和知识产权,构建良好的网络空间秩序;(四)统筹网络安全与发展,正确处理安全与发展的关系,安全作为发展的基础,发展是安全的目标,网络安全和信息化发展是一体两翼,缺一不可。"

面临的国内外形势也较为严峻。[1] 中国作为互联网大国,信息化发展是现代化发展的重要组成部分,中国治理好网络空间,对全世界也有重大积极意义。概括而言,中国网络空间战略任务艰巨,使命重大。

(二)对中国数据主权战略的评价

1.“网络安全”是主权战略的核心

我国网络主权的核心是“网络安全”,网络安全已经构成国家安全的重要组成部分。通过提升数据治理水平,提高网络空间的安全指数,解决网络空间发展桎梏,实现惠及全球的安全开放网络空间平台。我国也将严厉打击利用网络技术所实施的危害国家安全的行为,对违法犯罪事件进行制止和依法惩治。

2. 以防御性模式为主,不搞数据霸权主义

我国注重中外文化交流。近年来,通过利用互联网平台的传播优势,中外优秀文化交流得到进一步加强。同时,我国反对数字网络霸权主义,对发展中国家、数字产业落后国家进行技术援助,弥补科技水平不均衡带来的发展鸿沟,从而共同推动网络空间的繁荣发展,促进人类文明进步。

3. 注重关键信息基础设施的维护

关键信息基础设施的安全与否关系着国家安全和国计民生,一旦受到破坏,将对经济发展和社会稳定造成难以估量的影响。基于此,我国加强对

---

[1] 根据《国家网络空间安全战略》部署,战略重要任务包括以下几个方面:第一,坚定捍卫网络空间主权,坚决反对通过网络破坏国家主权的一切行为,采取一切措施,维护国家信息设施和信息数据的安全。第二,坚决维护国家安全,防止、抵制和依法惩治一切通过网络危害国家安全的行为。第三,保护关键信息基础设施,注重能源交通、工业制造、教育科研、公共卫生等领域的网络应用系统的安全,保障关键信息基础设施及相关重要数据不受攻击破坏。第四,加强网络文化建设,借助网络平台,推动中外优秀文化的交流互鉴。第五,打击网络恐怖和违法犯罪,严厉打击网络恐怖和网络间谍活动,制止网络侵权违法犯罪行为。第六,完善网络治理体系,明确监管依据,明晰社会各方面的责任义务,提高网络管理的科学化水平。第七,夯实网络安全基础,鼓励科技创新,提升国家数字科技硬实力,优化市场环境,实施国家大数据战略。第八,提升网络空间防护能力,建设与网络强国相适应的网络空间防御机制,有能力应对和抵御网络入侵行为。第九,强化网络空间国际合作,加强与国际社会的对话交流,开展多边合作和信息交流共享,积极参与数据全球治理活动。

公共通信领域等基础信息网络的安全保障，同时加强构建工业制造、能源交通、教育科研、金融医疗等关键领域信息系统的防御体系，加大技术、资金、人员等投入，进一步提升信息管理水平，保障我国关键信息基础设施和相关信息资源的安全。

4. 强调国内治理与国际治理协同发展

网络空间的延展特性，决定了网络空间的治理需要国内治理与国际治理的有机结合。我国通过双边、区域、多边对话等多种形式开展积极有效的国际合作，致力于提升网络空间治理互联互通水平，建立安全、稳定的国际互联网治理体系。

以"网络安全"为核心的数据主权战略在我国战略发展中占有一席之地，这体现了中国国家安全战略与数字经济产业发展战略多种诉求的有效结合，与我国互联网大国的发展地位相符。以此，中国开展涉及数据领域的国内治理和国际合作，逐渐建立有中国特色的数据治理模式。中国数据主权战略的不断发展和创新，也为全球构建和平、有序、安全的网络空间做出巨大贡献。

第二节　开展国内数据治理的路径研究

一、创新中国数据治理理念

中国改革开放的经验突出表现在中央政府与地方政府之间的分权化改革和政府与经济生活的市场化改革，通过上述两种主要改革方式，地方政府和市场主体巨大的潜力和参与度被激活，从而自下而上为中国经济发展提供活力，全面推动了改革开放事业的发展。在经济全面发展的背景下，中国落实社会治理的模式变革可以总结为"从一元治理到多元治理，从集权到分权,从人治到法治,从管制政府到服务政府”。[1] 随着市场化的发展,中国政府治理措施变得主体多元化和手段多样化。中国在开展数据国内治理过程中,应结合数字技术发展特点,根据国内相关产业发展态势,依照国情,在法治建设过程中,由传统的“管理型政府”向“治理型政府”转变,凝练提出适合中国的数据治理理念和模式。

(一)建立利用激励和保护激励平衡的治理理念

规划数据治理模式,必须考虑数据治理的背景、现实状况,结合一国市场产业结构、社会文化发展水平、法律体系综合分析,宏观开展数据治理。数据权利是个人权利的重要组成部分,其具有人身权、财产权等多重权属,如果不加以保护,完全市场商业化运营,必然导致数据侵权事件的发生。同样,数据也关系国家安全和公共利益,在此层面上的法律关系调节必须要通过国家公权力的介入。

数据产业有其自身的技术特点和经济模式,伴随信息技术的高速发展,数据已变成数字时代促进人工智能、大数据发展等多个精尖领域中的重要资源。如果数据不能有效地利用和流动,必然制约相关产业的良性发展。数据的全面利用,也为数据主体带来更便捷、高效的生活服务,降低了政府监管和企业运营的管理服务成本,为全社会提供福祉。

因此,数据治理的模式必须是寻求数据权利保护和激励数据资源利用相平衡的综合治理模式。一方面,应加强数据保护力度,使互联网参与者对数字应用充满信心;另一方面,要适度鼓励数据流动,否则就违背数据特有属性,导致数据的效益无法完整发挥。因此,数据的属性特殊化,导致数据治理理念必然是合理保护与妥善利用相结合的方式,不能偏废任意一方。以衡平的方式思考数据治理理念,采取科学合理的制度设计,厘清个人权利、商业效益、公共利益、国家安全之间的不同关系,协调各种法益冲突,以

---

[1] 参见俞可平:《中国治理变迁30年(1978—2008)》,载《吉林大学社会科学学报》2008年第3期。

协同发展作为数据治理的核心价值观,应是中国开展数据治理的根本理念和价值取向。

(二)注重整体布局,重视顶层设计

我国早期对数据流动、网络空间以及数据主权的认识不足,没有成系统的数据主权战略方案,缺乏立法顶层设计。因此,我国应加快数据主权战略的顶层设计,围绕我国的数字产业发展和政府对数据的控制力,开展涉及数字问题的宏观布局,形成我国数据主权战略的框架和法律体系。目前,我国虽然已有涉及国家安全利益、网络安全内容的《中华人民共和国网络安全法》,以及针对个人数据信息权利进行全面保护的《中华人民共和国个人信息保护法》《中华人民共和国数据安全法》,但无论是立法的进一步细化还是司法执行情况都有待后期审视。立法的模糊导致法律失位,执法部门可能会将两种不同的法律问题比照同一标准一并处理。在执法实践中,执法机构可能出现将《中华人民共和国网络安全法》的规则要求用于个人数据信息保护领域中,导致法律调整社会关系的过程出现偏差。由于关键信息数据安全涉及我国的国家安全和公共利益,因此在网络安全立法中,应规定关键信息需要进行本地化存储,未经允许不能跨境传输;即使需要向境外传输也要由有关部门进行安全评估。而个人数据信息保护法领域中的一般数据,其主要的法律问题是数据主体和数据运营商之间的权利义务关系,不涉及国家安全问题,因此其跨境流动规则不用十分严苛,一般满足数据主体同意、第三国数据保护水平充分适当或具备其他替代认证机制等条件即可,不需要经过国家执法部门的安全评估。但在个人数据信息保护立法缺位的情况下,一般数据的跨境流动也可能被执法部门要求安全评估,这就违背了一般数据出境评估对象是第三国的数据保护水平是否充分的标准,导致数据跨境流动的效率降低,也对全球数据产业的有序发展造成影响。

(三)平衡数据流动与数据保护的关系

数据流动激励和数据权利保护是对立统一的命题,数据跨境流动必然会对数据权利和安全带来威胁和挑战,激励数据流动也大概率会引起与数据权益的冲突矛盾。从制度上来看,如果过多激励数据的流动,强化数据的使用效率,大规模地收集、交易、处理数据,必然会加剧数据安全隐患风险;但过度保护数据权利,限制数据流动,降低数据的利用率,也会带来诸多问题,没有发展是最大的不安全,必然会阻碍数字产业发展、社会进步。如前所述,平衡数据流动激励和数据权利保护两种法益,已经成为世界各国开展数据治理所面临的共同难题。治理模式上倾向性的区别与其国家地区长久以来的法律文化、经济结构等因素息息相关。美国更注重数据的商业使用带来的经济效益,而欧盟更注重个人数据保护。[1]

同时,也应辩证地看待数据流动与数据保护之间的问题。在实施严格数据保护措施时,短时间内可能制约数据经济效益的发展,但长久看来,当个人数据信息权利得到全面保护,个人、企业会更加积极地投入数字化生活中去,为数字产业发展带来更多的资源,反而也能促进行业发展。当市场的信任指数提升,必然可以降低交易成本,推动市场总量的增长。此时,全面的数据安全保护措施,对促进数据流通业产生了积极效应。因此,在数字时代,数据信息的利用和保护是在经济效率和个人权益之间寻找平衡。

二、构筑数据治理立法体系

(一)完善个人信息保护立法

为了更好地保护个人数据信息权利,最直接的方式是通过立法来确定个人数据信息权。随着社会进步、时代发展,权利的属性和种类并非一成不变,国家理应通过立法对个人数据信息权利加以保护。我国作为重视数字信息技术发展的新兴经济体国家,个人数据信息保护立法也正当其时。近年来,我国在民事、商事、刑事等新修立法中,都涉及个人数据信息保护的问

---

〔1〕 参见张礼洪:《人格权的民法保护及其理论的历史发展——兼议我国的立法模式选择》,载《中国政法大学学报》2018 年第 4 期。

题。《中华人民共和国民法典》《中华人民共和国消费者权益保护法》中都有保护个人信息的规定。随着《中华人民共和国个人信息保护法》的出台,完善个人信息保护立法已成为国家实现对个人数据主体的全面保护手段之一,这也是针对数据权益的侵害行为日渐增多、个人数据信息安全的风险逐步增大,国家给予的立法回应。

但新法出台不久,条文尚待细化,其能发挥作用的程度尚不明朗,亟须规则细化和司法实践,在后续完善过程中,立法部门应对数据信息权利的立法理念和制度框架有整体性的认识和把控,应平衡好数据信息的保护和使用之间的关系,促进两种法益融合,处理好不同权利主体之间的关系。在最大限度地保护数据信息安全的前提下,循序渐进、有主有次地平衡法益,以风险防范为切入点,制定贯彻事前、事中、事后的梯度立法机制。应借鉴但不能照搬他国实践,结合我国国情、产业发展情况、个人权利认识和掌握能力,来探索可能路径实现价值保护。

此外,在树立数据信息权利概念的同时,要避免个人数据权利概念的泛化。个人数据权利并非绝对权,权利也要受到公共因素的制约。为了保护个人数据信息权利,不能牺牲数据自由流通的价值,数据主体的个人数据信息权利的内涵和边界应加以明晰。从整体上进行价值衡量,善用比例原则,最大限度地实现法益保护,也在最小限度内压缩损失成本。

(二)加强对数据权利的公法保护

由于数据信息产业的特殊性,自然人很难像掌握普通财产一样,完全把控个人数据。传统的对于人身权利制定的侵权法保护机制,很难完整地保护个人数据权利。不仅是在中国,西方国家同样面临数据权利私法保护的有限性。传统的隐私保护理论也难以解决侵犯数据权利的复杂性。个人数据信息与数字科技密切相关,对自然人而言,由于对数字技术的不了解、隐私规则专业性过强、数字应用环境复杂多变等原因,很难依靠私力救济来获得权利的保护。因此,仅靠数据主体个人来对抗互联网的系统性风险,则无疑收效甚微。因此,必须要加强以经济法为代表的公法保护方式,来维护数字产业中的各方利益。

国家对数据权利法律关系的公法调整手段有很多:第一,针对数据主体权利保护问题,可以将数据权利“消费者权益化”,依托消费者法来调整数据主体和数据运营者之间的关系,避免合同法、侵权法中的举证责任、赔偿标准等规则削减了自然人寻求法律救济的积极性。第二,在进一步约束企业数据处理行为时,可以依据《中华人民共和国反垄断法》《中华人民共和国反不正当竞争法》来规范企业涉及数据运营的行为,敦促企业在生产经营活动中,秉承公平、诚信原则,尊重法律和商业道德。通过建立公平竞争的良性市场,制止不正当竞争的行为。第三,面对企业对数据滥用的情况,可以开展集团性的代表人诉讼。因为违规行为侵犯的数据主体不仅仅是几个人,极有可能是庞大的消费群体,通过集团性的代表人诉讼,简化诉讼程序、保持判决稳定一致,从而更全面、完整地保护尽可能多的当事人权益。

对于数据权利公法保护的具体制度而言,我国在立法方面可以建立一套风险管理制度。[1] 数据权利公法保护应成为未来我国开展数据治理的一项重要手段。通过国家对数据风险加以监管和防范,必然可以减轻数据主体个人的风险防范压力,这也进一步提升了数据收集、使用、流通的安全性,促进各主体更有意愿参与数字经济生活中。这是国家法治化进程的重要内容,也是国家应为公民提供的社会公共服务产品之一。

(三)完善数据治理机构建设

数据治理由于自身的复杂性和多样性,单靠市场自我调节配置能力不能解决整个治理问题。同时,个人数据主体由于对技术掌握的缺乏,企业由

---

〔1〕 例如,针对某些收集、储存与处理个人敏感信息或海量个人信息的网络与信息设备,可以比照《中华人民共和国网络安全法》第31条的规定,要求企业等机构采取严格的安全保护义务,对于一般企业与机构个人信息的收集与利用,可以借鉴和采用风险评估与风险预防制度,实现对相关风险的有效管理。参见丁晓东:《个人信息司法保护的困境与出路》,载《法学研究》2018年第6期。

于经营成本的问题,二者对完成数据治理的管控都不太理想。因此,数据治理应加强社会控制,政府的宏观力量应该更多地体现在对数据治理的统筹安排上来,需要一套专门的数据治理行政体系和部门,保证数据保护法律和政策的落实,监督企业利用数据的行为,使数据主体、消费者广泛信任,实现数据治理的善治。

良好的数据治理机构需要较为明确的权责划分,合理的机构框架才能保障机构功能的良好运转。在涉及个人信息数据保护的机制建设中,应该设立专门的数据保护行政机构并聘用有能力的专员(或数据保护官)。

数据保护行政机构作为数据保护的直接管理部门在全球各国的行政管理层面上都有所设立。例如,英国设立信息专员办公室,是关于信息保护监督的独立机构,其主要职责包括:保障英国数据与欧盟成员国数据的无障碍交流;保障与监督英国《数据保护法》和欧盟 GDPR 等规则的落实;开展面向全社会的数据信息保护工作;对侵犯数据权益的行为进行调查和处罚;对企业、个人开展数据保护宣传、教育、培训等。信息专员办公室在数据管理问题上与英国联合通信管理局等机构深入开展合作,对保护社会数据信息权利、保护社会公共利益、保护个人数据隐私起到重要作用。

此外,数据保护行政专员应具有一定的独立性,要独立履行职责并享有任职保障。对于数据保护问题,可能存在的侵权行为主体包括政府机构、企业、个人,因此,数据保护行政专员的独立性能保证数据权益真正地被维护,不受其他因素左右,从而更有效地保护数据权益。

三、分级管理差异类型数据

(一)区别化管理一般数据和敏感数据

数据信息的类型、来源、主体是多样化的,针对不同的数据信息可能会涉及个人隐私、商业秘密、社会利益、国家安全等。因此,对不同数据信息的处理程度和模式应进行分类规定,宽严有度。在立法过程中,应对数据信息进行分类规定,明确数据信息的保密级别和公开级别,并对不同级别的数据信息安全作差异化规定,进一步保护公民、企业的数据隐私权或商业秘密,同时,也应当积极推动各类数据资源的社会共享。[1] 对数据进行差异化分类保护,也能降低管理上的成本。

对个人数据信息也应根据社会公开性程度的不同而进行分类,将数据信息内容与个人人格尊严和人身自由的关联度进行分析,区别个人一般信息和个人敏感信息。对不同个人信息,在保护措施上要有所区别,个人敏感信息要进行特殊保护安排。[2]

个人数据信息的使用,应是以数据主体同意为前提的。但在规则设计上,不同类型的数据应有不同的"同意"规则。第一,个人敏感信息的获取和共享应征得数据主体的明示同意,这些数据与个人私生活密切相关,包括个人的基因信息、财务状况、家庭住址、联系方式等。第二,个人敏感信息之外的一般信息的使用和披露,一般也需要数据主体的同意,但这种同意可能不需要"明示"出来,数据主体的默示认可,也可以视为对这些数据信息的同意使用。一般信息主要包括个人已经释放在社会公共生活中的信息,其特点是具有一般公开性。对于一般信息的使用规则,应该弱化数据主体的同意条件。数据处理者没有受到数据主体的明确反对的情况下,是可以收集使用这些信息的。第三,严格控制收集利用未成年人的数据信息。未成年人由于其认知能力、判断水平尚未成熟,意思表示往往并不真实,因此在收集使用未成年人信息时,要采取严格的同意条件,不仅要数据主体的明示认可,还需要未成年人的监护人的明示同意,从而强化对未成年人数据权利的保护。

---

[1] 参见张玉洁:《论人工智能时代的机器人权利及其风险规制》,载《东方法学》2017年第6期。

[2] 欧盟《一般数据保护条例》第8条和德国《联邦数据保护法》第4a条第3款都对特殊类型个人信息的处理设置了特别规范。

(二)妥善处理个人数据权利和国家数据安全之间的关系

国家对于数据信息网络的顶层规划,应采取分类布局、分类设计、分类规划的模式。在立法过程中,应秉承不同的立法目标、立法原则、任务内容和制度框架,将网络安全立法与个人数据信息保护立法区别开来。将网络安全立法作为国家安全保障的重要组成部分,网络安全法保护的法益应主要是国家的安全利益;在个人数据信息保护立法中,应重视个人权利,明晰数据活动中各方主体的权利义务关系,协调各种法益的冲突问题。

从立法目标来看,个人数据信息保护立法与网络安全立法具有同等重要地位,二者缺一不可。因为一旦法律失位,执法部门可能将两种不同的法律问题比照同一标准一并处理。在执法实践中,执法机构可能出现将网络安全法的规则要求用于个人数据信息保护领域中,造成法律关系的错乱。例如,我国在网络安全立法中,关键信息的重要数据关系到国家安全、公共利益,所以必须将关键信息数据进行本地化存储,未经允许不能随便跨境传输,即使需要向境外传输也要由有关部门进行安全评估。[1] 而个人数据信息保护法领域中的一般数据,其主要的法律关系是数据主体和数据运营商之间的权利义务关系,不涉及国家安全问题,因此其跨境流动本不应该这么严苛,一般满足数据主体同意、第三国数据保护水平充分适当或具备其他替代认证机制等条件,就可以跨境进行传输,而不需要经过国家执法部门的安全评估。但在个人数据信息保护立法缺位的情况下,一般数据的跨境流动也可能被执法部门要求安全评估,这就违背了一般数据出境评估对象是第三国的数据保护水平是否充分的标准,导致数据跨境流动的效率降低,也对全球数据产业的有序发展造成影响。

(三)重视网络安全,注意风险防范

中国在制定数据流动法律规则时,在尽可能满足数据双向自由流动的

---

〔1〕 参见周汉华:《探索激励相容的个人数据治理之道——中国个人信息保护法的立法方向》,载《法学研究》2018 年第 2 期。

基础上,应加强数据流动的风险评估和实时管控。同时,注意行政执法能力的提升,提高对数据流动的监测、分析、预警和响应能力,保障关键信息数据的安全流动与全面追踪。在数据出境、入境过程中,进行安全监测、定期审核和风险评价,对敏感特殊信息流动进行单独分级、分类立法,为数据流动建立一个安全稳定的交易环境,进而维护网络空间安全,提升数据主权实力。

四、提升数字行业合规水平

(一)推动行业自律体系建设

开展数据治理活动,除了通过完善数据内容立法、加强政府监管以外,还应推动行业自律制度的建设。行业本身应结合行业发展特点,制定企业运营规范、数据信息安全保护义务、行业内部监理措施等,通过行业自律标准来提高企业的合规意识和合规水平。行业体系标准的高低以及遵守与否,反映出行内企业对数据信息安全的重视程度,以及行业发展的成熟度。由于企业是收集、存储、应用数据的主要运营者,企业对数据信息安全的保护力度直接关系到个人隐私、商业发展乃至公共利益和国家安全。行业自律制度应包括:行业内企业应有合理规范机制来保护其掌握的数据信息资料安全;企业应采取充足适当的安全保障措施;企业设有专门机构或专职人员处理数据信息问题;企业应定期对员工进行数据安全教育;应具有完整的安全纪律规定和培训安排;企业在跨境数据转移中应保障数据主体的知情权,以数据主体的知情同意为数据转移的前提;企业应对接受信息的第三方的资质和数据保护能力承担担保责任等。行业自律制度也应对行业内发生的破坏数据安全、侵犯个人隐私、窃取商业秘密的行为,以及涉案违规企业进行惩罚。行业自律制度应该是立法、司法、执法之外,对数据治理监管的一种更加灵活、便利的制度性安排。

(二)指导企业积极应对数据跨境流动规制

除国家安全、公共利益、个人权利等法益之外,以数据控制、处理为主要运营手段的数字企业,也是数据治理中的重要主体。限制数据跨境流动的规则影响最大的当事方就是企业。数据跨境流动的限制或禁止,降低了数据在全球范围中的流动性,导致企业所掌握的数字资源减缩,提高了企业收集、存储数据的经营成本,降低了企业处理、应用数据资源的水平,从而最终导致企业利润缩减、产业萎缩。完全禁止数据跨境流动的数据本地化措施对跨国企业影响巨大。一方面,此举会导致企业必须在措施东道国雇用大量人员、购买建设服务器,来满足数据本地化要求。这不免导致部分企业(尤其是中小企业)在成本核算之后,为了降低成本、缩减开支,不得不放弃东道国市场,造成国际收入的减少。另一方面,此举也减少了东道国居民享有跨境数字服务的选择机会,必然会对市场造成一定影响。因此,企业在全球范围内开展数据跨境流通业务时,必然要结合东道国的法律政策来采取相应措施,保障自己的经营利益最大化。

(三)跨国企业应增加本地化投入

跨国企业在东道国进行贸易投资过程中,在遇到东道国数据跨境流动限制措施时,可以加大在东道国的本地化投入,提升企业本土化比例,应对监管问题。如由于监管要求,苹果公司在收集中国用户的数据信息之后,不能转移到境外存储和处理,因此自 2018 年 2 月 28 日起,苹果公司与中国互联网服务公司“云上贵州”开展合作,由其代为存储其收集的中国用户数据。[1] 通过这种模式,苹果公司在中国建立数据存储中心,将在中国收集的个人数据进行本地化存储,以实现中国相关法律的监管要求,保证与当地法律的一致性。另外,苹果公司利用贵州较为便宜的电价和互联网基础设施,降低了运营成本,并且使中国用户在访问 iCloud 云端存储器时速度更快、更

〔1〕 参见《苹果:中国内地 iCloud 服务将转由云上贵州负责运营》,载新浪网,http://tech.sina.com.cn/i/2018－01－10/doc-ifyqiwuw8935143.shtml。

稳定,自从存储服务器由国外转移到国内,数据丢失和下载过缓的现象也大大减少。苹果公司表示这样的选择是为了增加带宽以改善中国用户的使用体验。[1]

第三节 参与国际数据治理的路径研究

数据由于流动的天然便利性,相较传统的商品或者服务形式而言,更容易在全球范围内流动,仅靠国内治理远不能达成数据整体治理的目标。一国如何开展数据的国际治理,不仅是对外彰显数据主权的重要模式,而且是在全球化数字时代背景下开展经贸活动的重要渠道。随着新技术发展,跨境数据流动事实上为经济全球化的发展加注了新的动力,经济全球化的核心是生产要素在全球范围内得到自由、高效率的优化配置和流动。[2] 数据国际治理的核心是普及数字技术、缩减数字基建鸿沟、推进制度框架的融合理解,突出数据普惠、互通、包容、共赢的特征,更自由、合理、高效地利用、分享数据资源,从而增进人类的共同福祉。

一、建立国际协作模式

(一)借助国际性平台加强国与国合作

数字科技发展已历经数十年,但迄今为止,涉及数据跨境流动尚无统一的全球规则。以 WTO 为代表的多边经贸体系一直未能就数据流动问题达成一致;美国与欧盟对待数据跨境流动问题的观点差距巨大,也导致诸如 TTIP、TiSA 等协议没有什么进展。这表明,针对网络数据问题全球呈现多

---

〔1〕 参见高山行、刘伟奇:《数据跨境流动规制及其应对——对〈网络安全法〉第三十七条的讨论》,载《西安交通大学学报(社会科学版)》2017 年第 2 期。

〔2〕 参见李娜、沈四宝:《数字化时代跨境数据流动与国际贸易的法律治理》,载《西北工业大学学报(社会科学版)》2019 年第 1 期。

元价值态势,各国基于自身发展水平及掌握技术的高低,对数据跨境流动的认知有所差异;这也说明,在国际合作谈判中,若执意坚持自身理念,而拒绝融合他国已有的制度体系和规则,就会严重妨碍国际合作的达成。

数据跨境流动涉及很多问题,要针对不同的内容进行规制,以不同的价值出发点开展国际合作与谈判。

第一,针对数据本地化措施,我国应继续开展两种思路来确保数据本地化措施合理化。一方面,继续重视网络安全问题,因为结合我国的国情和国际形势,网络安全关系到国家安全,也越来越成为国家主权行为要面临的问题。另一方面,我国应进一步加大对个人数据的保护,在国际规则制定中,加强保护自然人的个人权益。原则上制定涉及国家安全、公共利益的重大数据、敏感数据要本地化存储;若个人数据权利受到跨境威胁时,也应进行本地化存储。

第二,针对数据流动的应用问题,虽然我国一直重视数据跨境的网络安全,但数据跨境流动对产业经济、社会服务的发展也一直是我国考虑的重点问题。我国的数字产业发展已处于世界领先水平,大数据应用、云计算公司的体量和实力已经名列世界前茅。因此,国际数字贸易议题一直是我国关心的内容之一,我国也多次在 WTO 谈判中提出数字贸易规则主张。因此,如何避免过度保护网络安全而制约数字产业的发展,导致数字经济的落后,应是中国需要考虑的另一个重要问题。我国应在适度范围之内,鼓励和支持中国数字技术企业开展跨国经营活动,建立我国企业主导的全球数字市场。

(二)开展政府间有效对话机制

在法律解决国际争端之外,我国政府可以考虑与他国政府在数据流动规制问题上建立沟通对话机制,在没有明确国际条约、自贸协定的基础上,妥善合理解决数字贸易冲突问题。通过有效的对话机制,我国与对话国家可以就数据跨境流动规制合理性等问题展开对话,在尽量实现双方基本利益的情况下,达成有关解决方案。许多国际对话实例可以印证,国际经贸法律争端是通过双边对话形式解决的。例如,欧盟在出台最严厉的数据保护法之后,严格禁止将欧盟内的个人数据传输到数据保护不够充分的第三国,但这样严苛的规则并不影响欧盟与美国先后两次就跨大西洋数据流动问题通过对话达成相应安排。同样,欧盟一直坚持个人数据权利是基本人权的组成部分,不能作为贸易谈判的筹码,但其与日本在经贸协定谈判时依然就数字跨境流动便利化等议程开展谈判,双方核心争议就涉及数据流动中数据权利保护的问题。[1]

两国政府间经济对话机制已成为双方解决经贸争端的重要手段。中美两国曾就贸易争端问题开展了多次高级别经贸磋商活动。中美经贸关系一直是两国关系的核心要素,以合作共赢的方式解决双方经贸争端、建立良好经贸关系是双方的共同期望。而磋商对话作为解决问题的主要手段,[2]在整个沟通过程中起到重要作用。双方多人次、多轮次的高级别磋商,为达成双方认可的经贸协议文本做出重要贡献,也为争取双方利益起到积极作用。

(三)合理参考欧美数据治理模式

如前文所述,欧美对数据治理的出发点、价值立意、治理路径等多方面存在差异。但要辩证地理解和分析各种治理模式的异同,不能因为两种法域的背景不同,而武断地认为欧盟两种治理模式是不兼容、完全对立的。

欧盟虽然将个人数据权利视为数据保护立法的核心诉求,但并不是说

---

〔1〕 Inside US Trade, Japan urges EU to develop data flow provisions despite political agreement on FTA, https://insidetrade. com/daily-news/japan-urges-eu-develop-data-flow-provisions-despite-political-agreement-fta.

〔2〕 在2020年1月中美双方第一阶段贸易谈判达成协议时,WTO上诉机构前主席张月姣表示:"中美争议的解决以磋商为主,是主权国家之间的,通过工作级别,司局长到部长,深入交换情况,以事实为基础,用诚实信用的原则,不是说一个国家监督另外一个国家,这是非常重要的。国际法的基本原则就是平等,相互尊重主权。在这个基础上这种发展才是可持续的。"参见《如何看待中美签署第一阶段经贸协议》,载新浪网,https://news. sina. cn/gn/2020 - 01 - 17/detail-iihnzhha2942741. d. html。

不注重数据产业的经济效益，欧盟同样关注数据统一市场的培育和发展，数据保护立法的一个重要目标就是要建立统一保护水平的环境，来推动欧盟数字产业的兴起，提升企业竞争力；美国采取最大限度的数据跨境流动自由模式，也不意味着其放松对数据的管控，相反，美国政府采取最严格的数据监管立法，使行政机构在数据调取和管控程序中具有极大的权力。因此，在研究以欧美为代表的数据跨境治理模式时，应分析其特点、深挖其背后的成因，归纳出差别和共性，为我国进行数据治理汲取经验和教训，探索创造最适合自身的数据治理模式。

二、重视国际数据法律规则建设

对于我国而言，数字产业在国民经济中起到十分重要的作用。随着全球数字经济快速发展，数字贸易也将成为数字经济时代主要的贸易方式。统计显示，2017 年，全球服务贸易中有一半以上已经实现数字化，超过 12% 的跨境实物贸易通过数字化平台实现，我国数字经济规模达 27.2 万亿元人民币，占 GDP 比重达 32.9%，规模位居世界第二，[1]但我国很少参与国际数据跨境流动规则的制定。在我国传统的自贸协定中，较多关注货物贸易和一般服务贸易，而对以数据流动为核心的数字服务贸易规则参与度较低。在 WTO 涉及电子商务的贸易提案中，我国态度谨慎，并未提出新的谈判范本，而只是要求以现有的 WTO 规则对电子商务争端进行澄清与解释。

我国在双边贸易谈判中，也采取循序渐进的方式解决电子商务问题。首先关注电子商务所涉及的货物跨境贸易，之后关注电子商务的电子支付问题，近些年开始重视电子商务中的数字服务贸易。数字技术的发展，使过去难以实现服务的贸易形式实现了跨境交付，如金融、教育、医疗等领域，跨境服务贸易的体量和比例逐年增长。现如今，在线支付、在线教育、在线诊

---

〔1〕 参见《商务部发布〈中国数字贸易和软件出口报告 2017〉》，载新华网，http://www.xinhuanet.com/fortune/2018-06/12/c_1122975945.htm。

疗已经成为社会普及的跨国服务业务，而这些领域也是我国政府严格管控的服务贸易领域。对于这些以数据跨境流动为主要内容的数字服务产业，其规则的制定和出台必然是未来国际经贸发展的趋势。我国可以在此过程中发挥引领作用，借助电子商务优势，利用先进科学技术，依托庞大的网络化消费市场，使跨境数字交易产业成为最有机会超越美国、欧盟的战略性产业，从而打造由我国引导全球跨境数据流动的规则模式。这将有利于我国参与国际治理，发挥我国的比较优势，搭建数据跨境流动更加公平、合理、自由的全球投资贸易制度框架。

(一)联合制定区域内跨境数据流动规则

我国应该在已有的电子商务规则基础上，进一步探究数字服务贸易规则和数据跨境流动规则，寻求数据主权理念的新时代特性，平衡数据经济价值与公共利益的关系。通过多种渠道发展制度，达成共识。第一，可以利用WTO、G20等多边平台，提出有建设性的规则建议和提案，在最大范围内宣传自身理念，吸引志同道合的伙伴；第二，与美国、欧盟等重要经济体开展相关领域的对话和磋商，建立有效沟通谈判机制，促进双方政策的交流融合，逐渐形成合意；第三，对本国和外国的跨国企业开展调研工作，了解跨国企业在数据跨境流动问题上的利益相关点，综合考虑产业各个领域的诉求，做到脚踏实地制定政策；第四，在多边提案不成熟的情况下，在双边、区域自贸协定谈判中，探索符合我国利益的跨境流动规则，与自贸伙伴国家联合制定新一轮的跨境数据流动规则，通过磋商谈判，融合双方的政策理念，从而循序渐进地推动多边贸易关系中的规则建设，实现发达国家和发展中国家的利益平衡。

(二)形成市场准入包容性强的数字贸易制度

数字贸易是最容易串联起全球贸易的一种模式。但全球各国在数字技术上发展不均衡，不同国家在数字治理能力上差异较大，因此数据跨境流动的规则应该具有很强的包容性，可以在最大限度上满足多数国家的共有利益。我国参与制定的数据跨境流动规则应更关注基本权利和基本利益，坚持各个国家应具有平等的数据主权，要维护产业合理发展和个人权利保护的平衡。在此基础上，鼓励多元价值观参与制度建设，形成良性比较与合理竞争，认可各个国家在规则选择适用上的选择权和保留权，打消数字技术落后国家对数据跨境流动全球规则的顾虑和担忧。

（三）合理善意利用例外规则

根据我国立法和缔约习惯，针对数据跨境流动的规则设计一般会采取“原则 + 例外”的模式。其中，例外规则的设定一般是为了国家安全或社会公共利益等。这种设计整体而言是公平合理的，可以在保障国家重要利益的前提下，实现跨境数据流动，保障数字贸易各方主体权利的实现。一国不会只关注经济利益而置国家安全于不顾，这已经得到全球多数国家的认可，因此国家实施数据本地化措施具有一定合理性。问题的关键就是如何保障数据流动限制措施的正当性，使数据规制措施成为国家主权的体现，而非国家霸权的代表。

例外规则的运用虽然是一国的单边行为措施，但为促成全球公平稳定的经贸环境，相关措施还是应以合理善意使用为原则，不能将该类型的数据主权行为无限放大。这就要求使用例外规则时，要做到“合目标性”“必要性”“合比例性”“非歧视性”等几个基本原则。“合目标性”要求国家的措施确实是为了实现保护公共利益、国家安全等目标，而非变形制造贸易壁垒；“必要性”则要求该限制措施的执行是不得不为的手段，或者能实现同等目标的措施需要消耗过多的成本；“合比例性”要求例外措施所保护的法益与所牺牲的法益之间不能存在明显失衡的现象；“非歧视性”要求该类措施具有普遍约束性，而非针对某特定国家地区采取单独限制，同时不能形成国内、国外企业内外有别的情形。

三、加强国际法的理论和实践在国际数据治理中的应用

(一)对外国法的域外适用进行反制

1. 域外适用行为难以提讼国际争端解决程序

欧美数据立法域外适用不仅是司法管辖权的扩张,还包括执法管辖权的扩张。欧盟 GDPR 规定欧盟法院、欧盟内成员国法院都可以对欧盟外企业进行涉 GDPR 诉讼,欧盟内的行政执法机关也可以行使执法管辖权,对欧盟外企业进行约束和规制。[1] 因此,本国法的域外适用可以视为一种单边措施。单边措施的本质是一国对外行使域外管辖权。而国际法规则对于一国能否行使域外管辖权并没有太多的约束。在著名的"荷花号案"中,常设国际法院认为,一国可以在本国领土内对发生在本国领土之外的行为行使管辖权,除非有明确的国际法规则禁止这种行为。[2] 因此,在国际法并没有对数据保护做过多规制的情况下(尤其是 WTO 关于数据立法明显滞后),欧美数据规则的域外适用并不构成国际不法行为,因而意欲将其诉之于国际争端解决程序尤为困难。

2. 积极制定相对应法律对其进行反制

不同于已经达成共识的统一国际贸易规则,由于各国在跨境数据流动问题上存在法律文化和价值认同的差异,很难在短期内达成共识从而达成全球协议。[3] 欧美数据立法从某种程度上讲是一种单边性保护措施。[4] 严格来说,这种本国法域外适用措施的扩张是对他国主权的一种侵犯。[5] 对于他国法律对本国的域外适用在磋商不能的情况下,最合适的方法是开

---

〔1〕 这主要涉及欧盟内成员国根据 GDPR 而设立的数据保护专局(DPA)。

〔2〕 Lotus Case, PCIJ Series A, No. 10, paragraphs 18 – 19.

〔3〕 参见胡炜:《跨境数据流动立法的价值取向与我国选择》,载《社会科学》2018 年第 4 期。

〔4〕 参见张继红:《个人数据跨境传输限制及其解决方案》,载《东方法学》2018 年第 6 期。

〔5〕 See Tene and Wolf, *Overextended: Jurisdiction and Applicable Law under the EU General Data Protection Regulation*, Future of Privacy Forum White Paper (2013), p. 1.

展同样或类似的立法工作对其进行反制。例如,欧美根据其国内法的域外效力,对我国企业采取涉及数据内容的调查,要求中国企业提交其掌握的数据时,我国政府可以根据《中华人民共和国网络安全法》第37条的规定,[1]对数据进行本地化保存要求,拒绝其进行跨境转移,从而直接阻断他国的执法效果。又如,如果欧美国家对我国采取基于数据保护理由的歧视性管辖措施,我国可以根据《中华人民共和国对外贸易法》第7条的规定,[2]对其进行相应的反制措施。上述行为的本质就是对他国不公平的执法措施进行报复,这种反制措施在国际法中也有先例和依据,如在WTO争端解决机制中,在当事方磋商、协调未果的情况下,上诉机构在执行专家组判决中会允许当事国进行反报、交叉报复以及跨部门报复等。

(二)合理运用国际公法、国际私法治理手段

数据跨境流动规则不仅是国内法问题,而且是国际法问题:数据跨境流动规则不仅包括国内网络安全法、个人信息保护法,还包括在国与国交往之间的实体国际条约,以及涉及国际私法规则的冲突规范。数据跨境流动规则不仅是私法问题,而且是公法问题:数据跨境流动规则不仅调整数据主体和数据运营者之间的民商事法律关系,基于国家安全、公共利益,涉及数据的法律关系还逐步纳入公法控制范畴。这就促成数据国际治理成为一种包含国际公法、国际私法并行的治理结构。

传统的国际公法理论认为,一国的单方面公法性质措施只能在其领土范围内发生效果,若要将效果涉及领土之外,必须获得他国承认而不能自动生效。但数据跨境流动的全球化,往往会导致各国的规制措施波及其他国

---

[1]《中华人民共和国网络安全法》第37条规定:"关键信息基础设施的运营者在中华人民共和国境内运营中收集和产生的个人信息和重要数据应当在境内存储。因业务需要,确需向境外提供的,应当按照国家网信部门会同国务院有关部门制定的办法进行安全评估;法律、行政法规另有规定的,依照其规定。"

[2]《中华人民共和国对外贸易法》第7条规定:"任何国家或者地区在贸易方面对中华人民共和国采取歧视性的禁止、限制或者其他类似措施的,中华人民共和国可以根据实际情况对该国家或者该地区采取相应的措施。"

家的基本利益,与他国的国家安全、公共秩序诉求相冲突。因此,通过公法手段来规制数据跨境流动问题,需要进行妥善的制度安排。

在复杂的数字经贸领域中,很难制定统一的实体法律制度,要获得价值理念差异性巨大的国家的一致共识并非易事。WTO在涉及数据跨境流动规则谈判中,意图达成一份涉及服务贸易协定的补充协议,但由于国家立场不同而困难重重:欧盟要求继续遵循WTO的一般义务规则,尊重成员方的国内措施;美国认为应另起炉灶建立新的数据服务贸易规则,并且各国应取消数据本地化措施;中国主张应重点解决电子商务贸易便利化问题;日本要求只将数据自由流动限定在数据编码领域。正是由于各国的立场不同,WTO迟迟未能出台统一协定。

但随着谈判的深入,一些基本原则问题已经逐渐得到大多数成员的认可:第一,数据跨境流动的根本目标较为一致,各国认可数据贸易的根本是在全球范围内促进经贸发展,让更多人参与到网络生活中,提升对网络环境的信任和认可,提升全社会的福祉。第二,上述目标的达成需要各国密切合作,在没有明确数据跨境流动规则的情况下,各国应彼此尊重他国的数据主权,对争议事件进行磋商谈判,尊重他国的公共利益和国家安全,并保证合理利用"公共道德、公共秩序",最大限度降低对数字贸易的限制。

(三)建立贸易体系安全原则

数据跨境流动的核心是安全原则。网络安全的构成包括网络参与方对网络安全的信赖:国家政府希望本国的敏感数据不被窃取,基础性网络设施不被破坏;企业希望商业数据、商业秘密不被盗用;自然人希望自己的数据信息不被滥用。在安全保障的前提下,会有更多的人参与到数字活动中,数据跨境流动的发展会进一步加强。

安全原则也符合我国一贯的互联网治理理念。《中华人民共和国网络安全法》优先于《中华人民共和国个人信息保护法》的出台,从某个角度上说明,网络安全是中国政府更为看重的规制目标。因此,数据跨境流动作为数字贸易中的新领域，是一国参与国际治理的新发展，体现了国家对贸易制度理论的认知。国家在制定出台相关贸易战略、政策时，必然是一个动态、多元的价值取向。在此背景下，国家以安全原则为指导，对数据跨境流动做出合理规制的行为是符合产业良性发展规律，也是对广大网络参与者诉求的回应。

四、提升跨国数字企业国际竞争力

（一）跨国企业完善数据合规建设

1. 大规模跨国企业设立数据保护代表

数据规范已成为大型跨国企业面临的重要合规问题之一。各个国家的数据规则千差万别，内容也纷繁复杂。以欧盟 GDPR 为例，其正文条款有 99 条之多，再加上序言中带有释法意义的 173 个条款，其所规范的行为主体、事项庞杂丰富，涉及企业内部的人力资源、法务监督、技术工种等多个部门以及产业链上的多个环节，企业的合规之路并不平坦。同样，美国由于以行业主导数字产业发展，虽然没有过多联邦层面上的成文法，但相关行业规范和规章也数量巨大。做不到合规要求，就会面临严峻处罚，甚至退出市场，但欧美是一个具有 8 亿高消费水平人群组成的大市场，任何较大规模跨国企业都不会因为数据规则的严格性而轻易退出欧美市场，因此当务之急是应该建立相关部门团队，专项负责涉及数据规则的问题。

从事欧美业务的中国跨国企业应专设数据保护代表。这也是相关规则的要求，如 GDPR 规定，只要是在欧盟境外设立的企业，不论业务大小，只要在欧盟中存在业务，就应该在欧盟内部委派代表，与欧盟以及各成员国的数据保护监管机构进行沟通与合作。该代表应由企业的书面授权明确指定，以便就其根据 GDPR 所承担的义务代表企业行事。数据保护代表可以是在欧盟内设立的自然人或法人，能够代表在欧盟之外设立的企业落实其在 GDPR 下的义务。在实践中，代表的职能可根据与个人或组织签订的服务合同来行使,商业或非商业实体都可以成为代表,如律师事务所、咨询公司、私营公司等,一名代表也可以代表几个非欧盟的数据企业行事。

此外,在欧盟内雇用了250人以上的企业,应该单独设立外部数据保护专员(Data Protection Officer,DPO),DPO的主要职责就是处理企业涉及数据管理和保护的问题。[1] DPO与前段所述的代表角色并不相同,DPO虽是企业任命,但应在企业内以足够程度的自主权执行本职任务,企业不能粗暴干涉或禁止DPO基于数据保护而做出的行动。涉及数据保护问题的案件在审判阶段,DPO可能与企业自身存在权利义务冲突导致立场不同。而欧盟代表受制于企业的授权,代表其行事,不具有足够程度的自主性和独立性。

2. 中小规模企业采取不同手段完善合规要求

中国跨国企业面临欧美国家数据保护合规审查的过程十分严苛,不仅涉及法务部门独自的职责,由于数据保护规则在法律制度上有很强的创新性,在技术层面也有很严格的标准,同时对企业行政管理水平提出了较高要求,因此企业的行政、法务、技术等各个部门都需要重新定义或完善自身的运行机制,从而来适应相关要求。另外,企业也要积极聘请或雇用对数据保护规则有深入了解的人员,通过第三方监督的形式,对企业的运行机制改革提出改善意见。中小企业应借力大企业数据保护成果,减少合规成本。企业规模的大小以及业务涉及数据的程度,都决定着企业的数据保护合规成本,如为了符合欧盟的数据保护要求的合规成本,中小企业往往不堪重负。因此,中小规模跨国企业应选择开放式的数据保护机制,直接聘用大企业的相关团队,通过间接购买服务的形式,完成自身的合规要求。

3. 审慎选择数据合作伙伴,避免产生违法连锁反应

数据的收集、使用、交易、存储过程十分复杂,对于一组数据的应用可能不仅涉及数据主体与单一数据运营商之间的法律问题,还可能有后续第三

---

[1] GDPR第37条、第38条。

方的数据控制者、处理者来使用数据。因此,中国企业在聘请第三方参与数据交易活动时,不仅自身要满足合规要求,而且在选择其他企业作为数据处理外包对象时,也应具有监督义务,以同样的数据规则标准来要求这些合作伙伴,并且将其本身要遵守的数据规则落实到与第三方的合同和实际商业交易行为中,避免这些后续合作的数据运营商违背或忽略相关数据规则,连累中国企业。以欧盟法为例,一旦出现违规,其惩戒措施就将对任何一个企业产生"伤筋动骨"的影响。[1]

综观欧盟和美国数据管辖立法,其超越了传统管辖模式,结合数据常常存在跨境流通的显著特点,根据数据主体、数据控制处理主体、数据处理的行为等多方面设置连结点,使众多境外的实体机构以及数据控制处理活动都囊括到本国成文法的管辖范围之内。在这种背景下,中国应结合自身发展实际,制定出具有中国特色的数据治理规则,这对保护个人数据权利、增强数据主权国际竞争力、保障国家安全以及维护国家利益都有积极效用。同时,中国的各种数据控制处理实体,尤其是商业公司,在进行数字贸易、数据流动过程中,很容易触及欧美数据法律,因而中国企业在面对他国域外效力扩张到自身时,应积极采取相应措施。

(二)妥善应对管辖冲突的问题

由于各国对于数据跨境流动政策的不同,数据流动又具有全球流通属性,因此管辖冲突就成为无法避免的问题。数据自由流动是全球性的,但是政府监管和管辖是本地的执法权体现。随着数据爆炸带来的海量数据处理,各国规制措施纷纷出台,涉及数据跨境流动的管辖冲突越发激烈。

由于国家间的司法协助条约(MLAT)进展缓慢,各国政府已厌倦通过跨国司法协助程序来解决跨国案件(如美国微软案),这也促进了各国制定

---

〔1〕 根据欧盟 GDPR 第 85 条相关规定,针对一般违法行为处罚 1000 万欧元或者企业全球年营业额的 2%(二者取高者);性质严重的,处罚 2000 万欧元或企业全球年营业额的 4%(二者取高者)。

数据本地化政策来提高执法的便利性。但两国数据本地化政策的冲突,也会引起管辖权争端。例如,一个涉及中美两国进行跨国经营的公司,美国政府可以依据 CLOUD 法案,要求跨国公司提供其存储在中国的数据信息资料,而根据中国网络安全相关法律,跨国公司在中国收集的资料未经允许不能传输出境,这就导致两难局面的产生。

目前,涉及数据跨境流动的情形多以个案形式出现,但随着诸如欧盟 GDPR、美国 CLOUD 法案为代表的管辖权扩张法案的增多,数据本地化政策将成为未来国际争端的重要内容。由于国家立法规则以及监管程序的不同而导致的管辖权冲突,必然会对数字产业发展造成深远影响。因此,在全球范围内提供跨国服务的企业,应根据东道国的政策,调整企业自身的运营策略,以符合不同的数据本地化措施要求,即使这样还应促成国际层面上的管辖协调机制,来处理管辖竞合等问题。

(三)鼓励企业加深与东道国企业的合作

企业在某个东道国进行数据收集、使用过程中面临数据跨境传输障碍时,应加强与当地同行业企业的合作。因为当地企业可能已较早建设好相关基础设施、具备运营资质(或获取许可证),并且对当地的法律政策、营商环境有较全面的认识。此外,与当地企业开展合作经营可能也是东道国法律规则的强制要求。例如,中国严格监管涉及网络运营企业的审批,[1]获得网络经营许可牌照的企业大多为国内的互联网数据服务企业,主营业务涉及网络数据服务的外资企业难以获得电信业务牌照。在此背景下,外资企业意图进入中国市场,必须与有相关牌照的中国企业进行合作,从而提供数据网络服务。2012 年以来,阿里、华为、浪潮等一批国内互联网公司和 IT 厂商相继获得了持牌资格,但外国企业的牌照管理和发放一直较为

〔1〕 参见李娜:《外国云中国难落地》,载《中国外资》2015 年第 17 期。

严格。[1] 目前运作成功并在国内落地正式商用的仅有微软 Windows Azure,以及亚马逊 AWS 中国区有限预览服务。[2] 基于政府的安全措施和对互联网的监管政策,企业应充分考虑东道国数据治理、法律法规方面的限制,通过与当地企业的合作降低运营成本。

---

〔1〕 法律规定经营增值电信业务的外商投资电信企业的外方投资者在企业中的出资比例最终不得超过50%,意味着外资企业需在国内成立合资公司,而实际执行中即使是合资公司能获取此类牌照的也只能是国内的互联网中心服务企业,且屈指可数。参见《外商投资电信企业管理规定》(国务院令第666号,2016年2月6日发布)。

〔2〕 2017年,亚马逊AWS被光环新网以不超过20亿元的金额(以分期付款的方式)收购引起业界广泛关注,收购的业务是亚马逊技术服务(北京)有限公司基于AWS云服务的特定经营性资产(包括不限于服务器等IT设备),并利用这些资产在中国境内提供并运营基于亚马逊云技术的云服务,对此光环新网给出的原因就是为了遵守中国法律法规,进一步提升公司运营的AWS云服务的安全性和服务品质。参见《AWS业务退出中国?其实这才是亚马逊作价20亿卖掉资产的原因》,载雷锋网2017年11月14日,https://www.leiphone.com/news/201711/ubiVUMpSgBMSzFIE.html。

结　论

数字时代已经来临,涉及数据跨境流动的数据治理已经成为全球治理和国际法治的重要内容。数据治理问题给全球的经贸往来、安全利益、主权管理等带来巨大的挑战,同时,国际社会在规范管理数据的过程中所采取的各种治理措施也引起了国际规则的冲突与对抗。

数据作为数字时代社会发展的新型资源,给传统权属规范造成了一定的冲击。数据权既有隐私属性的人格权特征,又有商业价值的财产权特征。数据主体存在多样性,自然人、企业、政府公共机构都可能成为数据主体。由于数据的权属规范不同,对其法律关系进行调整的理论进路也越发多样。人权理论将数据权作为个人的基本权利和自由。隐私理论认为数据权是隐私权的延伸,应该用人格权来对数据权加以保护。随着数据权在社会公共生活中作用的凸显,类似消费者权益保护法的公法保护理论使其超出了私权保护的范围。

数据在跨境流动过程中引发诸多法律问题。数据跨境会导致政府监管数据流动的困难,造成各法域管辖权重叠冲突,进而对国家数据主权形成挑战。数据跨境流动也会引起国际经贸争端,由于各国数据治理规则的不同,全球又缺乏统一的数据规则体系,数据自由贸易投资的发展与各国数据本地化政策形成激烈对抗。究其原因,主要是因追求数据发展与保障数据安全的二元价值难以共融。以此为背景,各国、各法域在国别立法、区域谈判、多边合作中制定出台众多的法律法令、协定条约,希望将其秉持的数据治理理念推而广之,抢占全球规则的话语权,追求自身利益最大化。

数据天然具有流通的自动性和便利性,各国为了加强对数据跨境流动的监管,往往采取一定的限制措施。限制数据流动的原因,主要集中在保卫国家安全、保障公共利益和保护个人权利等方面。但由于限制措施在形式和内容上的不同,可能造成与全球已有的国际贸易规则、国际投资规则的冲突,数据流动限制政策的适法性问题成为国际法领域中的重要研究课题。

通过分析一国数据流动政策,可以厘清该国的数据主权战略。数据主权已成为国家治理的新疆域,欧美多国通过不同形式纷纷提出具有自身特点的数据主权主张,其中一个共同之处就是扩大本国法的管辖范围,国内法扩张域外适用的趋势越发明显。

在此背景下,我国政府应进一步推动数据治理和国际法治,以和平发展、合作共赢为主题,就推动数据治理的国内法治和国际交流合作提出中国主张。中国的数据治理路径应包括国内治理和国际治理"一体两翼"的模式。在国内治理上,应创新治理理念,构筑数据治理立法体系,分析管理差异型数据,提升涉及数字运营行业的合规水平。在国际治理上,应尊重各国数据主权,建立国际协作模式,参与国际数据规则制定,加强国际法在治理中的应用,提升本国数字企业的国际竞争力。

参考文献

一、期刊论文

[1]孔庆江:《国家经济安全与 WTO 例外规则的应用》,载《社会科学辑刊》2018 年第 5 期。

[2]王利明:《个人信息权的法律保护——以个人信息权和隐私权的界分为中心》,载《现代法学》2013 年第 4 期。

[3]王利明:《数据共享与个人信息保护》,载《现代法学》2019 年第 1 期。

[4]程啸:《论大数据时代的个人数据权利》,载《中国社会科学》2018 年第 3 期。

[5]刘晗:《域名系统、网络主权与互联网治理历史反思及其当代启示》,载《中外法学》2016 年第 2 期。

[6]齐爱民、祝高峰:《论国家数据主权制度的确立与完善》,载《苏州大学学报(哲学社会科学版)》2016 年第 1 期。

[7]俞可平:《中国治理变迁 30 年(1978—2008)》,载《吉林大学社会科学学报》2008 年第 3 期。

[8]周汉华:《行政许可法:观念创新与实践挑战》,载《法学研究》2005 年第 2 期。

[9]周汉华:《论互联网法》,载《中国法学》2015 年第 3 期。

[10]龚刃韧:《不可克减的权利与习惯法规则》,载《环球法律评论》2010 年第 1 期。

[11]杨立新、韩旭:《被遗忘权的中国本土化及法律适用》,载《法学论坛》2015 年第 2 期。

[12]陈咏梅、张姣:《跨境数据流动国际规制的新发展:困境与前路》,载《上海对外经贸大学学报》2017 年第 6 期。

[13]石静霞:《国际贸易投资规则的构建及中国的因应》,载《中国社会科学》2015 年第 9 期。

[14]张里安、韩旭至:《大数据时代下个人信息权的私法属性》,载《法学论坛》2016 年第 3 期。

[15]蔡文之:《自律与法治的结合和统一——论网络空间的监管原则》,载《社会科学》2004 年第 1 期。

[16]姜世波:《网络攻击与战争法的适用》,载《武大国际法评论》2013 年第 2 期。

[17]储昭根:《浅议"棱镜门"背后的网络信息安全》,载《国际观察》2014 年第 2 期。

[18]纪海龙:《数据的私法定位与保护》,载《法学研究》2018 年第 6 期。

[19]黄宁、李杨:《"三难选择"下跨境数据流动规制的演进与成因》,载《清华大学学报(哲学社会科学版)》2017 年第 5 期。

[20]李海英:《数据本地化立法与数字贸易的国际规则》,载《信息安全研究》2016 年第 9 期。

[21]白利寅:《论科技进步与治理转型中的新兴(新型)权利——以相关研究的述评为视角》,载《东方法学》2017 年第 4 期。

[22]吴晓灵:《大数据应用:不能以牺牲个人数据财产权为代价》,载《清华金融评论》2016 年第 10 期。

[23]龙卫球:《数据新型财产权构建及其体系研究》,载《政法论坛》2017 年第 4 期。

[24]蔡翠红:《云时代数据主权概念及其运用前景》,载《国家关系研究》2013 年第 12 期。

[25]安晖:《大数据竞争前沿动态》,载《人民论坛》2013 年第 15 期。

[26]蔡翠红:《国际关系中的大数据变革及其挑战》,载《世界经济与政治》2014 年第 5 期。

[27]陈伟:《〈促进大数据发展行动纲要〉解读》,载《中国信息化》2015 年第 10 期。

[28]任彦等:《大数据活力要靠规则保障》,载《人民日报》2014 年 6 月 30 日,第 22 版。

[29]王利明:《隐私权概念的再界定》,载《法学家》2012 年第 1 期。

[30]仲利波:《基于大数据处理流程的隐私权保护研究》,载《中国信息安全》2014 年第 5 期。

[31]严少敏:《大数据时代的用户数据之探讨》,载《法制与社会》2015 年第 2 期。

[32]陈昶屹:《被遗忘权——欧美国家利益暗战利器》,载《法律与生活》2014 年第 7 期。

[33]罗昆:《个人信息权的私权属性与民法保护模式》,载《广西大学学报(哲学社会科学版)》2015 年第 3 期。

[34]刘德良:《个人信息的财产权保护》,载《法学研究》2007 年第 3 期。

[35]蒋怡:《论个人信息权在民法中确立的必要性》,载《昆明大学学报》2008 年第 4 期。

[36]李伟民:《"个人信息权"性质之辨与立法模式研究——以互联网新型权利为视角》,载《上海师范大学学报(哲学社会科学版)》2018 年第 3 期。

[37]丁晓东:《个人信息司法保护的困境与出路》,载《法学研究》2018

年第6期。

[38]黄宁:《数据本地化的影响与政策动因研究》,载《中国科技论坛》2017年第9期。

[39]洪延青:《在发展与安全的平衡中构建数据跨境流动安全评估框架》,载《信息安全与通信保密》2017年第2期。

[40]李娜、沈四宝:《数字化时代跨境数据流动与国际贸易的法律治理》,载《西北工业大学学报(社会科学版)》2019年第1期。

[41]胡炜:《跨境数据流动的国际法挑战及中国应对》,载《社会科学家》2017年第11期。

[42]张生:《美国跨境数据流动的国际法规制路径与中国的因应》,载《经贸法律评论》2019年第4期。

[43]弓永钦、王健:《APEC跨境隐私规则体系与我国的对策》,载《国际贸易》2014年第3期。

[44]弓永钦、王健:《APEC与欧盟个人数据跨境流动规则的研究》,载《亚太经济》2015年第5期。

[45]王春晖:《GDPR个人数据权与〈网络安全法〉个人信息权之比较》,载《中国信息安全》2018年第7期。

[46]周念利、陈寰琦:《基于〈美墨加协定〉分析数字贸易规则"美式模板"的深化及扩展》,载《国际贸易问题》2019年第9期。

[47]张继红:《个人数据跨境传输限制及其解决方案》,载《东方法学》2018年第6期。

[48]许多奇:《个人数据跨境流动规制的国际格局及中国应对》,载《法学论坛》2018年第3期。

[49]齐爱民、盘佳:《数据权、数据主权的确立与大数据保护的基本原则》,载《苏州大学学报(哲学社会科学版)》2015年第1期。

[50]李源粒:《大数据时代数据犯罪的制裁思路》,载《中国社会科学》

2014 年第 10 期。

[51]韩静雅:《跨境数据流动国际规制的焦点问题分析》,载《河北法学》2016 年第 10 期。

[52]王融:《数据跨境流动政策认知与建议——从美欧政策比较及反思视角》,载《信息安全与通信保密》2018 年第 3 期。

[53]龚柏华:《论跨境电子商务/数字贸易的"eWTO"规制构建》,载《上海对外经贸大学学报》2016 年第 6 期。

[54]付伟、于长钺:《美欧跨境数据流动管理机制研究及我国的对策建议》,载《中国信息化》2017 年第 6 期。

[55]石月:《数字经济环境下的跨境数据流动管理》,载《信息安全与通信保密》2015 年第 10 期。

[56]刘碧琦:《美欧〈隐私盾协议〉评析》,载《国际法研究》2016 年第 6 期。

[57]李海英:《数据本地化立法与数字贸易的国际规则》,载《信息安全研究》2016 年第 9 期。

[58]王玥:《试论网络数据本地化立法的正当性》,载《西安交通大学学报(社会科学版)》2016 年第 1 期。

[59]张生:《国际投资法制框架下的跨境数据流动:保护、例外和挑战》,载《当代法学》2019 年第 5 期。

[60]李寒玉:《论中美 BIT 谈判中国家安全审查制度和根本安全例外条款的设置》,载《法制与社会》2016 年第 21 期。

[61]翟志勇:《数据主权的兴起及其双重属性》,载《中国法律评论》2018 年第 6 期。

[62]黄海瑛、何梦婷:《基于 CLOUD 法案的美国数据主权战略解读》,载《信息资源管理学报》2019 年第 2 期。

[63]洪延青:《美国快速通过 CLOUD 法案明确数据主权战略》,载《中

国信息安全》2018 年第 4 期。

[64]张平:《大数据时代个人信息保护的立法选择》,载《北京大学学报(哲学社会科学版)》2017 年第 3 期。

[65]张礼洪:《人格权的民法保护及其理论的历史发展——兼议我国的立法模式选择》,载《中国政法大学学报》2018 年第 4 期。

[66]张玉洁:《论人工智能时代的机器人权利及其风险规制》,载《东方法学》2017 年第 6 期。

[67]刘作翔:《权利冲突的几个理论问题》,载《中国法学》2002 年第 2 期。

[68]高山行、刘伟奇:《数据跨境流动规制及其应对——对〈网络安全法〉第三十七条的讨论》,载《西安交通大学学报(社会科学版)》2017 年第 2 期。

[69]张建文、张哲:《个人信息保护法域外效力研究——以欧盟〈一般数据保护条例〉为视角》,载《重庆邮电大学学报(社会科学版)》2017 年第 2 期。

[70]张莉:《中国引领跨境电商国际规则制定前景》,载《今日中国》2016 年第 10 期。

[71]彭岳:《数据本地化措施的贸易规制问题研究》,载《环球法律评论》2018 年第 2 期。

[72]王融:《数据跨境流动政策认知与建议——从美欧政策比较及反思视角》,载《信息安全与通信保密》2018 年第 3 期。

[73]石丹:《大数据时代数据权属及其保护路径研究》,载《西安交通大学学报(社会科学版)》2018 年第 3 期。

[74]高富平:《个人信息保护:从个人控制到社会控制》,载《法学研究》2018 年第 3 期。

[75]吕欣:《德国的数据保护政策及启示》,载《中国经贸导刊》2015 年

第 5 期。

[76]曲新久:《论侵犯公民个人信息犯罪的超个人法益属性》,载《人民检察》2015 年第 11 期。

[77]高富平:《个人信息使用的合法性基础——数据上利益分析视角》,载《比较法研究》2019 年第 2 期。

[78]李重照、黄璜:《英国政府数据治理的政策与治理结构》,载《电子政务》2019 年第 1 期。

[79]胡炜:《跨境数据流动立法的价值取向与我国选择》,载《社会科学》2018 年第 4 期。

[80]刘维:《跨境数据流动监管措施在 GATS 下的合规性分析》,载《理论月刊》2018 年第 3 期。

[81]Long W. J. & Quek M. P. , *Personal Data Privacy Protection in an age of Globalization: the US-EU Safe Harbor Compromise*, 3 Journal of European Public Policy 325, 2009.

[82] Ni Loideain N. , *The end of Safe Harbor: Implications for EU Digital Privacy and Data Protection Law*, 8 Social Science Publishing 7, 2016.

[83]Schwartz P. M. , *European Data Protection Law and Restrictions on International Data Flows*, 80 Lowa Law Review, 1994.

[84] Lindqvist J. , *New Challenges to Personal Data Processing Agreements: Is the GDPR Fit to Deal With Contract, Accountability and Liability in a World of the Internet of Things?*, 26 International Journal of Law and Information Technology 40, 2017.

[85]Samuel D. Warren & Louis D. Brandeis, *The Right to Privacy*, 4 Harv. L. Rev. 193,1890.

[86]William L. Prosser, *Privacy*, 48 Calif. L. Rev. , 1960.

[87]Greenleaf G. , *The Influence of European Data Privacy Standards*

Outside Europe: *Implications for Globalization of Convention 108*, 2 International Data Privacy Law 68, 2012.

[88] Lynskey O., *Aligning Data Protection Rights With Competition Law Remedies? The GDPR Right to Data Portability*, 42 European Law Journal 793, 2017.

[89] Merlin GÖmann, *The New Territorial Scope of EU Data Protection Law*: *Deconstructing A Revolutionary Achievement*, Common Market Law Review 54, 2017.

[90] Rosen J., *The Right to be Forgotten*, 64 Stanford Review Online 88, 2012.

[91] Walker R. K., *Right to be Forgotten*, 64 Hastins Law Journal 257, 2012.

[92] Bennett S. C., *Right to be Forgotten*: *Reconciling EU and US Perspectives*, 30 Berkeley Journal of International Law 161, 2012.

[93] Dempsey J. X. & Flint L. M., *Commercial Data and National Security*, 72 George Washington Law Review 1459, 2004.

[94] Herbert Zech, *Information as Property*, *Journal of Intellectual Property*, *Information Technology and Electronic Commerce*, 2015.

[95] Peter K. Yu, *Currents and Crosscurents in the International Intellectual Property Regime*, 38 Loy. L. A. L. Rev. 2004.

[96] Mira Burri, 51 *The Governance of Data and Data Flows in Trade Agreements*: *The Pitfalls of Legal Adaptation*, U. C. Davis Law Review, 2017.

[97] Samuel D. Warren & Louis D. Brandeis, *The Right to Privacy*, 4 Harv. L. Rev. 193, 1890.

[98] William L. Prosser, *Privacy*, 48 Calif. L. Rev. 383, 1960.

[99] James Q. Whitman, *The Two Western Cultures of Privacy*: *Dignity*

Versus Liberty, 113 Yale Law Journal, 2004.

[100] Vera Bergelson, *It's Personal but Is It Mine? Toward Property Rights in Personal Information*, 37 U. C. Davis L. Rev. 379, 2003.

[101] Bradford, *The Brussels Effect*, 107 Northwestern University Law Review 25, 2012.

[102] Scott, *The New EU "Extraterritoriality"*, 51 Common Market Law Review 1343, 2014.

[103] Neha Mishra, *The Role of the Trans-Pacific Partnership Agreement In the Internet Ecosystem: Uneasy Liaison or Synergistic Alliance?*, 20 Journal of International Economic Law, 2017.

二、著作类

[1]孔庆江:《入世背景下的中国与国际经济法》,北京大学出版社 2008 年版。

[2]王传丽主编:《国际经济法》,中国政法大学出版社 2012 年版。

[3]赵维田:《最惠国与多边贸易体制》,中国社会科学出版社 1996 年版。

[4]李成钢主编:《世贸组织规则博弈:中国参与 WTO 争端解决的十年法律实践》,商务印书馆 2011 年版。

[5]李爱君、苏桂梅主编:《国际数据保护规则要览》,法律出版社 2018 年版。

[6]京东法律研究院:《欧盟数据宪章:〈一般数据保护条例〉GDPR 评述及实务指引》,法律出版社 2018 年版。

[7]齐爱民:《大数据时代个人信息保护法国际比较研究》,法律出版社 2015 年版。

[8]曹建明、贺小勇:《世界贸易组织》,法律出版社 2011 年版。

[9]史晓丽:《国际投资法》,中国政法大学出版社 2009 年版。

[10]沈萍:《解析欧盟与中国个人数据保护》,武汉大学出版社 2019 年版。

[11]张才琴、齐爱民、李仪:《大数据时代个人信息开发利用法律制度研究》,法律出版社 2015 年版。

[12]李有星等:《数据资源权益保护法立法研究》,浙江大学出版社 2019 年版。

[13]吕廷君:《大数据时代政府数据开放及法治政府建设》,人民出版社 2019 年版。

[14][美]迈克尔·施密特主编:《网络行动国际法塔林手册 2.0 版》,黄志雄等译,社会科学文献出版社 2017 年版。

[15][美]狄乐达:《数据隐私法实务指南:以跨国公司合规为视角》,何广越译,法律出版社 2017 年版。

[16][美]维克托·迈尔-舍恩伯格、[英]肯尼思·库克耶:《大数据时代:生活、工作与思维的大变革》,盛杨燕、周涛译,浙江人民出版社 2013 年版。

[17][美]莫里斯:《指号、语言和行为》,罗兰、周易译,上海人民出版社 1989 年版。

[18][美]罗伯特·吉尔平:《全球资本主义的挑战:21 世纪的世界经济》,杨宇光、杨炯译,上海人民出版社 2001 年版。

[19][美]亨利·基辛格:《世界秩序》,胡利平、林华、曹爱菊译,中信出版社 2015 年版。

[20][美]劳伦斯·莱斯格:《代码 2.0:网络空间中的法律》,李旭、沈伟伟译,清华大学出版社 2009 年版。

[21][日]松井茂记:《互联网法治》,马燕青等译,法律出版社 2019 年版。

[22]Christopher Kuner, *Transborder Data Flows and Data Privacy Law*, Oxford University Press, 2013.

[23] Cristina Blasi Casagran, *The Feasibility of Global Data Protection Standards for Information Processed for Security Purposes*, *Global Data Protection in the Field of Law Enforcement: an EU Perspective*, Routledge Press, 2017.

[24]Rosemary Jay, *Data Protection Law and Practice*, 4th ed., Sweet & Maxwell Press, 2012.

[25]Alan Westin, *Privacy and Freedom*, New York: Atheneum, 1967.

[26] Korenhof P., Ausloos J. & Szekely I., *Timing the Right to be Forgotten: A Study into "Time" as a Factor in Deciding about Retention or Erasure of Data Reforming European Data Protection Law*, Spring Netherlands, 2015.

[27]Orla Lynskey, *The Foundations of EU Data Protection Law*, *Oxford Studies in European Law*, Oxford University Press, 2015.

[28]Schmitt M., *Tallinn Manual 2.0 on the International Law Application to Cyber Operations*, 2nd ed., Cambridge University Press, 2017.

[29] Dolzer and Schreuer, *Principles of International Investment Law*, Oxford University Press, 2008.

三、网络参考

[1]https://www.wto.org/english/res_e/booksp_e/00_wtr19_e.pdf.

[2]John Perry Barlow, *A Declaration of the Independence of Cyberspace*, IDEOBOOK, http://www.ideobook.com/38/declaration-independence-cyberspace/.

[3] OECD, *Guidelines on the Protection of Privacy and Transborder*

Flows of Personal Data, http://www. oecd. org/internet/ieconomy/oecdguidelinesontheprotectionofprivacyandtransborderflowsofpersonaldata. htm.

[4]联合国裁军事务厅:《从国际安全角度看信息和电信领域的发展》,载联合国网,https://www. un. org/disarmment/zh/。

[5]Swaminathan A. , Loeb R. & Goldman B. P. et al. ,The CLOUD Act Explained, https://www. orrick. com/Insights/2018/04/The-ClOUD-Act-Explained.

[6]United States Congress, H. R. 4943 – C CLOUD Act, https://www. congress. gov/bill/115th-congress/house-bill/4943.

[7]Electronic Privacy Information Center, *Computers and Privacy: The Reaction in Other Countries*, https://epic. org/privacy/hew1973report/appenb. htm.

[8]Library of Congress of United States, *Online Privacy Law: France*, http://www. loc. gov/law/help/online-privacy-law/france. php#_ftn1.

[9]US Congress, *Bipartisan Congressional Trade Priorities and Accountability Act*, Chapter 27, http://uscode. house. gov/view. xhtml? path = /prelim@ title19/chapter27&edition = prelim.

[10]*Putting the Frontline First: Smarter Government*,https://www. gov. uk/government/publications/putting-the-frontline first-smarter-government.

[11]*Letter to Government Departments on Opening up Data*, https://www. gov. uk/government/news/letter-to-government-departments-on-opening-updata.

[12] Cabinet Office, *National Information Infrastructure Narrative: First Iteration*, October 2013, https://assets. publishing. service. gov. uk/government/uploads/system/uploads/attachment-data/file/254166/20131029-NII-Narrative-FINAL. pdf.

[13] Government Digital Service, *The Open Standards Board*, https://gds. blog. gov. uk/2013/04/15/the-open-standards-board/.

[14] 中国互联网信息中心:《中国互联网发展状况统计报告(2019)》, http://www. cac. gov. cn/2019 - 02/28/c_1124175677. htm。

[15] ISO/IEC2382:2015(en) Information technology-Vocabulary, https//www. iso. org/obp/ui/#iso:std:iso-iec:2382:ed-1:vl:en.

[16] Rumana Bukht & Richard Heeks, *Defining*, *Conceptualising and Measuring Digital Economy*, http://hummedia. manchester. ac. uk/institutes/gdi/publications/workingpapers/di/di_wp68. pdf.

[17] Organisation for Economic Co-operation and Development (OECD), *OECD Glossary of Statistical Terms*, http://stats. oecd. org/glossary/detail.

[18] 中国人大网, http://www. npc. gov. cn/wxzl/gongbao/2014 - 01/02/content_1823351. htm。

[19] 中国人大网, http://www. npc. gov. cn/zgrdw/npc/lfzt/rlyw/node_32216. htm。

[20] WTO, *Work Programme on Electronic Commerce Aiming at the 11th Ministerial Conference*, *Communication from the People's Republic of China and Pakistan*, https://docs. wto. org/dol2fe/Pages/SS/directdoc. aspx? filename = q:/WT/MIN17/34. pdf.

[21] Inside US Trade, *Japan urges EU to develop data flow provisions despite political agreement on FTA*, https://insidetrade. com/daily-news/japan-urges-eu-develop-data-flow-provisions-despite-political-agreement-fta.

[22]《商务部发布〈中国数字贸易和软件出口报告 2017〉》, 载新华网, http://www. xinhuanet. com/2018 - 06/12/c_1122975945. htm。

[23] McKinsey Global Institute, *Digital Globalization*: *The New Era of Global Flows*, https://www. mckinsey. com/business-functions/digital-mckin-

sey/our-insights/digital-globalization-the-new-era-of-global-flows/digital-globalization-the-new-era-of-globalflows.

[24]G20 杭州峰会成果文件《二十国集团数字经济发展与合作倡议》, http://www.g20chn.org/hywj/dncgwj/201609/t20160920_3474.html。

后　记

本书创作思源来自数字时代数据全球化发展中迸发的蓬勃生命力。科学水平的全面提升,数字技术的广泛应用,促进了数字经济与传统经济的融合发展。数据跨境流动作为数字时代发展的重要基础和主要支柱,已成为广泛共识,并受到全球各国的深切关注。之所以选择以数据全球治理为视角的研究方向,也是秉持与时俱进、学以致用的科研理念,不仅想有理论突破,更是希望有现实意义。我们的时代是数字的时代,这可能是我们与过往几千年人类文明的一个重要不同之处。虽说“阳光之下没有新事物”,但法律与科技的融合与互动,并无太多先例可循。因而,本书从选题、资料收集、调研、撰写到最后完稿,历经数年。如今成果初成,回眸历程,过往点滴,历历在目。

本书尝试解决数据跨境流动在治理上的政策、机制和价值冲突,促进跨境数据流动规则的良性发展。书中对国内外数据治理问题的学说理论进行了较为系统性总结,论述了当前国际社会对于数据跨境流动的政策和规则,较为深入地挖掘和探索了数据治理的本因和价值取舍,对未来数据治理的模式提出较为新颖和全面的建议。

本书写作的另一目的是，希冀提出关于中国主导并参与数字时代数据治理的政策制度建议。中国的数据治理路径应包括国内治理和国际治理“一体两翼”的模式，从多层面、多维度上，为建立一个裨益全球的和平、安全、文明、繁荣的数据环境，分享中国智慧、贡献中国力量。

本书创作过程得到教育部人文社会科学研究一般项目支持，本书是该项目的研究成果（项目编号：22YJC820045）。本书的顺利出版殊为不易，感谢良师学友们的批评指正；感谢姚梅镇法学基金会的资助支持；感谢法律出版社编辑的热忱指导。大恩难言谢，惠意铭心间。

最后，本书尚有诸多不足。数据的法律问题，不是寥寥几语可以阐明的。数据的全球治理和国际法治道阻且长，世界各国的政策、法律、文化、社会基础的截然不同和差异明显，导致意图在任何领域运用单一模式进行全球治理的设想难以实现。而数据作为社会发展的新兴事物，若想在全球范围内对其治理达成共识、对其引发的问题意图一劳永逸地解决，更非易事。在不同利益关系中纵横捭阖、求同存异，是任何参与全球治理和国际法治主体的应有之义和必然举措。在错综复杂的法益关系中，在跌宕起伏的国际交往里，在风云诡谲的时代背景下，以明法致公之心，解纷争乱局之困，在荆棘中挥舞法律之利剑，在混沌中探索理性之明灯，应是法律人践行法治理想的本心。

于华溢

2023 年 6 月 6 日于京西长河畔